国家社会科学基金项目
项目批准号：15CJY084
重庆市人文社会科学重点研究基地
网络社会发展问题研究中心支持项目

我国金融市场的逆周期监管研究

Research On The Counter Cyclical Regulation Of China's Financial Market

陈放　著

法律出版社
LAW PRESS · CHINA

目　　录

导论:逆周期监管问题的提出及本书研究的内容

经济周期的波动与循环是经济总体发展过程中不可避免的现象。

顺周期性又称亲周期性,是金融理论中用于描述经济量与经济波动之间呈正反馈关系的概念。它是指在经济周期中经济变量围绕着实体经济某一趋势值波动的倾向或者效应,顺周期性增强就意味着波动的幅度会增大。在现实的经济活动中,经济的周期性和金融市场的周期性几乎一致,表现在商业银行信贷周期和经济周期基本一致,商业银行信贷顺周期性加大,经济的顺周期性风险就越明显;同时,经济增长和物价水平之间存在正相关关系带来的顺周期性,信贷增长和真实存款利率之间存在负相关关系带来的顺周期性,这种关系都会带来金融市场的振荡与风险,放大繁荣与延迟萧条。尤其在经济快速增长和信贷高速扩张时,经济市场和金融市场中投融资效益、物价水平和存款利率的正负关系带来的顺周期性就会被更加放大,金融振荡和系统性风险效应不可避免。经济周期的存在使金融体系在经济扩张时期加速风险的集聚,并且在经济衰退时期集中释放,从而进一步加剧金融体系和宏观经济的波动,这种现象被称为金融体系新周期性。

2009 年,中国银监会政策研究局副局长李文泓认为,顺周期性(Procyclicality)是在 2007 年美国金融危机中受到广泛关注的一个重要概念,虽然在金融危机之前就已提出,但其影响在金融危机中才得以体现。金融机构和金融体系内在的顺周期性,是近年来金融失衡、金融脆弱性加强,并最终导致全球金融危机发生的重要原因。

在顺周期性背景下,资产价格的变化路径和金融变量的变化方式会呈现各种不同或极端异常的波动,很可能会带来非线性和无规律性的破坏。这种破坏效应会让金融体系不稳定,让其变化走向偏离线性趋势而出现非线性特点,如出现路径依赖、持续震荡和制度性转变等现象。在金融市场运行中,顺周期性效应在金融体系与实体经济方面会形成动态的正反馈机制,会使金融运行轨道和金融资产变量呈现异常的波动与激烈振荡,放大繁荣与延迟萧条,带来金融体系的不稳定性。同时,顺周期性效应会直接推动金融运行的轨道偏离正常波动而出现非线性轨迹,让金融业的资产价格、存贷业务、贷款损失准备、会计测量和内部风险评级呈现顺周期性风险。我们必须看到,在现实的商业周期及金融市场运行中,与整个经济状况正向相关的经济变量都具有顺周期性。这时,不管是经济出现增长或衰退,经济变量都会具有顺周期性效应。[1] 法兰西银行副行长让·皮埃尔·兰度认为,顺周期性就是指在经济周期中金融变量围绕某一趋势值波动的倾向。[2]

金融市场的健康运行,设置科学的金融监管制度非常重要。金融监管,是指一个国家(地区)的中央银行或其他金融监督管理当局依据国家法律法规的授权,对金融业实施监督管理。如何实施风险监管,缓解银行体系新周期性的负面影响,促使银行业在经济扩张时期集聚的风险在经济衰退时平稳释放,使宏观经济运行更加稳定,是新时代国际金融监管体制变革的应有之义。

---

〔1〕 毕家新:《金融体系顺周期性研究述评》,载《区域金融研究》2012 年第 11 期。

〔2〕 让·皮埃尔·兰度 2009 年 5 月 4 日在西班牙马德里“顺周期性和金融监管的作用”研讨会上的演讲。

美国的次贷危机、随后而来的欧洲主权债务危机以及全球性金融经济危机,使逆周期金融监管问题成为国际社会金融监管讨论的热点。2007年美国金融危机之后,2009年G20伦敦峰会公报所指出,“金融业和金融监管措施的重大失误,是导致金融危机的根本原因”。各国经济周期不同阶段的转化和变化,必须要有相应的金融监管政策。2009年G20伦敦峰会发布的《金融改革:金融稳定框架》报告,提出了要扩大金融监管的范围、应对系统的顺周期性、重置资本和拨备要求、完善估值和会计准则。2009年4月,G20伦敦峰会提出推进国际金融体系改革,把原金融稳定论坛更名为金融稳定理事会(FSB)。2009年7月,巴塞尔银行监管委员会根据二十国领导人金融峰会的倡议和金融稳定理事会的建议,对一系列重大监管政策进行了重大调整,包括强化银行资本监管、强化风险管理和风险监管、推动银行监管标准实施、修改会计准则等,并成立反周期资本监管工作组和宏观审慎工作组,以加强反周期资本监管和宏观审慎监管。2010年12月,巴塞尔委员会公布的《各国实行逆周期资本缓冲指引》确定了各国监管当局实行逆周期资本缓冲的实施原则。在《巴塞尔资本协议》中,要求银行在经济下行时增加资本配置,在经济上行时减少资本配置,这使银行所承担的风险与经济周期之间反方向变动,实行逆周期调节,以减少顺周期性带来的震荡对金融体系的破坏。

所谓逆周期金融监管,即反周期金融监管。逆周期监管是一种宏观审慎政策,就是在金融运行中出现顺周期性效应时,政府通过信贷调节机制来缓释金融市场运行的风险。逆周期监管理论认为,顺周期性会导致商业银行在经济上行时期大量放贷积聚风险、助推经济泡沫,经济下行时期引发信贷紧缩,从而扩大宏观经济在经济周期不同阶段的波动幅度,并最终加剧金融体制风险。所以,在金融运行中,必须通过逆周期监管来阻止顺周期性风险效应。在《巴塞尔资本协议》中,逆周期金融监管，是指金融资本监管随着经济周期不同阶段的转化而变：在经济扩张时期，商业银行应累积较多的资本，计提更多的拨备以应对经济衰退时期的需要；在经济衰退时期，可以适当降低对商业银行资本的监管标准，促使商业银行增加信贷投放，推进经济的复苏。逆周期监管也被通俗地理解为“以丰补欠”。在金融活动中，逆周期监管也是在制定监管制度时遵循的原则之一，该原则试图从金融系统的角度出发，避免由于金融市场和金融机构过度波动而使金融系统产生系统性风险，目标是维护金融稳定并使损失最小化，这种原则曾用于宏观经济政策的制定，但金融宏观审慎监管下的逆周期监管所包含的范围更广，几乎囊括了居民、企业、政府、金融机构和金融市场等各主体。[1] 因此，逆周期监管就显得非常重要。对金融市场进行逆周期监管，既可以缓释金融市场的系统性风险，也可以调节经济市场的顺周期性。

《巴塞尔资本协议Ⅲ》的逆周期改革措施中不仅研究了逆周期调整指标的选择和调整参数的确定，而且还制定了各国政府实行逆周期监管政策的具体细则以及与货币政策等逆周期工具的协调。《巴塞尔资本协议Ⅲ》包含建议金融业要建立内部风险评估机制，加大对金融市场的逆周期监管力度等内容。因此，全球金融危机之后，各国普遍加强了对金融体系特别是对银行业的监管，以《巴塞尔资本协议Ⅲ》和美国金融监管改革法案为代表的新监管政策体系的出台，标志着全球金融监管进入了新的时代。

对金融市场的顺周期性进行逆周期监管，是近年来各国政府遵循《巴塞尔资本协议Ⅲ》对金融市场风险监管的重要措施。中国政府高度重视金融市场的风险管理。改革开放以来，中国经济高速增长，成为世界上第二大经济体，并且金融主体不断增多，金融市场不断增大。中

---

〔1〕 黄溪、周晖：《中国保险业顺周期性的实证分析》，载《财贸经济》2012 年第 3 期。

国经济快速增长带来的波动性冲击着金融市场,金融运行的顺周期性风险不可避免。怎样对这种金融的顺周期性进行逆周期调节,这是国家金融管理的重要课题。《中共中央关于制定国民经济和社会发展第十二个五年规划的建议》中,明确提出了要“构建逆周期的金融宏观审慎管理制度框架”,加强金融体制改革。党的十八届三中全会明确指出要“落实金融监管改革措施和稳健标准,完善监管协调机制”。可见,逆周期金融监管已是我国经济规划和金融发展中风险监管的重要措施。

习近平总书记在2017年全国金融工作会议上指出,“金融安全是国家安全的重要组成部分”,党的十九大报告把防范化解重大风险作为全面建成小康社会的三大攻坚战之首。2018年12月召开的中央经济工作会议提出“要防范金融市场异常波动和共振,稳妥处理地方政府债务风险问题”,会议明确指出了“国家宏观政策要强化逆周期调节”。在2019年的中央经济工作会议上,国家再次提出了对宏观经济和金融运行进行逆周期调节。因此,金融风险的逆周期监管在国家战略中非常重要,对金融市场的逆周期监管这一问题的研究具有重要意义。

第一,能够为构建科学的逆周期金融监管体系提供理论依据。课题在遵循《巴塞尔资本协议》精神下,根据全球经济与金融发展以及我国金融市场运行的特点和规律,立足于我国进入新时代要建立现代化经济体系的实际,揭示我国金融市场运行中的顺周期性问题。课题能对经济发展和金融市场运行的规律进行宏观审视和微观剖析,对经济发展的各种因素和金融市场波动性原理进行学术探究;能从宏观的视野对经济与金融政策的制定和推行作出学术性解释,为金融监管方式和监管政策更加完善提供理论向导与学术参考,为完善和创新金融监管理论作出新的探索;能根据我国金融市场运行的特点来构建科学的逆周期金融监管体系。

第二,能够为金融机构制定科学的逆周期金融监管政策提供理论参考。课题在遵循《巴塞尔资本协议》精神下,对国内外经济、金融形势和金融政策进行系统的、全方位的研究,对国内外金融市场运行的个案进行实证分析,为国家加强金融市场的审慎监管、应对和解决金融系统性风险、建立完善的金融监管体系提供政策建议;能为各级政府和金融机构制定科学的逆周期金融监管政策提供依据,从而推进我国金融市场运行的健康稳定与发展。

第三,能够为国家经济社会的转型发展提供理论支持与实践指导。课题在遵循《巴塞尔资本协议》的精神下,以世界金融经济这一逆周期形势为背景,以我国金融经济现实状况为依据,认真研究我国在逆周期形势下的金融政策和监管机制。做到把学术研究与国家金融经济发展战略、理论探索与国家政策导向结合起来进行全方位的探索和研究,为提高我国金融市场监管政策科学化水平服务,为国家经济社会转型发展提供理论支持和实践指导。

习近平总书记在十八届中共中央政治局第四十次集体学习时强调,维护金融安全,要坚持底线思维,坚持问题导向。他指出:"要坚持底线思维,坚持问题导向,在全面做好金融工作基础上,着力深化金融改革,加强金融监管,科学防范风险,强化安全能力建设,不断提高金融业竞争能力、抗风险能力、可持续发展能力,坚决守住不发生系统性金融风险底线。"因此,逆周期视野下我国金融监管研究这一课题,对我国经济发展和金融市场运行的顺周期性进行系统的研究,为国家设立科学化的逆周期监管制度提出政策建议和理论参考,具有重大的价值。

课题的研究内容分为八个部分:

第一部分研究了我国金融市场运行的逆周期监管问题。对于金融市场的健康运行,设置科学的金融监管制度非常重要。在这一部分中,课题首先研究了《巴塞尔资本协议》与金融市场的逆周期监管问题,从宏观的视角揭示了我国金融市场运行存在的顺周期性问题，阐述了整个课题研究的指导思想与价值。在该部分中，课题集中研究了四个问题：一是《巴塞尔资本协议》与金融市场的逆周期监管；二是我国金融市场在运行中顺周期性现象带来的各种风险问题；三是我国金融市场在逆周期监管中存在的主要问题；四是推进我国金融市场逆周期金融监管的路径选择。

第二部分研究了我国企业在资本运行中的逆周期监管问题。在这个部分中，课题集中研究了我国企业在经营中的一些顺周期性问题，即经营与融资中存在的顺周期性与逆周期监管问题。一是对顺周期性下企业财务风险的逆周期监管问题进行了研究。课题探讨了顺周期性影响下企业财务存在的系统性风险问题，揭示了顺周期性下企业财务风险的特征，提出了顺周期性下企业财务风险的逆周期监管问题。二是对银行业运行中的顺周期效应与逆周期监管研究。课题分析了以银行业为中心的金融机构运行存在顺周期性效应的风险，揭示了银行业顺周期性的形成机理，提出了银行业顺周期性风险的逆周期监管措施。

第三部分研究了我国产业经济发展中众筹融资的逆周期监管问题。一是对企业在技术创新中众筹融资带来的顺周期性与逆周期监管问题进行了研究。在互联网金融发展的背景下，众筹融资作为一种新的科技金融模式，能够通过集中社会资金支持企业技术创新，但是对这种众筹融资带来的顺周期性必须加强逆周期监管。二是对我国出版众筹中的顺周期性进行逆周期监管研究。课题集中探讨了出版众筹融资带来的顺周期性问题，并提出了逆周期监管的政策措施。三是对体育产业众筹融资的顺周期性问题进行了研究。课题分析了体育产业众筹融资中产品众筹、股权众筹、债务众筹和捐赠众筹带来的顺周期性，提出了对体育产业众筹融资的顺周期性进行逆周期监管的政策措施。

第四部分研究了乡村振兴中农村金融体制与金融市场的逆周期监

管问题。党的十九大提出了乡村振兴战略，而金融是现代经济运行的血液，农村金融是农村经济发展的核心，健康的农村金融生态环境是推动农村经济加快发展的重要基础，乡村振兴离不开农村的金融支持。在这一部分中，课题集中研究了两个问题：一是乡村振兴进程中农村金融体制改革面临顺周期性与逆周期监管问题；二是农村非正规金融借贷的顺周期性与地方政府逆周期监管研究。

第五部分研究了互联网金融带来的顺周期性与逆周期监管问题。互联网金融是网络时代金融业的重大创新，它带来了产业的新融合和新业态。但互联网金融在经济的顺周期性效应下蕴藏着巨大的风险，为了保证金融的健康运行，必须对其进行政策创新和逆周期监管。课题研究了互联网金融的新业态属性以及在顺周期性效应下的运行风险及其特点，分析了为了缓释互联网金融顺周期性风险而在逆周期监管方面提出的具体措施。在这一部分中，课题集中研究了三个问题：一是互联网金融的新业态属性及逆周期监管；二是“互联网 + 金融”产业融合的模式、困境与逆周期监管；三是互联网金融的顺周期性风险和逆周期监管研究。

第六部分研究了我国地方政府债务的顺周期性与逆周期监管问题。财政是国家运转的基础和重要支柱。中国地方政府债务的高涨严重影响中国金融体制的安全和现代化经济体系的建立，是制约经济社会健康发展的重要问题，它给我国经济社会转型带来了顺周期性风险。在这一部分中，对我国地方政府庞大的债务问题进行了认真的梳理和分析，课题集中研究了三个问题：一是地方政府债务的顺周期性风险的形成机理；二是地方政府债务孕育顺周期性风险的传导机制；三是地方政府债务呈现的顺周期性风险的逆周期监管。

第七部分研究了我国金融监管中带来的新的顺周期性与逆周期监管问题。金融市场的运行必然会有风险，金融监管的目的是防范金融风险发生,维护金融秩序稳定,但由于监管制度和监管政策的原因,一个国家对金融市场的监管在实践中往往又会带来新的顺周期性效应。因此,怎么制定科学的金融监管政策而防止新的顺周期性效应发生是金融行业监管者的重要课题。在这一部分中,课题集中研究了三个问题:一是金融市场在监管中带来的顺周期性风险问题;二是金融监管给金融市场带来的顺周期性风险的形成机理;三是金融监管给市场带来的顺周期性效应的逆周期调节。

第八部分研究了我国金融市场逆周期监管目标体系的设计问题。在现代国家的经济管理战略中,任何经济发展都要确立目标体系。逆周期金融监管也一样,它是保证金融健康运行和有计划完成工作任务的重要方案。在金融运行的实践中,确立金融市场逆周期监管的目标体系具有非常重要的战略意义。在这一部分中,课题集中研究了两个问题:一是金融市场逆周期监管的方法与价值评价;二是如何建构科学的金融市场逆周期监管的目标体系。

总之,金融市场的顺周期性会加剧经济周期的波动,给国家经济社会发展带来巨大的振荡和系统性风险。针对金融市场的顺周期特征以及其带来的宏观经济与金融不稳定效应。党的十九届四中全会指出,国家要加强资本市场基础制度建设,健全具有高度适应性、竞争力、普惠性的现代金融体系,有效防范化解金融风险。中共中央十九届五中全会《关于制定国民经济和社会发展第十四个五年规划和二〇三五年远景目标的建议》中指出:完善现代金融监管体系,提高金融监管透明度和法治化水平,健全金融风险预防、预警、处置、问责制度体系。搞好跨周期政策设计,提高逆周期调节能力,促进经济总量平衡、结构优化、内外均衡。因此,为了金融市场健康有序的运行国家必须加强对金融运行和创新风险的有效控制和调节,政府部门必须建立与完善金融市场健康运行的逆周期性监管制度。

第一章

我国金融市场运行的逆周期监管问题研究

摘要：任何金融市场的运行都具有风险效应。我国作为世界第二大经济体，经济的高速增长带来的金融市场运行风险不可避免。我国是巴塞尔委员会成员国，按照《巴塞尔资本协议》制定的银行资本风险监管决议的指导意见，怎样对这种金融的顺周期性风险进行逆周期调节，这是目前国家金融管理的重要工作。因此，本章首先研究了《巴塞尔资本协议》与金融市场的逆周期监管问题，分析了我国金融市场中顺周期性现象带来的各种风险，揭示了我国金融市场在逆周期监管中存在的主要问题。本章进一步提出推进我国逆周期金融监管必须建立顺周期性下金融运行的风险预警和金融安全评估机制，加快逆周期金融监管的立法进程，着力于逆周期金融监管方式创新和构建强有力的逆周期金融监管机制等重大问题。

关键词：《巴塞尔资本协议》；我国金融市场；顺周期性；逆周期监管

习近平总书记在2017年全国金融工作会议上指出："金融是国家重要的核心竞争力，金融安全是国家安全的重要组成部分。"[1]党的十九大报告中把打好防范化解重大风险战役作为我国全面建成小康社会的三大攻坚战之首。而按照《巴塞尔资本协议》，解决金融市场安全的

---

[1] 习近平：《服务实体经济防控金融风险深化金融改革　促进经济和金融良性循环健康发展》，载《人民日报》2017年7月16日。

一个重要措施，就是要防范金融运行的顺周期性风险问题。2018 年 12 月召开的中央经济工作会议提出了“要防范金融市场异常波动和共振，稳妥处理地方政府债务风险”，会议明确指出了“国家宏观政策要强化逆周期调节”。在 2019 年的中央经济工作会议上，国家再次提出了对宏观经济和金融运行进行逆周期调节。因此，逆周期监管和调节已经成为我国金融监管的重要政策。

金融市场的顺周期性是指在经济周期中金融变量围绕着实体经济某一趋势值波动的倾向或效应，而顺周期性增强就意味着金融运行的风险增大。金融市场的逆周期监管，就是在金融运行中出现顺周期性效应时，政府通过信贷调节机制来缓释金融市场运行的风险。在经济全球化的大背景之下，金融市场的运行，必然受国内外宏观经济运行的影响，常常表现出顺周期性，影响着国家经济的发展。习近平总书记强调：“防止发生系统性金融风险是金融工作的永恒主题。鉴于资本主义周期性金融危机的教训，我们必须高度重视防范和化解我国可能存在的金融风险问题。”怎样对我国金融的顺周期性风险进行逆周期调节，以减少经济发展中的振荡和危机，这是我国金融工作者的一个重要课题。

一、《巴塞尔资本协议》与金融市场的逆周期监管

《巴塞尔协议》产生于全球银行业经历重大变革的时期。《巴塞尔协议》和《巴塞尔资本协议》，虽然不具有法定跨国监管的权力，对各国在法律上也没有强制效力，但是鉴于其决议的合理性、标准的科学性和监管原则的可操作性，得到世界各个国家银行界的高度赞赏，计划采纳《巴塞尔协议》监管框架的国家已超过 100 个，成为迄今为止对国际银行业影响最大的公约之一。

(一)银行风险管理的形势与巴塞尔委员会的成立

在经济全球化中,每一次金融危机的发生,都会引发人们对经济金融理论的反思,并带来世界金融格局和监管体制的深刻变革。20世纪中后期以来,随着科技的进步和经济全球化进程,全球经济与金融的联系更加紧密。世界经济一体化带来了金融国际化浪潮的涌动,金融领域的竞争尤其是跨国银行间的竞争日趋激烈,在这种背景下,金融的创新使银行业务趋于多样化和复杂化,经济全球化与金融国际化迫切需要全球有统一的规则才能应对各种风险。此时,经济学家的管制理论也逐渐推广到现实社会经济与金融的管理领域,并逐步取得了共识。于是就诞生了包括国际清算银行在内的一些新的国际经济组织。这些代表着世界主要经济体利益的行业领袖同盟,随着全球经济与金融的发展,逐渐也成为承载世界经济发展秩序监管的国际组织。它们成立的目的是协调国家之间经济贸易,在应对经济的各种风险挑战和利益争端的解决方面取得共识,使各国在经济与金融监管中规则统一与发展有序,推动世界经济的规范发展和风险监管理论的进步。

巴塞尔委员会也称巴塞尔银行委员会,作为国际清算组织的常委会之一,它的成立源于1974年在美国、英国、德国和阿根廷等爆发的国际银行的违约事件和倒闭事件,特别是前联邦德国银行和美国富兰克林国民银行在经营中的倒闭事件。这些著名的国际性银行由于在经营中过分注重追逐利润,风险意识不强,片面扩大投资,忽视了对资本的市场监管和信用监管,出现监管义务不明确、母国和东道国对银行的监管责任缺位的问题,最终造成银行运行中的一系列风险。这些著名银行的倒闭引起了世界上银行界的高度关注,于是1974年由10个国家中央银行行长倡议,并由银行监管机构的高级代表以及比利时、德国、加拿大、日本、法国、意大利、卢森堡、荷兰、瑞典、瑞士、英国和美国的中央银行组成了巴塞尔委员会，开始全面审视拥有广泛国际业务的银行监管问题。成立之后，委员会针对银行业发展中存在的问题，决定对银行业的管理工作进行全面的规范，提出了提升国际银行监管技巧的效能、规范成员国银行业为主的金融秩序、加强银行业的风险监管等重大问题并进行讨论后形成决议。委员会提出今后要加强与世界各监管机构交换信息和意见，期望各国根据本国的实际，采取措施，通过立法来对银行资本进行风险监管的决议。这些工作和所作出的决议、制定的标准，鉴于其合理性、科学性和可操作性，不仅在成员国之间形成共识，并且逐渐得到世界很多非成员国家银行界的赞赏，许多非十国集团的监管部门也自愿地遵守了巴塞尔协定和资本协议，后来参与会议的国家越来越多。2009 年 3 月，巴塞尔委员会根据世界经济和金融的发展，决定吸收澳大利亚、巴西、中国、印度、韩国、墨西哥和俄罗斯为该组织的新成员，到 6 月，巴塞尔委员会的成员扩展到世界上 27 个主要国家和地区，加上巴塞尔委员会的非成员国，计划采纳巴塞尔协议监管框架的国家已超过 100 个。这样，巴塞尔委员会在全球银行业中的影响力越来越大。巴塞尔委员会所作的结论或者监管标准与指导原则统称为《巴塞尔资本协议》，虽然不具有法定跨国监管的权力，对各国在法律上也没有强制效力，但由于委员会代表目前世界主要的经济集团，它提倡最佳监管方式，形成的决议可信度高，制定的标准与指导原则必然影响巨大，成为各国银行业资本监管的重要规则，影响着对世界各国银行资本运行风险管理规则制定的指导。随着世界经济与金融的发展，巴塞尔委员会相继出台了《巴塞尔资本协议》《巴塞尔资本协议Ⅱ》等协议，提出了防止信用风险和市场风险的原则，设立以风险为基础的资本要求，在一定程度上完善与补充了单个国家对商业银行监管体制的不足，减轻银行倒闭的风险与代价，这符合银行业风险管理的要求，使它成为国际商业银行联合监管的最主要形式。2007 年美国次贷金融危机和2009年的欧洲主权债务危机，再次推动了全球银行业为主的资本风险监管的新要求，带来了巴塞尔委员会制定的《巴塞尔资本协议Ⅲ》，即巴塞尔资本管理新协议。《巴塞尔资本协议Ⅲ》是巴塞尔委员会制定的在全球范围内对银行资本与风险监管的标准，它的颁布为世界各国银行业为主的金融市场推进逆周期监管提供了重要规则。

（二）《巴塞尔资本协议》的推进与金融市场的监管

金融市场的运行都有风险，为了解决各国金融运行中的风险问题，使金融体制健康有序运行，巴塞尔委员会作为迄今为止对国际银行业影响最大的公约组织，根据一些国际著名银行倒闭事件，于是针对成员国和非成员国的银行机构在资本运行方面的风险监管情况制定并实施了一系列协议，这些协议推动了世界银行业界风险监管理论的重大进步。

1975年9月，刚成立的巴塞尔委员会制定了第一个协议，即《巴塞尔协议》。该协议的核心内容就是针对国际银行监管主体缺位问题，提出对海外银行监管的责任要进行明确分工，认为今后监管的重点应主要集中在现金流量与偿付能力方面。这是国际银行业监管机关第一次形成的、通过联合协议对国际商业银行实施的监管议案。该协议提出两个值得重视的问题：一是特定的国际银行集团的结构问题以及结构问题对具体风险监管的影响。协议认为，一些国际银行在投融资方面结构不明确，资本项目的设计缺乏风险监管，这会给银行的经营带来很大的风险。二是强调母国和东道国的银行监管当局之间信息交流与披露的重要性。协议认为，从金融外部效应和信息的不对称来看，银行业务的特性决定了银行是一个高风险行业。银行业的外部负效应不仅体现为债权债务链条的断裂，从而给工商企业和社会公众带来巨大损失。而且这些外部负效应反过来还会造成银行体系的混乱，并带来整个社会的不稳定。因而信息银行的信息不对称是一把"双刃剑",它既可以掩盖银行储备不足和资产质量低下的窘迫,也可能因公信力的丧失而破产倒闭。由于这个协议太简单和粗糙,一些成员国的银行监管机构在操作中感到一些规则、条款不够明确和统一的问题。

1983 年 5 月,修改后的《巴塞尔协议》再次推出,对 1975 年协议中的监管原则作了明确的补充和细化,它主要针对国际性银行监管主体缺位的问题,协议在核心内容上更加突出两项监管原则:一是任何银行的国外机构都不能逃避监管。这项监管原则就明确了监管部门的监管对象范围,不能空缺。二是母国和东道国在对银行监管中应共同承担的职责。监管原则明确了母国和东道国及各个国家银行的监管责任,加强信息披露,对母国和东道国的监管责任和监督权力,分行、子行和合资银行的清偿能力、流动性、外汇活动的责任和义务等作了规定。两个《巴塞尔协议》从总体上没有差异,强调"股权原则为主,市场原则为辅;母国综合监督为主,东道国个别监督为辅"的监管原则和思路。这两个监管原则和思路虽然比较简单,也不具有法律效力,但是它第一次对成员国之间在银行业监管方面提出了监管原则和监管责任的指导意见,对成员国之间银行风险管理的责任与监管制度建设的推动是有价值和重要意义的。

1988 年《资本协议》,即国际清算银行(BIS)的巴塞尔银行业条例和监督委员会的常设委员会——巴塞尔委员会于 1988 年 7 月在瑞士的巴塞尔通过的《关于统一国际银行的资本计算和资本标准的协议》的简称,也称真正的《巴塞尔资本协议》,即通常提到的《巴塞尔资本协议Ⅰ》。该协议的核心强调统一监管、公平竞争。该协议中的衡量标准和资本水平的规定,是为了通过减少各国规定的资本数量差异,以消除银行间不公平竞争问题,认为资本比率的高低又直接影响各跨国银行的偿债能力。该报告通过四个问题,即资本的组成与分类、风险权重

的信用等级。巴塞尔委员会在 1995 年 4 月对银行某些表外业务的风险权重进行了调整,并在 1996 年 1 月推出《资本协议关于市场风险的补充规定》,第一次允许一些银行可以建立并根据自己的制度规则来计量它们的市场风险。这一修正的优点是使银行在资本水平决定计量信用风险和操作风险中找到更好的监管方法,让简单有序而灵活多样的计量方法能行之有效,使监管手段能结合实际有效行使。这种修正后的协议能有利于银行更有效地管理自己的金融业务,让银行系统将更加安全、稳健和富有效率,它使 1988 年《巴塞尔资本协议Ⅰ》更加完善和科学。

随着金融实践的不断创新,金融实践中的各种问题层出不穷,使《巴塞尔协议》日益显得乏力和过时。尤其是 1997 年爆发的东南亚金融危机,波及全世界,让巴塞尔协议机制显得非常无力而受到人们的责难。金融实践迫切要求新的风险管理政策。1997 年 9 月,巴塞尔银行监管委员会颁布了有效银行监管的 7 个方面和 25 条核心原则。包括监管目标、监管的独立性、监管权力、监管透明度和监管合作原则,监管许可的业务范围原则,审慎监管规章制度原则,持续监管的各种方法原则,银行会计处理与信息披露原则,监管当局的纠正及整改权力原则和并表及跨境监管原则。核心原则是银行风险监管实践的最低标准,适用于世界各国对银行业的评估。许多国家将核心原则作为评估本国监管体系的质量和明确未来工作要求的标杆,它有助于各国发现监管制度和实施方面存在的问题;为解决这些问题,国际货币基金组织和世界银行一直在金融部门评估计划中利用核心原则评估各国银行监管体系和实践。这种核心原则以及评估方法的制定强化了国际金融体系的信息沟通与监管责任,在一定程度上加强了 1988 年《巴塞尔资本协议Ⅰ》对银行风险的监管,但在实施中又出现了不少新问题。于是,1999 年 6 月,巴塞尔委员会决定修订 1988 年《巴塞尔资本协议Ⅰ》,以增强协议规则的风险敏感性和监管的灵活性。巴塞尔委员会在世界各国金融界广泛征求意见的基础上，于 2001 年年底出版新《巴塞尔协议》，2004 年起正式实施。

2004 年《巴塞尔协议》，即《巴塞尔资本协议Ⅱ》，也即通常提到的"巴塞尔新资本协议"，协议的核心是强调全面监管、激励相容。《巴塞尔资本协议Ⅱ》将资本充足率、外部监管、市场纪律三大支柱有机结合，代表了资本监管的趋势和方向。巴塞尔委员会提出，新资本协议的各项基本原则普遍适用于全世界的所有银行，并预计非十国集团国家的许多银行将使用标准法来计算最低资本要求。协议提出要促进银行对风险管理政策和流程的改造、完善管理组织结构和政策框架，这对全球所有银行都具有指导意义。第一大支柱为资本充足率。该部分涉及与信用风险、市场风险以及操作风险有关的最低总资本要求的计算问题，认为最低资本要求由三个基本要素构成：受规章限制的资本的定义、风险加权资产以及资本对风险加权资产的最小比率。第二大支柱为监管部门的监督检查。协议认为，监管当局要对银行的风险管理和化解状况、不同风险间相互关系的处理情况、所处市场的性质、收益的有效性和可靠性等因素进行监督检查，以全面判断该银行的资本是否充足。第三大支柱为市场约束。协议认为，市场纪律具有强化资本监管、提高金融体系安全性和稳定性的潜在作用，并在应用范围、资本构成、风险披露的评估和管理过程以及资本充足率四个方面提出了定性和定量的信息披露要求。新协议在原来只考虑信用风险的基础上，进一步考虑了市场风险和操作风险。2004 年《巴塞尔资本协议Ⅱ》的价值在于：一是开创了国际金融合作的典范，在全球建立了统一的银行监管框架，为国际银行业的监管提供了统一标准，有利于平等竞争。二是强调了风险管理的重要性。协议对商业银行的信贷风险、市场风险、操作风险等作了详细的规定，并且对一些衍生金融工具的风险计算做了有益的尝试。三是把表外业务也列入风险资产的衡量框架中，监管内容更全面，约束力更强。2004 年《巴塞尔资本协议Ⅱ》与 1988 年《巴塞尔资本协议Ⅰ》相比，具有以下特点：一是 2004 年《巴塞尔资本协议Ⅱ》提高了资本监管要求；二是改正了 1988 年《巴塞尔资本协议Ⅰ》关于固定风险权重在运行中不能准确反映实际风险水平和银行风险的动态变化的诸多弊端；三是对银行的贷款行为以及对整个宏观经济运行的经济周期波动进行了初步的关注，协议在监管方面形成了许多有价值的成果。

自 2004 年《巴塞尔资本协议Ⅱ》问世以来，对于金融市场的运行起到很重要的作用。一些国家在运用巴塞尔协议提出的监管措施，在一定程度上起到了监管或者调节作用，促进了金融市场的稳定。国内外一些研究者对巴塞尔资本协议在理论和实践中的贡献作出了有价值的肯定，但是，绝大多数研究者认同巴塞尔资本协议具有顺周期性特征。它的顺周期性指的是监管资本要求会随经济周期波动而变化，从而通过影响银行信贷的顺周期变动，对经济周期波动产生放大作用。尽管 1988 年的监管协议也存在顺周期性特征，但人们普遍认为，与采用固定风险权重的 1988 年《巴塞尔资本协议Ⅰ》相比，由于 2004 年《巴塞尔资本协议Ⅱ》采用可变的风险权重，监管资本对风险资产更为敏感，导致顺周期性更强。1988 年《巴塞尔资本协议Ⅰ》采用固定风险权重，如果银行资产规模和结构不变，则其面对的风险以及所需的监管资本数量不会随经济周期波动而变化，但在 2004 年《巴塞尔资本协议Ⅱ》下，银行面对的风险以及监管资本要求会随主要参数的变化而变动，监管资本的顺周期变动更为明显。特别是 2008 年金融危机的爆发使资本监管顺周期性问题进一步凸显，由于资本监管顺周期效应加剧了经济周期的波动，《巴塞尔资本协议Ⅱ》引起国际社会的广泛关注，其资本监管顺周期性的特征成为舆论批评的焦点。当然，由于不同的研究者所采取的方法不同,对于《巴塞尔资本协议Ⅱ》在顺周期性的影响规模问题上,目前还没有定论。[1]

(三)《巴塞尔资本协议Ⅲ》与逆周期监管的形成

2007 年美国的次贷危机和 2009 年欧洲债务危机的出现,再次对金融监管提出了新要求。美国雷曼兄弟和房地美、房利美公司的破产,引发了全球金融海啸,也证实了 2004 年《巴塞尔资本协议Ⅱ》存在的顺周期性问题。2008 年金融危机爆发后,金融系统顺周期性迅速成为国外相关领域学者关注的焦点。这次危机使作为国际银行风险管理和监管基础的《巴塞尔资本协议Ⅱ》也遭到了广泛的批评。国际社会获得共识的观点是:《巴塞尔资本协议Ⅱ》具有顺周期特征而加剧了经济周期乃至银行体系波动。这种效应,有悖于《巴塞尔资本协议Ⅱ》促进银行体系稳定的初衷,需要进行相应的调整和改进。在反思此次金融危机过程中,如何防范银行业的顺周期性及其对金融资本监管所暴露出的问题成为新的问题。于是,国际金融界提出了一系列改进意见,并大大推进了《巴塞尔资本协议Ⅱ》的修订进程。2009 年 1 月,巴塞尔银行监管委员会公布了《稳健的压力测试实践和监管原则》《交易账户新增风险资本计提指引》《新资本协议市场风险框架的修订稿》《新资本协议框架完善建议》的征求意见稿,在全球范围内征集修改意见。2009 年 3 月,金融稳定论坛(FSF)与巴塞尔银行监管委员会(BCBS)组成的联合工作组,已开始着手考察现行资本监管体系的顺周期影响,并提出了针对《巴塞尔资本协议Ⅱ》顺周期性的七点改进意见。巴塞尔委员会在 2009 年年底发布的《增强银行业稳健性》中,明确提出了

---

〔1〕 曾刚、万志宏:《巴塞尔新协议顺周期性特征研究评述》,载《经济学动态》2010 年第 2 期。

缓释银行业资本运行顺周期性问题的措施：一是通过对银行业内部评级模型的输入参数来缓释资本运行的顺周期性；二是银行业要建立前瞻性贷款损失准备金制度来缓释资本运行的顺周期性；三是建立高于最低资本要求的资本留存缓冲制度来缓释资本运行的顺周期性；四是建立科学的逆周期资本监管制度来缓释资本运行的顺周期性。这些措施对监管部门缓释银行业资本运行中的顺周期性问题有了较为清晰的思路。在这个过程中，国际清算银行在听取世界各国银行业金融监管方面意见的基础上，于 2010 年 7 月研究和确定了银行业资本运行中逆周期监管的指标和参数等重大问题。在这个基础上，巴塞尔委员会于 2010 年 12 月正式公布了国际金融监管新框架《各国实行逆周期资本缓冲指引》，即《巴塞尔资本协议Ⅲ》。

《巴塞尔资本协议Ⅲ》强调审慎监管、多元补充。《巴塞尔资本协议Ⅲ》提出了三大支柱，即最低资本要求、监管当局对资本充足率的监督检查、银行必须满足的信息披露要求。三大支柱的首要组成部分是第一点，即最低资本要求，《巴塞尔资本协议Ⅲ》确立了资本金的重要地位，这是新协议在银行风险监管方面的重要措施，其他两项都是对最低资本要求这一支柱的辅助和保障。巴塞尔委员会认为，风险监管的根本目标和压倒一切的任务就是要通过资本金的手段来保障金融体系的安全与稳健。

《巴塞尔资本协议Ⅲ》的主要内容：一是增加资本质量和数量要求，最低资本要求中的核心一级资本充足率进行提升。即核心资本充足率的要求也由 4% 提高到 6%，加上 2.5% 的防护缓冲资本，核心资本充足率的要求达到 8.5%。二是扩大资本对风险的覆盖范围和提高资本对风险的敏感度，降低监管资本套利的可能性。三是以资本为手段来应对监管资本的顺周期效应和系统性风险的挑战。同时，协议还将引入杠杆比率、流动杠杆比率和净稳定资金来源比率的要求，以降低银行系统的流动性风险，加强抵御金融风险的能力。协议明确地指出和确定了世界各国政府在实行逆周期资本监管中若干问题。《巴塞尔资本协议Ⅲ》的特点如下：一是突破了传统银行业限制；二是更加灵活、更加动态化的规则；三是指出和确定了世界各国政府在实行逆周期资本监管中的基本原则；四是指出和确定了世界各国政府在实行逆周期资本监管中的措施；五是重视定性和定量的结合，定量的方面更加精细化，它确定了世界各国政府在实行逆周期资本监管中周期调整指标的选择和调整参数的确定问题；六是指出和确定了世界各国政府在实行逆周期资本监管中的逆周期工具和监管手段的协调；七是指出和确定了世界各国政府在实行逆周期资本监管政策的具体细则以及与货币政策以及监管指标等的选择。在《巴塞尔资本协议Ⅲ》基础上，巴塞尔委员会于 2013 年 1 月 6 日发布对其最新补充规定：一是放宽了对高流动性资产的定义和实施时间，二是确立了微观审慎和宏观审慎相结合的金融监管新模式，三是大幅度提高了商业银行资本监管要求，四是建立全球一致的流动性监管量化标准。这些新规定将对商业银行经营模式、银行体系稳健性乃至宏观经济运行产生深远影响。

通过研究，我们认为，强调逆周期资本监管是整个《巴塞尔资本协议Ⅲ》的重要主题，并且提出了银行业逆周期监管的三个措施。

第一，加大对银行业最低资本要求的逆周期监管的力度。在《巴塞尔资本协议Ⅲ》中，一是监管约束第一次被纳入资本框架之中，要求监管机构应该根据银行的风险状况和外部经营环境进行监管约束；二是银行要保持高于最低水平的资本充足率，对银行的资本充足率有严格的控制，使银行对风险更敏感，使其运作更有效，确保银行有严格的内部体制，有效管理自己的资本需求；三是银行应参照其承担风险的大小，制定维持资本充足水平的战略，协议提出最低资本要求，进一步明确了资本金的重要地位；四是各国银行根据自身的情况实施逆周期资本缓冲，协议提出逆周期资本缓冲的设置是基于更为广泛的宏观审慎目标，以保护银行体系免受信贷激增所带来的系统性风险的冲击。

第二，市场制约机能，强化市场对银行业的约束与监管。《巴塞尔资本协议Ⅲ》的新框架第一次引入了市场约束机制，一是让市场力量来促使银行稳健、高效地经营以及保持充足的资本水平，协议提出市场的奖惩机制有利于促使银行更有效地分配资金和控制风险；二是指出稳健的、经营良好的银行可以以更为有利的价格和条件从投资者、债权人、存款人及其他交易对手那里获得资金；三是要求银行提高在市场经营中信息的透明度。市场约束的核心是信息披露。市场约束的有效性，直接取决于信息披露制度的健全程度。只有建立健全的银行业信息披露制度，各市场参与者才可能估计银行的风险管理状况和清偿能力。新的协议要求市场对金融体系的安全进行监管，要求银行及时披露信息，加大透明度，也就是要求银行提供及时、可靠、全面、准确的信息，以便市场参与者据此作出判断。新框架指出，银行应及时公开披露包括资本结构、风险敞口、资本充足比率、对资本的内部评价机制以及风险管理战略等在内的信息。

第三，各银行的资本运行要监督检查，建立评估机制进行监管。一是加强内部监督检查，确保各银行建立起合理有效的内部评估程序，用于判断其面临的风险状况。因此，监管部门要对银行的资本结构、投融资状况、风险管理和应对措施等进行经常监管，对银行运行中风险与问题处理情况进行监督评估。二是促使银行建立自己的内部风险评估机制。特别是大的银行，建立起关于资本充足整体状况的内部评价机制，要求他们运用自己的内部评级系统，决定自己对资本的需求。三是各银行借用外部评级机构特别是专业评级机构对贷款企业进行评级，根据评级决定银行面临的风险有多大，如图 1 所示。

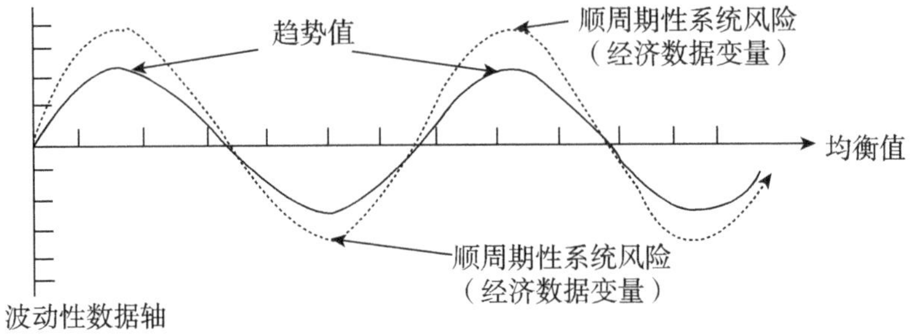

图1　顺周期性带来的系统性风险波动图

巴塞尔委员会正式公布了《巴塞尔资本协议Ⅲ》，其共识是：顺周期性是指一种相互加强的正向反馈机制。在这种机制的作用下，金融系统会放大经济周期的波动性，同时反过来又会造成或进一步恶化金融系统自身的不稳定性。《巴塞尔资本协议Ⅲ》提出了要强化对逆周期缓冲资本的监管，并将其作为衡量金融体系系统性风险的指标之一，要求各国监管当局根据本国银行业实际情况，制定逆周期缓冲资本监管政策框架。因此，逆周期监管是《巴塞尔资本协议Ⅲ》的重要主题。随着《巴塞尔资本协议Ⅲ》的颁布和修改，世界各国首次将逆周期资本缓冲这一重要工具引入宏观审慎监管机制。加强宏观审慎监管，并将其与微观审慎监管进行有机结合成为逆周期金融监管的重要方式。根据《巴塞尔资本协议Ⅲ》的要求，我国银监会确立了分类实施、分层推进、分步达标的基本原则。

（四）金融市场的逆周期监管必须把宏观审慎监管与微观审慎监管结合起来

早在20世纪70年代末，国际清算银行就提出了“宏观审慎”的概念，以此概括一种关注防范系统性金融风险的监管理念。20世纪80年代，宏观审慎监管的概念正式出现在国际清算银行的报告中，1998

年1月,国际货币基金组织在《迈向一个健全的金融体系框架》的报告中最先将宏观审慎监管的理念用于监管金融体系。宏观审慎监管是为了维护金融体系的稳定,防止金融系统对经济体系的负外部溢出而采取的一种自上而下的监管模式。因此,逆周期监管政策就是要建立宏观审慎框架的监管机制。巴塞尔委员会于2010年12月正式公布的国际金融监管新框架《巴塞尔资本协议Ⅲ》,引申出了宏观审慎监管作为逆周期金融监管的重要内容和手段。

中国银监会政策研究局副局长李文泓指出:“根据金融稳定理事会、国际货币基金组织和国际清算银行的定义,宏观审慎监管是指以防范系统性金融风险为目标,以资本、拨备、杠杆率和贷款成数等审慎监管工具为手段,且以必要的治理架构为支撑的相关政策。宏观审慎监管旨在从两个维度来应对系统性风险:一是时间维度,重点是推进逆周期监管,目的是缓解金融体系的顺周期性;二是跨业维度,重点是推进对系统重要性机构、市场和产品的监管,目的是弱化金融体系内部的关联性,降低系统性风险集中度。”[1]根据《巴塞尔资本协议Ⅲ》,逆周期监管作为宏观审慎监管手段的价值包括三个方面:一是识别金融系统风险,即发现、监测、评估和计量系统风险及其潜在对金融系统的影响;二是通过提高监管标准和采取针对性监管措施等,能降低金融系统风险的发生概率,即预防系统性金融风险的爆发;三是通过缓释制度对金融体系和实体经济的溢出效应进行限制,即在系统性金融风险爆发后,限制对实体经济的破坏程度和范围,尽可能降低经济损失。

逆周期监管是一种宏观审慎政策,它是指一个国家在面对经济出现顺周期性风险效应时的宏观、反周期缓释战略。但在现实的金融市场运行中,要针对金融体系的顺周期性,特别是对资本监管、贷款损失

---

〔1〕《银监会李文泓:宏观审慎监管政策框架与治理机制》,载中国新闻网,2014年4月14日。

准备计提和公允价值会计准则等外部规则强化金融体系顺周期性的机理进行研究，必须要引入逆周期政策工具、杠杆率指标和前瞻性的拨备计提规则，在金融体系中建立适当的逆周期机制，从而通过降低信贷活动、资产价格以及整个经济的周期性波动来减小金融失衡、缓解系统性风险，最终达到维护金融稳定的目标。从2007年美国爆发的金融危机和2009年欧洲的主权危机以至于后来世界经济危机的演变历程表明，金融机构间的相互关联性所形成的周期性风险在累积与扩散过程中对金融市场的风险性起到了重要的助推作用，即单一机构的风险会迅速通过各种渠道影响到其他机构，并进而危及整个金融及经济体系的稳定与安全。对于这种系统性的顺周期性风险效应的影响，很难从一种措施和政策的微观方面来进行监管。这时，宏观审慎监管框架所包括的基本要素——宏观审慎分析，识别、评估和监测系统性风险及政策工具和治理机制安排，很难对金融市场中具体的资本运行顺周期性问题作出完整的应对。现实的金融实践告诉我们，这种顺周期性风险的调节需要在宏观审慎政策的构架下，协调各金融行业制定出宏观与微观的监管政策，创新防范系统性风险的工具，即采用财政政策、货币政策等微观审慎政策才能解决。这就是《巴塞尔资本协议Ⅲ》在风险监管理论与框架上的改进：把微观审慎监管与宏观审慎监管有机结合起来。

微观审慎监管是在金融运行中审慎分析，识别、评估和监测个体金融机构或行业的风险政策工具和治理机制安排，目的是保护投资者利益，避免使投资者和储户等个体遭受不应有的损失。在目前世界各国的金融监管模式中，包括宏观审慎监管和微观审慎监管两种监管模式。通过逆周期监管来防范金融危机，既要重视金融系统的外生性风险，也要关注金融运行内生性风险；既要在横向维度上关注因金融机构之间的相关性与同质性而产生的共同风险敞口问题，也要在时间维度方面关注如何抑制金融体系内在的顺周期效应。因此，必须实现宏观审慎监管与微观审慎监管有机结合,才能做好一个国家的逆周期监管工作。具体来讲,在逆周期监管中怎么来划分宏观审慎监管与微观审慎监管的关系:一是从监管的目标来讲。宏观审慎监管的目标是防范系统性风险,维护金融体系的整体稳定,防止经济增长受影响;而微观审慎监管的目标在于控制个体金融机构或行业的风险,保护投资者利益。二是从监管内容方面讲。宏观审慎监管侧重在对金融机构的整体行为以及金融机构之间相互影响力的监管上,同时关注宏观经济的不稳定因素;而微观审慎监管侧重于对金融机构的个体行为和风险偏好的监管。三是从具体监管对象上看。宏观审慎监管更关注具有系统重要性金融机构的行为,金融市场整体趋势及其与宏观经济的相互影响;而微观审慎监管则更关注具体金融机构的合规与风险暴露情况,避免使投资者和储户等个体遭受不应有的损失等事件。四是从监管范围来讲。宏观审慎监管措施会关注银行业整体的信贷规模及其与有关资产价格的关系,并据以判断银行体系是否正在积累信用风险;微观审慎监管措施则会关注该银行信贷资产的集中度和相关放贷政策。宏观审慎监管会因为强调整体的稳定性而忽略对金融个体机构利益的保护,而微观审慎监管则相反,首先关注的是金融个体机构风险的控制。

在金融实践中,处理好宏观审慎监管与微观审慎监管的关系非常重要。对金融体系的宏观监管,离不开金融个体机构风险的控制;对金融个体机构风险的微观审慎监管,必须在宏观审慎监管框架下来进行。处理好宏观审慎监管与微观审慎监管的双重监管的关系,应用宏观审慎监管与微观审慎监管的双重监管措施,才能够对金融市场达到科学的监管,能增强逆周期监管的效果。

中国银监会政策研究局副局长李文泓指出:2007 年以来的国际金融危机表明,低通胀和相对稳定的宏观经济尚不足以保障金融稳定,以保障单家机构稳健经营为目标的微观审慎监管也不足以防范系统性风险。加强宏观审慎监管,构建宏观审慎与微观审慎监管有机结合的金融监管框架,已成为国内外的广泛共识,并成为危机后国际金融监管改革的重要内容。李文泓认为,风险计量模型的发展和资本监管、会计准则等外部规则对金融体系顺周期性的进一步强化,是近年来金融失衡加剧、金融脆弱性增强,并最终导致此次国际金融危机发生的重要原因。[1] 因此,采取逆周期监管来缓释金融市场的顺周期性是必要的。同时,在金融运行中,通过实施恰当的逆周期政策,将新资本协议、贷款损失准备计提和公允价值会计准则等适用于金融业的外部规则的监管措施也非常重要。必须指出,这些措施都同时采取了宏观审慎监管和微观审慎监管两种监管模式。而金融市场的逆周期监管正是在宏观审慎监管这一视野下实行了同微观审慎监管这种监管模式的有机结合才能达到理想的监管效果。

二、我国金融市场中顺周期性现象带来的各种风险

现有的理论和实证研究基本都证实了《巴塞尔资本协议》提出的顺周期风险效应在我国的影响与存在。我国商业银行信贷周期主要表现出以下几个特点:一是扩张期的扩张幅度比收缩期的收缩幅度大,显示出明显的刚性。二是扩张期少于收缩期。跨度在20世纪80年代基本上持平,而90年代收缩期的长度大于扩张期,这种差异可以用银行业的商业化、市场化改革来解释。三是几乎10年一个大的扩张周期。我国经济发展的顺周期性带来的负面效应十分明显:一是物价上涨较快,真实利率多年为负值;二是银行信贷的快速增长,加剧了项目贷款的"倒逼"机制,银行为了收回贷款不得不对借贷者再次追加贷款,[2]

---

[1] 李文泓:《关于宏观审慎监管框架下逆周期政策的探讨》,载《金融研究》2009年第7期。

[2] 中国人民银行课题组、郑南源、盛文军、尤瑞章、中国人民银行杭州中心支行:《商业银行顺周期性与金融宏观调控研究》,载《浙江金融》2009年第7期。

一旦经济增速放缓，债务风险的顺周期性效应不可避免。不过，这种顺周期效应的大小，要受制于很多的因素。

对于我国金融市场的顺周期性及其风险，学者们高度重视对它的研究。孙天琦和张观华从《巴塞尔资本协议Ⅱ》资本监管视角对金融系统顺周期性进行了研究，阐述了顺周期性对货币政策的影响。周小川具体探讨了金融体系中的一些顺周期性因素，分析了各国政府针对此次金融危机可能采取的补救措施，以及货币和财政当局在严重市场危机下如何发挥专业作用。而许均平认为金融体系中的顺周期现象不仅存在于以银行业为主的信贷市场领域，在资本市场领域同样存在，且当信贷市场萎缩、资本市场衰退时，这种顺周期效应会通过财富效应、金融加速器、托宾 Q 效应影响实体经济的运行，从而使实体经济周期出现更大幅度的波动。[1] 一些学者发现，中国经济的一些金融变量在近年来也逐渐呈现出一定程度的顺周期性。于泽指出，中国的 M2 目前呈现顺周期性，货币政策没能够逆风向而动。肖继五、李沂发现 1982 年至 2008 年，中国国际资本流动也存在较为显著的顺周期性。[2] 张金城、李成认为，银行信贷顺周期性导致经济繁荣时期的贷款扩张和经济衰退时的贷款紧缩，席卷全球的金融危机促使人们重新审视金融体系的顺周期性和资本监管制度的顺周期性问题，顺周期性和宏观审慎监管成为国际金融监管的热点话题。陈华、刘宁认为，信用风险的识别—评级制度的顺周期性、市场风险的识别—VAR 的顺周性、操作风险的纳入与识别—风险敏感度提高，从而证明我国金融体系中顺周期性的风险效应。

在 2018 年全国金融工作会的通稿中，“金融风险”成为频率最高

---

[1] 刘超、刘志威：《保险业顺周期性与逆周期监管：理论述评、形成机制与应对策略》，载《保险研究》2010 年第 8 期。

[2] 毕家新：《金融体系顺周期性研究述评》，载《区域金融研究》2012 年第 11 期。

的关键词，在报告中出现 31 次，而金融监管排列第二，出现 28 次。[1] 中央财经领导小组办公室主任刘鹤 2018 年在达沃斯论坛上表示，"在中国面临的各类风险中，金融风险尤为突出"。[2] 改革开放以来，我国经济运行总体是健康的和平稳的。但是，在当前调结构与转型发展过程中也呈现很多的顺周期性效应，需要我们从国家层面的高度进行逆周期监管。

根据国际金融稳定理事会（Financial Stability Board，FSB）的定义，金融系统的顺周期性是指一种相互加强的正向反馈机理，在这种机理作用下，金融系统可以放大经济周期的波动性，同时反过来可能导致或加速金融体系的不稳定状况。国际金融稳定理事会认为，顺周期性主要包含四个方面的内容：一是以风险为基础的资本监管方法；二是遵循"实际损失"原则的拨备计提方法；三是采用"公允价值"原则的会计方法；四是金融机构高管薪酬问题。[3] 根据我国金融体系的实际情况，我们认为，顺周期性在我国金融市场中呈现以下风险。

第一，金融市场在顺周期性效应下面临着监管失控的风险。中国金融市场总体是健康发展的，但在经济运行的顺周期性效应下，金融的运行也必然存在很多的风险问题。表现在：一是金融公司受到顺周期性效应的影响，借贷业务监管难。二是金融交易业务在顺周期性效应下跨国监管难。一些金融企业在顺周期性效应下的跨国交易必然会出现运行失控和监管困难的情况。三是金融监管机构本身不完善。我国的金融业正处在转型期，随着新兴科技的发展和金融业的变革，传统的

---

〔1〕 赵悦：《防止发生系统性金融风险是金融工作永恒的主题》，载搜狐网，2017 年 7 月 18 日。

〔2〕 刘鹤：《刘鹤谈中国金融风险：争取用三年左右有效控制宏观杠杆率》，载中国新闻网，2018 年 1 月 25 日。

〔3〕 陈华、刘宁：《银行业顺周期形成机理与逆周期监管工具研究》，载《金融教学与研究》2011 年第 1 期。

金融监管模式不管是监管方式、监管内容和监管体制上都存在很多问题,需要进行不断的改革和完善。

第二,金融市场在顺周期性下面临着信用失效的风险。目前我国的金融市场正处在调整和健全中,整个信用体系都还不完善。一是我国金融运行与监管中交易主体的违约成本较低,很容易在金融市场运行中产生诱发恶意骗贷等顺周期效应风险;二是我国金融体制特别是信用体系不健全也容易引发金融运行中的信用危机和恶意诈骗情况;三是一些众筹项目在金融运行的顺周期性效应下也面临失败的信用风险。在金融运行的实践中,这种以互联网金融等虚拟交易为代表的金融运行风险性会更大。

第三,金融市场在顺周期性下面临放贷资金回收难的风险。我们知道,金融运行中放贷资金回收难是有目共睹的。在金融运行的顺周期正效应影响下,经济的发展和金融市场的繁荣会使金融业存贷业务积极向好,金融机构对贷款人的风险评估作出乐观预期;当金融运行在顺周期性负效应时,经济的震荡必然会使一些金融机构对各种贷款方式十分谨慎。在社会诚信体系和金融法制不健全的情况下,金融机构的这种放贷行为的风险必然非常大。

第四,金融市场在顺周期性效应下的运行面临着冲击现有法律法规秩序的风险。由于互联网金融法律的不完善,缺乏准入门槛和行业规范,整个行业面临诸多政策和法律风险。一是顺周期性效应冲击着金融行业的金融秩序。一些金融企业为了发展,在新兴业务的市场准入、金融监管、身份认证、信息保护、电子合同签订等方面没有明确立法规定,有的办事靠协议规则,出事靠仲裁解决,[1]这些现象冲击着市场法治规则。二是一些金融机构在顺周期性效应下业务的合法性难以确

〔1〕 任春华、卢珊:《互联网金融的风险及其治理》,载《学术交流》2014年第11期。

定。由于金融管理缺乏规范性法律法规，对互联网金融机构的市场准入没有国家标准，也没有按照金融机构的法定市场准入程序进行注册登记，[1]造成一些互联网金融机构的身份难以确认、推出的项目合法性难以界定。加上交易虚拟化，一些金融监管部门也很难在短时间内掌握它真实的资质、信用度等情况。在顺周期性负效应到来时，很多金融公司自身难保，最后必然带来金融风险。

三、我国金融市场在逆周期监管中存在的主要问题

金融市场在顺周期性下存在很大的振荡与危机，必须进行逆周期监管。但目前我国金融市场在进行逆周期监管方面存在诸多问题。

第一，实行逆周期金融监管的机构协调性不够。在我国金融运行中，缺乏科学的监管规则：一是存在金融监管机构协调性不够问题。过去我国金融监管有三大机构，即银监会、证监会和保监会。全国金融工作会指出了我国金融监管协调性不够。从我国金融运行的实践来看，三大金融监管机构在分业监管方面也存在协调机制不完善的问题。比如，存在三大监管机构各自为政的监管现状，三大监管机构监管重叠以及三大机构重复监管等问题，在金融运行的实践中，形成金融行业的各部门、各地方之间利益堡垒。目前，国家实行银监会和保监会合并，在一定程度上解决了银保行业各自为政的问题，但和证监会各自为政的监管问题仍然存在。二是缺乏科学的监管原则与理念。在今天的现代经济体系下，我们需要在金融行业建立与之相适应的市场监管原则与观念，才能满足金融市场的健康发展。但从我国金融市场的实际来看，我国金融管理理念随着改革的进行有很大的改进和发展，但在监

[1] 中国人民银行等十部委发布：《关于促进互联网金融健康发展的指导意见》，载中国人民银行网，2015年7月18日。

管方式方面也存在很多旧的或者不适应新时代发展的监管原则与理念。在金融监管中仍然强调以行政手段为主的监管模式,忽视市场在配置金融资源方面的功能与价值,在互联网金融背景下还仍然坚持传统的金融监管方法等。在金融体系国际化、金融发展与转型市场化的大背景之下,中国金融监管的原则与理念的陈旧和监管方式的落后,将直接影响着我国金融市场的健康运行。

第二,逆周期金融监管制度的价值定位缺乏科学性。经济安全是一个国家安全的基础,它是指一个国家经济主体在经济秩序和经济活动中利益或行为的前提保障。从逆周期金融监管的目标来看,就是要解决一个国家经济与金融运行的平稳性,实现国家的经济运行的安全与效率。从我国金融运行几十年的经验来看,安全与效率必然是金融监管的重点。但从当前我国金融监管的情况来看,一是金融监管制度为了保证国家的金融稳定,而过分打压金融活力,造成金融发展的自由度压抑;二是不能处理好金融发展与金融稳定的辩证关系,把金融资源有限的情况下金融安全和金融效率的关系对立起来;三是在互联网金融高速发展背景下,一些金融业片面追求利益而盲目创新业务,而金融监管方面配套的立法严重滞后。正是由于这些问题的存在,造成了在金融运行中出现"一监管就死,监管一放就乱"的怪现象。没有把握好金融监管带来的规范化运行和金融业的效率价值的辩证关系,造成金融市场主体的积极性和主动性的丧失。

第三,实行逆周期金融监管方式陈旧。在金融运行的实践中,合规性金融监管通常是指国家为了维护金融业内的秩序稳定而采取行政手段与经济手段,对金融机构执行有关国家的金融法规、金融制度与各种金融规章等方面的情况进行监督与管理,以规范金融机构在金融运行实践中的经营行为。目前,我国逆周期金融的合规性监管面临很多挑战。一是我国金融监管是以行政监管为主,监管方式非常落后。特别是在互联网金融发展的背景下,现有行政法规和规章对于规制互联网金融市场明显落后。尽管国家在互联网背景下加快了金融立法监管的速度,但是金融运行的复杂性和金融形态的多样化导致了我国在金融立法和金融执法方面的大量漏洞。二是在现代经济体系下没有处理好金融的统一监管和金融差异化监管的关系问题。国家为了保证金融业的健康发展,需要对我国各类金融机构的运行进行统一监管,以保证国家金融政策的统一性和金融市场的稳定性。同时,我国是世界上的第二大经济体,特别是在互联网金融背景下,我国金融业多种多样,金融形态更是千差万别。应当在坚持国家统一性的金融政策下来保持国家金融法规与政策的差异化监管,以调动国家金融资源的活力。而目前我国消极与静态的金融监管方式很难适应金融业高速发展的现实。

第四,民间金融游离于逆周期监管之外。世界上一些国家对民间金融借贷有着很多政策支持。比如,"美国纽约州的《放款人条例》、日本的《无尽业法》也都使对农村民间金融的监管有法可依"。[1] 由于我国的金融环境和国情所致,为了保证我国金融市场的稳定性和规范性,在金融市场中,正规的金融借贷的条件历来要求高、手续多,批准难,于是非正规的民间金融借贷在我国金融市场中盛行。民间金融借贷虽然活跃了地方金融市场,促进了地方资金的流传,但也带来很多社会问题。一是民间金融借贷的高利率加大了借款人的生产成本,在经济发展中影响了中小企业等经济主体的发展后劲;二是大量民间金融借贷资金在国家正规金融的"体外循环",干扰和影响了国家对金融市场总量的调控与监管,加大了金融体系运行的风险;三是非正规融资借贷由于没有规范的运行带来的大量民间纠纷甚至借贷人的暴力方式解决途径,造成民间金融市场的混乱和严重的社会后果。目前国家在对

---

〔1〕 唐峻:《论我国农村金融监管制度的改革与完善》,载《上海金融》2010年第6期。

待民间的非正规金融的地位方面总体上是持否定的态度，在对民间非正规金融的监管方面也是消极的态度。国家除了运用《民法典》物权编、合同编和《最高人民法院关于审理民间借贷案件适用法律若干问题的规定》等法规来规制民间非正规金融借贷外，就是沿用《非法金融机构和非法金融业务活动取缔办法》对民间非正规金融组织进行打击，这在一定程度上扼杀了我国非正规金融市场的内生性成长和自我创新能力。

第五，逆周期金融监管体系不完善。我国是世界上第二大经济体，必须建立与这一经济体相适应的金融监管体系，才能保障经济的健康发展。现在的问题有三：一是政府监管体系各自为政，没有形成监管合力。表现在国家金融管理部门（银监会）和人民银行之间存在权力划分的模糊性问题。在国家金融运行中，国家银监会与中国人民银行的关系与职能缺乏科学的划分，往往银监会对金融市场运行中的经营信息和财务数据无法迅速、高效地掌握，造成监管滞后。二是国家银监会和地方政府之间在金融管理方面也常常出现监管真空。比如，对农村地区的信用社的金融监管，由于银监会监管链条过长，监管真空的现象在所难免。三是金融机构的内控制度没有完全建立起来。由于我国市场经济体系还不健全，现代企业管理制度还不成熟，金融机构的内控监管制度的建立也在探索之中，特别是很多金融企业还没有现代化的法人治理结构和权力制衡机制，在金融运行中国家对金融企业又缺乏完善的授权信贷制度和交叉检查制度，很多监管名存实亡。

第六，我国逆周期金融监管立法进程落后于改革发展的实践。随着我国市场经济体制的不断完善，金融市场的繁荣发展依托于完备的金融法律法规，强调金融司法进程适应金融市场的发展需求。当前，一是金融的监管立法进程缓慢。比如，国家金融监管条例、外汇管理法等法律法规的出台、实施缓慢、造成金融市场的运行立法与司法的落后。二是互联网金融监管立法落后。随着互联网金融的进行，我国传统金融的一些管理措施和法规制约着我国金融市场的发展。互联网金融对管理模式提出了新的要求，对监管形态带来了新的变化。金融监管怎么来适应新的互联网金融市场，这是金融监管面临的新的课题。三是中国金融监管缺乏社会力量的配合。金融监管涉及金融市场运行的方方面面，它的有效监管必然需要一个宏观的监管系统。这种系统的建立除了有国家的金融监管和企业内部自身的监管外，它的运行还需要社会中介监管和社会舆论监管。比如，国家认可的会计师事务所和审计师事务所等机构的监管。由于各种条件限制，我国还没有建立有效的信息交流和信息披露机制，社会舆论监管更是无从谈起。我国金融企业也还没有形成自觉接受监管部门认可的会计师事务所和审计师事务所对企业财务报告的监管和真实性审计，造成了社会中介对金融企业的监管效力难以发挥。

四、推进我国逆周期金融监管的路径选择

对于金融市场的顺周期性的逆周期监管，国际国内金融监管界都非常重视并且提出了一系列逆周期监管措施，这对金融业逆周期监管具有重要的借鉴意义。这些逆周期监管措施主要是：第一，在银行资本要求方面，巴塞尔银行委员会将采取三项措施，一是提高资本的数量和质量要求。二是开展逆周期资本监管。三是考虑建立或有资本。第二，在会计准则方面，国际会计准则委员会（IACB）建议，将建立使用历史成本和公允价值两种方法的混合模型。美国的金融会计准则委员会（FASB）建议，通过动态拨备制度，改变“已发生损失”的确认方法，允许使用“预期损失”标准，提早确认损失，降低危机当期压力。第三，在薪酬管理方面，FSB 发布了《稳健薪酬实践的原则》，认为金融机构高管薪酬应该与监管资本水平相联系，并从公司治理层面完善薪酬管理制度，消除顺周期产生的根源。李瑞红对国内外逆周期监管主要工

具和机制的最新研究成果进行了梳理，认为中国选择逆周期监管工具要具有针对性和有效性，选择逆周期监管工具要与中国监管现状相适应，指出逆周期监管制度安排可从四个方面入手：加强资本监管，提高资本质量；加强风险监控，强化压力测试；控制信贷杠杆，防止金融风险；加强机制建设，提高监管透明度。[1]

党的十八大以来，国家对防范金融风险非常重视，在金融监管方面也采取了一系列重要举措，主导了金融工作发展大势，使我国金融市场"运行总体平稳、风险总体可控"。习近平总书记指出："要坚持底线思维，在全面做好金融工作基础上，着力深化金融改革，加强金融监管，科学防范风险，强化安全能力建设，坚决守住不发生系统性金融风险底线。"李克强在2017年全国金融工作会上指出："把防范化解系统性风险作为核心目标，把深化金融改革作为根本动力，促进经济与金融良性循环。"[2]加强金融运行的逆周期监管，必须深化金融监管体制改革，这是新时代中国金融市场繁荣发展的必然要求，也是推进金融监管事业发展的重要举措。从当前来讲，加强"逆周期金融监管"，必须深化中国金融监管体制的改革，以新时代构建现代经济体系的创新思维为导向、加快推进金融监管的立法进程、创新金融监管方式。

第一，建立顺周期性下金融运行的风险预警和金融安全评估机制。要对金融市场在顺周期性效应下产生的风险进行逆周期监管，必须对金融运行构建风险预警和金融安全评估机制。一是完善金融运行的市场风险预警机制。在顺周期性效应下，金融市场的运行必然存在很大的振荡风险。因此，我们必须对它的运行风险进行预警。实现对顺周期性的有效预警和监控，通过对体现宏观经济中存在不稳定因素的指

---

〔1〕李瑞红：《逆周期监管工具、机制与中国选择》，载《金融与经济》2010年第2期。

〔2〕李克强：《服务实体经济防控金融风险深化金融改革　促进经济和金融良性循环健康发展》，载《人民日报》2017年7月16日。

标的监控来发现问题，缓解顺周期性效应导致的金融风险积聚。这都是宏观审慎监管的责任。二是探索和建立金融市场在周期性效应下运行的安全评估机制。这就需要我们在对金融市场运行进行预警的基础上，对金融市场的运行环境现状、成效、指标、监管措施和周期性效应的趋势等进行安全评估，通过对金融市场完善的安全评估体系和评估方法来减少金融顺周期性效应带来的金融风险。三是加强金融市场在顺周期性效应下金融主体的自身监管。金融预警与监管的基础首先是搞好内部监控。金融监管的实践证明，要加强对金融市场的顺周期性效应进行监管，金融市场内部的预警与安全评估至关重要。因此，金融监管必须要对金融机构自身的资金流动、运行状况和信用风险等进行评估与审计，这是搞好金融监管的重要环节。

第二，加快逆周期金融监管的立法进程。营造良好的金融发展与改革的外部环境，是新时代我国金融监管体制改革的重要基础。习近平总书记指出：要以强化金融监管为重点，以防范系统性金融风险为底线，加快相关法律法规建设。[1] 在当前，一是要完善传统金融市场的立法。金融的运行有着独立的规律，怎样从法律上来保障，这是金融运行的重要前提。从当前来讲，怎样建立一个适应经济发展基础上金融发展的保障体系，国家应立足于金融市场的发展需求，出台金融监管的法律法规，并制定相应的实施细则，确保金融监管的法律法规从实施到执行，都有明确的法律及制度保障。二是怎样完善互联网金融的立法问题。随着互联网金融的发展，给互联网金融立法提出了新的要求。网购、支付宝、微信、PTP等新的金融模式不断出现，给金融监管提出了新的要求。随着时代的发展和互联网金融的要求，怎样创新与完善金

[1] 李克强：《服务实体经济防控金融风险深化金融改革　促进经济和金融良性循环健康发展》，载《人民日报》2017年7月16日。

融监管体系，也是新时代现代经济体系建设的重要工作。三是尽快制定金融法律实施细则。金融法制定后，更需要一套较为完整的能够在金融市场实施的金融法律相关的配套的实施细则，这样才能保证金融市场健康运行。在新时代，就需要金融行业对金融法律的规范进行细化、制定一些配套的规则，保证金融法律法规的健康运行。四是尽快建立独立的金融执法机制。金融市场存在大量的违法违规行为，金融监管却无能为力。因此，必须建立起独立的金融执法机制，保证公正、公开、公平的金融司法秩序的正常运行。为此，我国应进一步完善金融市场的管理与运行机制，加快和加强金融立法，强化以法律的形式对金融的运行进行"逆周期"监管。

第三，着力于逆周期金融监管方式创新。在新时代，在现代经济体系改革中，以金融创新发展理念为导向，推进金融监管方式创新，是"逆周期金融监管"的现实需求，也是深化监管体制改革的重要内容。当前，我国金融监管方式的创新，一是要转变传统金融体制下行政审批的金融监管方式，转而以"服务型"的金融监管方式，契合当前金融市场的发展需求，来提高金融监管的效率。二是要转变传统金融行政监管的思维模式，弱化行政命令的金融监管的手段，强化以市场为导向的现代经济监管思维模式。特别是在现代经济体系改革中，要以现代金融监管的经济手段为重要抓手，既契合金融市场的发展与变革的需求，又要不断提高金融监管水平来提高监管的有效性。三是不断提高金融监管的科技水平。在新时代，要加强"逆周期监管"，必须不断提高金融监管的科技水平。要逐步改善金融部门的科技监管手段，依托网络信息化平台和电子化等金融监管手段，实现精确化的监管方式，提高金融监管效率和监管水平。

第四，构建统一协调的逆周期金融监管机制。习近平总书记指出：完善金融机构法人治理结构，加强宏观审慎管理制度建设。在新时代，我国在构建现代经济体系过程中，金融监管体系必须改变，才能适应金融市场的发展。从目前我国的金融监管体制来讲，实行的是分业监管体系。银保监会和证监会的金融监管机构承担着我国金融市场秩序的稳定与繁荣的任务。一是金融监督机构的监督职责，确保监管职责到部门。李克强在全国金融工作会上指出，“增强金融监管协调的权威性和有效性，强化金融监管的专业性统一性穿透性，所有金融业务都要纳入监管”，及时有效识别和化解风险对监管机构的工作协调，确保监管机构的职责到位，失效追责。二是要进一步规范金融监管机构的职能。随着新时代现代经济体系的建立与发展，我们必须进一步健全金融监管机构的职能与规范，完善监管机构的协调机制，合理地规范“分业”监管，提高监督机构的协调性。三是强化金融监管队伍建设。新时代的现代经济体系的构建，需要多方面的专业人才。要按照“政治过硬、作风优良、业务精通”的标准，加强金融人才的培养、选拔和使用，以适应新时代金融监管工作的需求。四是要加强信用体系建设。社会信用体系建设在金融运行中具有重要的意义，金融监管中要加强社会信用体系建设，健全符合我国国情的金融法治体系。

2020年中央经济工作会议指出：必须强化反垄断和金融创新监管。完善平台企业垄断认定、数据收集使用管理、消费者权益保护等方面的法律规范以及金融创新必须在审慎监管的前提下进行。因此，实施逆周期监管能在一定程度上限制金融体系缓冲功能，有利于平抑互联网金融业利润大幅波动，降低减少顺周期性带来的系统性风险，能提高资产质量和风险抵御能力。李文泓认为，2007年美国金融危机之后，尤其是当货币政策与监管职能分离、多个机构都具有维护金融稳定职责时，建立更高层面的跨部门委员会、加强系统性风险分析评估，已成为越来越多国家或地区的选择。[1]

---

〔1〕 李文泓：《宏观审慎监管政策框架与治理机制》，载中国新闻网，2014年4月14日。

第二章

我国企业在资本运行中的逆周期监管研究

摘要：企业经营中的投融资也必然要进入金融市场，企业财务风险是金融市场风险的重要内容。在顺周期性的系统性风险中，企业财务风险也会随着金融市场的顺周期性而更加具有放大效应。在顺周期性的影响下企业如何优化内部财务管理，防范和降低企业财务风险，并进行逆周期调节，是企业经营和发展的重大问题。因此，审视企业在顺周期性下存在的财务风险问题，揭示顺周期性下企业存在系统性风险的表现特征，探索企业财务面临风险的逆周期监控措施，是目前企业财务管理的重要课题。同时，银行作为金融企业的主体，在金融运行的实践中，以银行业为中心的金融机构存在巨大的顺周期性效应风险，必须引起我们的高度重视。课题分析了以银行业为中心的金融机构运行存在顺周期性效应的风险，揭示了银行业顺周期性风险的特征及形成机理，提出了以银行业为中心金融机构顺周期性效应风险下逆周期监管的措施。

关键词：企业资本运行；金融市场风险；顺周期性效应；逆周期监管

经济市场中的顺周期性，即顺周期效应，是指经济或者金融市场在经济高涨和上行时，交易价格由于升高的诱因而导致相关产品价值的高估；在经济或者金融市场由于经济下行和紧缩时，交易价格低落的诱因导致相关产品价值的低估。这种经济上行和下行带来的金融市场的振荡与波动，必然使经济呈现顺周期性效应。根据世界各国对经济顺周期性效应的应对来看，这种顺周期性效应将会对经济社会带来极大的危害。

企业是经济和金融体系的主体，企业在参与金融市场和经济市场中，也必然存在很多的顺周期性风险。工矿企业的投融资、财务管理会随着经济的波动而出现顺周期性效应；以银行业为中心的金融企业在信贷、货币、资产价格等金融市场中也会随着经济的振荡而面临很大的顺周期性风险，造成信贷周期、货币周期、经济周期的互相影响和振荡与波动关系，这种金融市场的风险严重影响了经济社会的健康发展。

一、顺周期性下企业财务风险的逆周期监管研究

企业财务风险是客观存在的。在顺周期性的系统性风险中，这种风险效应会更加放大。在顺周期性效应的影响下企业如何优化内部财务管理，防范和降低企业财务风险，并进行逆周期调节，是企业经营和发展的重大问题。

在企业经营中，顺周期性带来的系统性风险，是指由于公司外部风险因素的变化带来整个经营环境的不确定性，从而对所有公司的财务管理都产生共同性的风险。与个别风险的监管相比，系统性风险是难以准确预见的，对企业经营特别是企业财务的风险影响更大。在顺周期性效应下怎么进行"逆周期"调节，从而把握这种经济发展中的顺周期性风险，掌控经济的波动性，特别是在顺周期性背景下怎样来进行防范企业财务风险，进行逆周期资本监管是企业管理者面临的重要课题。

（一）顺周期性影响下企业财务存在的系统性风险问题

在经济运行中，顺周期性主要包含以下三个部分：一是经济数据变量会围绕着趋势值波动；二是经济发展过程中趋势值本身会随着内部驱动带来经济数据的变化；三是均衡值在运行中由于负效应趋势可能

出现累计性偏离。顺周期性对企业来讲,主要是增大了财务风险。顺周期性系统性风险会对企业的经营管理活动、财务结构和融资等运行产生难以预料的影响,造成企业财务投资收益的不确定性。在顺周期性的系统性风险影响下,整个社会经济处于萧条时期,企业产品大量积压,投资回报难以收回,企业负债加大,这些风险最终都会集中表现在财务风险上。

第一,经济的顺周期性带来企业资金回收难度加大。经济顺周期的正效应使整个社会经济快速发展,资源的聚集和投入的增加给企业带来新的发展机遇,但此时大量的资源投入正孕育着新的危机。经济波动进入负效应后,经济的滞涨或者萧条使企业之间的竞争更加激烈,各个企业因产品滞销出现资金的紧张,企业的大量投入不能收回,企业间的资金流量减少,造成企业经营困难。企业运转和发展需要资金的投入,而此时企业举债将更加艰难,最终将导致企业财务风险加大,甚至带来企业的破产。"根据市价重估的会计原则,资产价格的上涨会迅速增加金融机构的资本。这种'倒置的需求曲线'会形成巨大的反馈效应。"[1]

第二,经济的顺周期性带来企业融资渠道选择难。企业以举债方式筹措资金进行项目投资,以期获取更高收益,这是现代企业经营的重要方式。企业经营的实践证明,企业筹资规模的选择不当必然会形成财务风险。从融资渠道讲,目前我国可供企业选择的筹资方式主要有银行贷款、发行股票、发行债券,融资租赁和商业信用等。这里面还包括企业的短期融资和长期借贷以及抵押贷款等融资方式。在顺周期性带来系统性风险背景下,各个企业的资金必然运行偏紧,资金回收压力很大。而此时企业在选择融资方式和还贷方式方面又多种多样,如果

---

〔1〕 康以同:《顺周期性的含义及其影响》,载《当代金融家》2009 年第 9 期。

此时企业融资方式再选择不当，就会增加企业额外费用，增加企业在经济运行中战略选择的各种困难，影响企业的资金周转，从而产生财务风险。在顺周期性这种系统性风险背景下，一些企业投资规模小而又筹入了过多的债务资金，必然造成企业自身不能合理充分运用和支配这些资金，造成资金闲置，加大企业债务负担，增加了顺周期性的负效应，带来了经济数据波动性加大。

第三，经济的顺周期性带来企业资金结构失衡。我们知道，资金结构主要是指企业在整个经济运行中，权益资金与负债资金在企业财务总资金中的比例结构。处于顺周期性的正效应时，经济的高涨必然造成企业扩大规模，利益的驱动使企业举债规模扩大，往往造成企业资金结构失衡。从经济的实践来看，我国现在大多数企业的生产经营资金主要依靠自有资金和银行借入资金。[1]这种资金结构在顺周期性带来的系统性风险下，往往被打破，举债的增多必然造成企业权益资金和负债资金比例不恰当。在管理实践中，这种资金结构不平稳而形成财务风险的案例比比皆是。在顺周期系统性风险冲击下，我国大多数企业还是主要依靠权益资金和借贷资金来作为生产经营资金，如果借贷资金比例越大，资产负债率越高，财务杠杆利益越大，伴随其产生的财务风险也就必然增大。一旦企业在经济周期波动中出现经营偏差，经济数据偏离趋势值的风险就会加大，企业财务到期偿还债务的困难就会加大。

第四，经济的顺周期性带来企业投资决策缺乏科学论证。经济顺周期性的正效应带来市场的繁荣，企业购销两旺让企业财务收支顺利。一些企业为了赢利而跟风，往往在缺乏可行性论证和周密系统的分析情况下大量贷款来扩大生产或者投资新项目，特别是涉及一些金融和

〔1〕 郑毅：《财务风险的成因及其防范》，载《北京林业干部管理学院学报》2005 年第 1 期。

证券方面的投资更是加大扛杆。这种由于投资热情高涨而又缺乏科学论证的投资项目,必然导致投资失误,造成企业大量的投资不能获得预期的回报与收益。很多企业由于盲目投资,又造成社会重复性投资建设项目增多,助推和加剧了整个社会的顺周期性,使经济数据与趋势值的离心率加大,企业财务运转难逃系统性风险。

第五,经济的顺周期性带来企业库存结构不合理。财务运行的实践证明,企业能快速销售产品才能快速收回投入的资金,因为企业现金流量的健康表现在企业的盈利和企业的支付能力方面,特别是表现在企业去库存能力上。而顺周期性的系统性风险必然影响着企业产品的销售,造成外销商品大量积压,使企业存货所占比重偏大,给企业财务的运转带来很多的问题。特别是在顺周期性这种系统性风险下,由于企业销售的困难又加剧了超储积压存货。这时,企业流动资产中通过去库存而获取企业资金回收是企业健康运行的首要任务。如果我们的企业生产的产品不能及时变现或者变现能力不强,库存产品积压多了。企业在销售中就不能及时收回资金,最终会使企业财务收支的不平衡,经济数据的波动性就会更加偏离趋势值,企业陷入财务危机就在所难免了。

(二)顺周期性下企业财务风险的特征分析

在经济的顺周期性带来的系统性风险条件下,企业的财务运行将呈现以下特征。

第一,顺周期性下企业财务风险的客观性特征。"只要存在财务活动,就必然存在着财务风险",[1]即市场竞争在客观上必然带来参与主体在财务管理上的风险。特别是在顺周期系统性风险背景下,企业

---

〔1〕 葛涛:《企业财务风险成因及防范》,载《合作经济与科技》2012 年第 7 期。

财务风险可以说更是客观性存在。一是企业正常经营可能造成系统性风险的影响。包括企业正常的产品开发、项目实施、供销合同、企业资金的周转、存货结构、企业并购等经营活动，这一切都会在顺周期系统性风险下无法实现预期目标而使企业财务出现风险。二是企业出现投资失误带来的企业财务风险。在顺周期系统性风险背景下，一些正常的投资行为往往演变成投资风险，给企业财务带来风险。比如，顺周期的系统性风险下一些企业经过多方考察准备投资或者前期已经巨额投资的项目由于市场环境的改变可能被放弃；一些企业投资的项目因为没有持续的资金投资也只有忍痛割爱；一些本来应该赢利的项目由于系统性风险的结果出现巨大亏损，等等。三是顺周期系统性风险下企业之间相互拖欠债务严重，纠纷不断等。这些客观上造成企业财务运行收紧，财务运行风险加大。

第二，顺周期性下企业财务风险的全面性特征。在顺周期视野下的市场竞争中，企业财务管理的风险必然存在企业生产经营和企业财务管理的全过程之中，并体现在企业经济运行和企业发展的多个环节上，呈现出全面性特征。一是来自企业生产经营中的外部风险。企业的经营离不开国内外市场环境，离不开国家的宏观经济政策和经济发展状况。在顺周期性背景下国内外经济市场将会出现巨大的振荡，经济形势变化不定，必然给企业的经营带来很大的风险。二是来自企业生产经营中的内部的风险。企业的经营需要资金筹集、资金运用和资金分配等财务活动，企业扩大再生产需要资金积累和资金借贷等财务运转。在顺周期系统性风险下这些问题可以说是贯穿企业生产、销售和分配的全过程，企业经营风险带来企业财务风险的全过程是顺周期性系统性风险的重要特征。

第三，顺周期性下企业财务风险的多变性特征。经济的多变性与不确定性决定了企业生存环境的复杂性。一是顺周期性正效应带来的企业财务的多变性。在顺周期性正效应背景下，企业投资高涨，财务收支顺利。但这时各种难以预测的不确定因素和不可控因素增多，在投资高涨背景下往往导致企业投资决策失误，这时企业财务管理面临的不确定性风险也在加大，最终造成企业财务决策缺乏科学性。二是顺周期性负效应带来的企业财务的多变性。在顺周期性负效应背景下，企业必然面临投资收益率低、经营困难、财务状况恶化、筹资成本加大等重大问题。这些问题恶性循环，必然影响到企业正常的发展和企业借贷的正常运转，最终导致企业运行中的财务风险问题。特别是在顺周期性下遇到一些企业财务决策失误，造成企业经营不善等重大问题等不确定性因素，必然给企业的财务带来极大的风险。

第四，顺周期性下企业财务风险在信用交易方面的缺失性特征。市场经济需要信用交易，在企业的生产和经销中，企业间广泛存在商业信用诚信。但在顺周期性的系统性风险背景下，企业之间由于各自的经营状况困难和彼此的债务等原因，造成企业经营者往往自顾不暇，丧失诚信，再加上对往来企业资信评估不够全面等因素，必然增大企业运营的风险。"由于我国市场已成为买方市场，企业普遍存在产品滞销现象。一些企业为了增加销量，扩大市场占有率，大量采用赊销方式销售产品，导致企业应收账款大量增加。"[1] 在经济运行中，这种追求短期效益而盲目赊销的方式，常常使企业财务应收账款失控，严重影响到企业资产的流动性及安全性，使企业财务出现风险。所以，在顺周期系统性风险背景下，企业信用交易的缺失是企业财务风险的重要祸根。

（三）顺周期性下企业财务风险的逆周期监管

为了应对顺周期性带来的系统性风险问题，作为企业来讲，必须寻

---

〔1〕 严真红：《我国企业财务风险的成因及其防范》，载《江西财经大学学报》2001年第4期。

找消除企业财务风险的“逆周期”监管措施。因此，审视企业在顺周期性下存在的财务风险问题、揭示顺周期性下企业存在系统性风险的表现特征、探索企业财务面临风险的逆周期监控措施，是目前企业财务管理的重要课题。在这一问题上，除了国家在宏观审慎监管之外，还必须从企业方面寻找措施，即进行微观审慎监管才能解决。

第一，逆周期监管就必须树立企业现代财务管理观念。在市场经济活动中，现代财务管理能够全面综合反映企业的经营状况，它要求企业领导人和财务管理者要正确把握经济发展形势，并且高度重视企业的财务工作，在企业建立财务风险管理和企业风险识别预警机制与财务风险评估机制，防范企业财务危机。一是要树立现代企业财务风险意识。在顺周期性的系统性风险条件下，我们必须认识到，企业经济发展和健康运行的最重要工作就是高度防范企业经营中的财务风险问题。正是这样，企业管理者必须树立现代企业财务管理的新理念。2007 年美国的金融危机和 2009 年欧洲的主权债务危机告诉我们，企业财务风险意识的树立是非常重要的，健全内控程序，对员工进行安全培训，能对整个企业的运行及时地做好预警工作，同时能降低企业财务运行的各种风险。[1] 二是树立现代企业的责任管理观念。在现代企业经营管理中，建立和健全企业责权利相结合的企业财务运行管理机制非常重要，特别在企业财务管理中强化管理人员的责任管理观念，运用权责利相结合的管理模式，把财务风险防范工作贯穿于整个企业财务管理的全过程。三是加强企业的风险教育及财务管理能力培养。增强企业员工及经营管理者的风险防范意识，在对企业管理决策者财务风险意识教育和道德教育基础上，提高他们防范企业财务风险的能力。特别是企业管理者要根据顺周期性带来的系统性风险这一财务管理环

---

〔1〕 时钰：《企业财务风险预警机制的构建研究》，载《会计之友》（下旬刊）2008 年第 9 期。

境的新变化，有针对性地开展企业财务风险教育，提升企业财务管理者的财务管理能力。

第二，逆周期监管就必须构建企业财务预警指标体系。在顺周期视野下建立企业财务风险预警系统的工作。一是要建立企业财务预警指标体系。顺周期性带来的系统性风险是经常变化的，每一个阶段都是有不同的反映。企业必须对此进行短期的财务预警监控，制定和实施阶段性的财务风险安全管理策略。二是要建立企业长期财务监测体系。顺周期性带来的系统性风险是一个比较长的周期过程。因此，企业在编制财务监测和管理制度时，要立足长远。要对顺周期性带来的系统性风险在企业中的冲击进行全面监测，要建立长期的企业财务预算制度，对每一个阶段的财务指标以及现金流量情况进行科学预测。三是严格设立企业财务预算制度的控制标准来构建企业的风险预警指标体系。企业财务风险的监测和管理，都必须有科学的监控指标作为考核的依据。正确协调财务预算的各种指标，推进财务内部管理的规范化和科学化。因此，企业的财务要在全面监测经济运行系统性风险基础上，准确地对企业现金流量进行编制预算，全面把握企业财务运行指标，才能有效防范企业财务的顺周期风险。

第三，逆周期监管就必须优化企业资本结构。要应对顺周期性带来的系统性风险，作为企业来讲，一是要使企业负债结构合理化。企业财务结构的科学构建对企业的发展具有重要意义。在企业财务管理的实践中，由于各行业的经营特点的不同，企业在运行中负债结构，特别是各种负债数量比例关系的结构有着很大的差别。顺周期性带来的系统性风险，首先就是打破企业的负债结构，造成企业在生产经营过程中资产负债结构的不合理，这给企业的生产和管理带来很多的困难，甚至有可能引发企业财务危机。因此，“逆周期”调节首先就是解决企业负债结构合理化问题。二是更要关注和优化负债结构。为了堵住顺周期性带来的系统性风险，仅仅靠企业负债结构合理化是不够的，还必须优化负债结构。债务结构包括短期和长期债务、币种结构和贷款种数与期限等，负债结构的科学化既能为企业发挥债务的最大经济利益，又能规避顺周期性系统化风险条件下企业财务的短期支付问题。三是要完善企业的治理结构。市场经济环境的法治化，需要健全的现代企业治理结构。企业治理结构的不合理，直接影响着公司战略决策职能。顺周期性带来的系统性风险，必然冲击着企业的治理结构。企业进行逆周期监管，在治理结构上就要解决三个问题，即在企业经营中如何保证投资者的回报问题、解决企业内各利益集团的关系协调问题、如何提高企业在顺周期性下的抗风险能力。实践证明，合理的公司治理结构，能有效地缓解各利益关系的冲突，增强企业自身的抗风险能力。

第四，逆周期监管就必须加强企业财务运转信息的收集。对企业来说，加强财务运转信息的收集和管理是财政部印发的《加强企业财务信息管理暂行规定》中的明确要求。通过某些财务指标获得一些预警信息，是防范企业财务风险的重要方法。特别是在顺周期性带来的系统性风险状况下，加强企业财务运转信息的收集至关重要。一是通过速动比率指标获得信息。速动比率是指企业财务运行中速动资产对流动负债的比率，它是衡量一个企业财务用于偿还企业运行中流动负债的能力。速动资产包括企业财务运行中的短期投资、应收账款、货币资金和应收票据以及其他应收款项等。二是通过现金比率指标获得信息。现金是企业偿债与经营最直接的经济资源。在企业的财务信息收集中，通过现金比率指标能反映企业的货币资金与短期投资占流动负债的比例，它能以非常明确的态度分析透析企业的偿债能力。三是通过企业资产负债率指标获得信息。在企业财务管理中，资产负债率指标也是企业财务管理的一个重要的内容。该指标表示企业每一元资产中有多少属于债权人提供的资金，主要反映企业资金来源的结构。通常该比率应以低为好，此项比率过高意味着企业负债过多，企业财务面临的风险较大。在顺周期性带来的系统性风险冲击下，这一指标提供的企业财务信息是非常重要的。四是通过企业应收账款周转率指标获得信息。在企业财务风险管理中，企业应收账款周转率指标获得信息也是非常重要的，该指标主要反映企业应收账款的流动程度，即企业收回应收账款的效率，表示企业结算资金占用状况、收账速度及偿债能力，用以评价企业应收账款的变现速度和管理工作的效率。在顺周期性带来的系统性风险冲击下，加强企业财务运转信息的收集是非常重要的，它也是企业进行“逆周期”调节的重要内容。

第五，逆周期监管就必须完善企业会计信息披露制度。在顺周期性带来的系统性风险环境下，及时公布企业潜在的财务风险预警信息，使企业加强风险管理控制措施，做到防患于未然。因此，一是企业建立多层次的会计信息披露制度。开拓多渠道的信息公开办法，对披露的会计信息要进行严格的审计，完善中小企业会计信息质量的监督体系，改进会计信息披露的质量与效率。二是必须加强企业财务审计监督。顺周期性带来的系统性风险对企业生产和经营都会带来很大的影响，企业财务也会面临很大的收支困难。企业领导人或者企业财务人员稍微大意，就有可能疏忽对企业财务的管理，带来企业的财务风险。因此，在顺周期性的系统性风险条件下，要加强对企业财务的审计，才能及时发现和解决企业会计控制系统存在的问题，采取措施与对策，从而确保企业会计信息的真实性与决策有用性，做到对顺周期性带来的系统性风险进行“逆周期”监管。

第六，逆周期监管就必须构建企业科学的财务决策机制。建立科学的财务决策体制在企业经营和管理中非常重要。在顺周期性带来的系统性风险条件下，构建科学的决策机制和决策程序非常重要，它是及时应对顺周期性带来的企业财务风险的重要一环。一是要构建一支好的决策队伍。即充分发挥民主,在认真进行调查研究的基础上,必须建立一个由财务专家、企业管理者和企业职工代表参加的企业财务决策领导机构,这是化解企业财务风险而进行正确投资决策的关键。二是要建立企业财务管理的科学决策制度。财务管理的职能就是要使企业在经营过程中,实现投资收益最大化的价值目标。在应对顺周期性带来的企业财务系统性风险条件下,在企业财务管理中,我们要做好收集归类各种财务信息,并要对影响企业财务决策的各类资料进行分析和查证,通过实证分析和多种可行性调查与论证,制订出企业财务决策的优选方案,以及相配套的企业管理的调控措施。只有这样,才能应对顺周期给企业带来的系统性财务风险。

第七,逆周期监管就必须建立健全企业财务风险控制机制。在顺周期性带来的系统性风险条件下,企业建立健全财务风险控制机制非常重要。一是企业要建立健全事前预测、事中调控和事后管理的财务运行机制。企业必须抓好财务运行过程的有效控制,对企业经营发展有全局性和长远性的计划和思考。在顺周期性背景下,企业管理者要从企业发展的全局出发,根据不同的经营内容设置不同的职能任务,根据不同的任务和发展状况制定不同的经济责任。二是财务管理部门要强化对企业财务宏观发展数据、投资决策战略和财务成本控制等方面的研究,做到监管有据。同时,企业要通过遵循市场化原则和内部结算管理来不断优化财务运行的成本管理。三是企业要加快现代化的网络和信息技术建设。在信息时代,为适应现代企业制度的发展趋势,必须加强网络技术和信息管理在企业财务管理中的作用,用大数据的手段加快企业信息化建设速度,使企业财务管理在科技化基础上实现管理的精确化。四是在企业要实施资源的可持续发展。我们知道,要化解企业财务风险,必须整合和利用好一切有利于企业发展和企业财务管理的资源,实现各种资源的科学规划和管理。只有这样,才能提高企业的经济效益。五是动态地完善企业的激励与约束机制。管理的实践告诉我们,企业的发展需要激励与约束机制。在顺周期性带来的系统性风险条件下,必须赋予企业的经营管理者行使其控制企业财务风险的各种权利,让他们承担起控制财务风险的责任,同时享受企业风险管理的收益。六是企业需要通过降低风险法、分散风险法、转移风险法和缓冲风险法来降低企业财务风险,实现企业效益最大化。

第八,逆周期监管就必须处理好企业财务融资风险。融资风险是指企业在财务活动过程中,因各种难以预料、控制因素的作用,使企业实际财务收益与预计收益发生背离,从而蒙受经济损失的可能性。[1]在顺周期性带来的系统性风险条件下,企业处理好融资风险尤其重要。一是企业要处理好现金性筹资风险。在企业财务管理中,现金性筹资的合理运行能解决企业财务现金短缺、信贷结构不合理的问题。在顺周期性背景下,企业只有处理好现金性融资问题,才能解决因资金周转不灵造成的企业支付危机这一系统性风险。二是企业要处理好收支性筹资风险。收支性筹资风险是指企业在经营过程中出现收不抵支和到期企业还无力偿还债务的一种风险,它是企业财务整体性风险。在顺周期条件下,一旦收支性筹资风险的爆发,在一定意义上就预示着企业正处于资金困难或者资不抵债的状态。三是企业要处理好举债风险。在顺周期性条件下,企业财务必须在举债顺序和举债方式上进行全面考虑。这就要求"发行债券必须置于流通股融资之后,并要求注意保持间隔期……在举债时也要考虑到债务到期的时间安排及举债方式的选择,使企业在债务偿还期不至于因资金周转出现困难而无法偿还到期债务"。[2]

---

〔1〕 蔡志伟:《探究我国企业财务风险防范的对策》,载《中国总会计师》2012 年第 12 期。
〔2〕 刘平、贺武:《财务风险成因及控制策略研究》,载《广西社会科学》2004 年第 10 期。

第九,逆周期监管就必须处理好企业财务运行中的几种关系。在顺周期性系统性风险条件下,一些学者通过对企业财务的研究,提出了企业财务运行的逆周期监管还必须处理好几种关系,包括正确处理好企业现金流量与现金存量的比例关系、正确处理好企业经济批量与最佳持量的比例关系、正确处理好企业收款策略与付款策略的关系、正确处理好企业费用控制与成本管理的比例关系、正确处理好企业资金筹措与资金投放的比例关系、正确处理好企业结构调整与企业并购重组的关系、正确处理好企业财务管理与对外担保的关系和正确处理好企业财政税收与预测决策的关系等。[1] 除此之外,逆周期监管还必须分析企业在顺周期性系统性风险下的获利能力、偿债能力、周转能力、贡献能力、企业战略选择和未来发展目标等重大问题。企业经营要根据国家产业政策和企业发展战略,不断推进企业自主创新能力的提升,保证企业财务的不断增收。

总之,在顺周期性视野下,企业经营面临着很大的财务风险。企业怎样进行逆周期调节,防范财务危机,是企业发展战略中一个重大课题。

二、银行业运行中的顺周期风险效应与逆周期监管

在世界各国的金融运行中,大部分国家把银行作为最主要的金融中介,金融系统的顺周期性也更多地表现为银行的顺周期性。在金融市场资本运行的实践中,以银行业为中心的金融企业在经营中存在巨大的顺周期性效应风险,必须引起我们的高度重视。我们要分析以银行业为中心的金融机构运行存在顺周期性效应的风险,揭示银行业顺

---

〔1〕 徐汉峰:《企业加强财务管理要处理好八大关系》,载《无锡商业职业技术学院学报》2010 年第 4 期。

周期性风险的特征及形成机理，提出对以银行业为中心金融机构顺周期性效应风险进行逆周期监管的措施。

（一）问题的提出：以银行业为中心的金融机构运行存在顺周期性效应的风险

在世界各国金融体系中，银行是最主要的金融中介。金融系统的顺周期性也更多地表现为银行的顺周期性。对于银行顺周期的研究，财政部财政科学研究所研究员陈华和山东经济学院教授刘宁认为，对于银行顺周期的研究，国内外文献大都集中在以下三个方面：一是通过实证方法检验银行顺周期风险效应。克劳迪奥·博里奥和威廉·怀特等分析了金融体系中的顺周期现象，认为银行存贷差、资产价格、内部风险评级以及诸多贷款预期损失的会计测算都会呈现顺周期性效应。在经济上升与繁荣期，人们看好未来经济的走向，对未来充满期望，这时市场主体容易获取贷款，信贷数量和银行利润会促进经济繁荣的顺周期性效应；在经济衰退与下行期，人们对经济发展的未来表现悲观，银行会紧缩银根，企业获取贷款难度增加。银行损失准备的计提和资本充足率在经济繁荣期下降，会促使经济衰退的顺周期性效应。[1] 二是分析银行顺周期的形成机理，其中以研究巴塞尔新协议的顺周期性居多。国际很多学者认为巴塞尔新协议中的内部评级（IRB）和风险价值（VAR）等方法的使用在一定程度上使风险计量更加科学，但同时也使资本约束更具有顺周期性。李文泓研究表明，基于内部评级法（IRB）计量的资本监管顺周期性根源是 IRB 计量监管资本要求时使用的 PD、LGD、EAD 和 M 等风险参数随着经济周期的变化而获得波动

---

〔1〕 陈华、刘宁：《银行业顺周期形成机理与逆周期监管工具研究》，载《金融教学与研究》2011 年第 1 期。

性特征。[1] 孙天琦和张观华对巴塞尔新协议中资本监管的顺周期性作了一个较为全面的文献综述,并阐述顺周期性对货币政策的影响。银行经营具有明显的顺周期特征。王胜邦认为,银行顺周期的程度取决于银行采用的内部模型方法和预测时间。赵光毅和王锐分析了顺周期性的根源,认为除了风险度量和时间尺度问题,激励机理扭曲和集体效应问题是导致顺周期的重要因素。综合国内外文献,银行的顺周期性是银行顺周期的内生性、资本监管、贷款计提规则、公允会计准则以及激励机理的顺周期性等因素共同作用的结果。[2] 三是如何解决银行企业资本的顺周期问题。国内外一些学者通过研究发现,银行业在资本经营中具有明显的顺周期特征。周小川认为对金融机构尤其是对银行业金融机构的监管中,资本充足率要求是最重要的约束机理之一。为了克服现有资本充足率的顺周期性,可以让负责整体金融稳定的部门发布季度景气与稳定系数,金融机构和监管机构可以使用该系数乘以常规风险权重后得到新的风险权重,进而得出资本充足率要求和其他控制标准来反映整体金融稳定的逆周期要求。毕家新在《金融体系顺周期性研究述评》中就指出:Borio 等最先提出商业银行的顺周期性特征,认为银行经营中的顺周期性主要是由于银行资本的顺周期性变化,导致其在盈利能力和外部筹集资本能力上体现出顺周期性;Stefan Ingves 对亚洲的研究得出这样一个观点:金融顺周期效应在不同国家间具有明显的差异和特点;Naoyuki Yoshinot 等从理论视角分析了如何根据各国具体国情及经济周期的变化情况来构建动态资本,实现资本监管的逆周期;Bernanke 则认为建立前瞻式的拨备制度是缓解顺周期

---

[1] 李文泓:《关于宏观审慎监管框架下逆周期政策的探讨》,载《金融研究》2009 年第 7 期。

[2] 陈华、刘宁:《银行业顺周期形成机理与逆周期监管工具研究》,载《金融教学与研究》2011 年第 1 期。

性的一个可行方法。但如何在促进银行合理计提拨备的同时，限制相关的道德风险和不影响相关财务指标的透明度，还需要银行部门和会计、税收部门的合作。

金融顺周期效应具有较为明显的不对称性，在经济衰退期顺周期效应较大，在经济繁荣期相对较小。对同一经济体而言，随着经济总量不断扩大，其中蕴含的风险和不确定性也将扩大，但人们容易低估其中的风险，这为后来的经济衰退甚至是危机的爆发埋下了隐患。Peter Hoeller 和 David Rae 发现银行坏账准备的顺周期性值得关注，因为它可能导致信贷紧缩的加剧。而许均平认为金融体系中的顺周期现象不仅存在于以银行业为主的信贷市场领域，在资本市场领域同样存在，且当信贷市场萎缩、资本市场衰退时，这种顺周期效应会通过财富效应、金融加速器、托宾 Q 效应影响实体经济的运行，从而使实体经济周期出现更大幅度的波动。黄辉对比不同宏观经济环境中的资本结构调整速度，发现资本结构调整速度具有顺周期性。耿蕴洁通过选取我国 1981 年至 2010 年经济及保险业数据进行作图对比，得出我国保险业也存在明显的顺经济周期特征的结论。[1]

商业银行信贷的顺周期性，即指商业银行的信用在经济复苏、发展良好阶段呈现出扩张，在经济衰退时显现出收缩的特性，或可指在经济周期中商业银行信贷活动随经济整体的周期而同方向波动的现象。商业银行这种顺周期行为会在一定程度上促进经济周期的形成和增加宏观经济的波动幅度，进而影响到整个金融体系和宏观经济的稳定运行。怎样对银行业为中心的金融机构进行逆周期监管，这是金融监管部门的重要课题。

银行业的逆周期资本监管，就是指监管部门依据金融市场运行周

---

〔1〕 毕家新：《金融体系顺周期性研究述评》，载《区域金融研究》2012 年第 11 期。

期不同阶段的变化，提出资本监管的措施与政策来缓解银行业资本运行的顺周期性风险。在金融运行实践中，一是在资本数量方面。银行监管部门常常在经济扩张和上行时期，会计提较多的资本以应对经济衰退与下行时期的需要，缓释经济上行带来的顺周期性效应；在经济衰退和不好的时期，商业银行会减少资本的计提以减少经济衰退带来的顺周期性，此时商业银行会增加信贷投放，推进经济的复苏。二是在资本质量方面。银行监管部门会根据经济扩张与繁荣时期的需要，要求商业银行提高资本结构中核心资本的占比计提；在经济衰退与下行时期，监管部门会要求商业银行在资本结构中减少核心资本的占比计提，增加附属资本等措施来缓释经济下行带来的顺周期性风险。

自 2008 年美国次贷危机引发全球金融危机以来，金融机构或商业银行信贷的顺周期性成为学界着重研究的因素之一。由于金融危机的本质是金融体系系统性风险急剧地突然释放对市场秩序造成的巨大冲击与顺周期性效应的影响。从银行业发展的情况来讲，在经济社会发展中，经济上升期时，人们对经济发展非常乐观，各项投资收益水平很好，于是，人们就会从银行贷款加大投入。这时银行筹集资本的风险溢价也较低，银行的存贷业务经营状况好，盈利水平高，银行业非常景气，银行对各种借贷充满信心，往往在没有经过科学论证的情况下加大了对各种投资的借贷。这时市场投资者往往对银行的未来作出乐观判断，进而纷纷增加对银行的投资。融资渠道广、融资成本低，造成各种流动性都进入银行以获得收益。这时也恰恰为银行管理者作出扩张信贷错误决策提供了支持，它为银行业投资信贷顺周期性风险埋下祸根。但经济发展都有周期性和波动性。在经济不好或者经济下行时，经济的宏观环境出现恶化，银行的大量信贷往往出现“跑路”，银行借贷出现减少或者崩溃，银行业的顺周期性风险就会产生。因此，有必要采取措施对其顺周期性加以缓释，以控制潜在的系统性金融风险。

2007年美国金融危机席卷全球之后，国际社会开始思考2004年《巴塞尔资本协议Ⅱ》的缺陷，引发了人们对美国金融监管理论的质疑，2009年欧洲主权债务危机的爆发，再次证明了《巴塞尔资本协议Ⅱ》金融监管理论的缺陷和不足，人们在对金融危机的反思中寻找危机的根源，银行业的顺周期性效应带来的金融风险逐渐成为国际金融监管组织关注的重点。于是，强化对银行业运行的顺周期性进行逆周期监管已成为各国金融监管机构的共识。

银行在金融危机中的顺周期性引起各国政府的高度重视。2009年，针对全球的金融危机，国际清算银行下的常设监督机构巴塞尔银行监管委员会针对国际银行监管目前存在的问题、银行监管中的技巧与效能，各国银行业在运行中的经验，与世界各国银行业界监管机构交换了信息和意见，为了改善全世界银行业监管的工作，会议先后发布《稳健的压力测试实践和监管原则》《公允价值的度量与建模》等多份关于银行业金融监管的文件。它包括对银行业资本运行的监管、风险的预警、市场运行指标的监测、资本充足率以及相关的会计拨备与准则的推广等逆周期监管措施等。会议明确提出了全球银行业呈现的顺周期性问题，也提出了逆周期金融监管的各种措施。巴塞尔银行监管委员会的文件对我国虽然都没有强制执行的权利，但巴塞尔银行监管委员会涵盖了世界上27个主要发达国家和其他大国及地区，这次会议将中国、俄罗斯等一些国家纳入为新成员，它所形成共识、文件和决定，将对全球银行业资本运行监管的制度产生重要的影响。2010年9月，巴塞尔委员会公布了逆周期资本监管框架的正式方案，其核心内容是商业银行在信贷投放过快、潜在系统风险不断累积情况下，应当及时提取相应程度的逆周期资本来缓冲资本市场的顺周期性，并催生出《巴塞尔资本协议Ⅲ》。巴塞尔委员会制定的国际金融监管新框架《巴塞尔资本协议Ⅲ》的公布，从区别于《巴塞尔资本协议Ⅰ》和《巴塞尔资本协议

Ⅱ》来讲,《巴塞尔资本协议Ⅲ》着重关注商业银行信贷的顺周期性,为了缓释商业银行信贷的顺周期性,巴塞尔银行委员会提出了监管工具、动态拨备、杠杆率指标等五大措施,而逆周期资本缓冲机制则是新引入的最重要的宏观审慎监管工具。同年12月,巴塞尔银行委员会发布《建立更具稳健性的银行和银行体系的全球监管框架》,将宏观审慎理念引入监管框架,监管当局对商业银行的监管将从单一微观审慎过渡到宏观微观审慎并重。巴塞尔银行委员会要求在其逆周期资本监管框架的总体方案指导下,各国监管当局应尽快推出适合自身状况的监管方案,确保商业银行提取充足的逆周期资本,以防范潜在系统性风险对经济的不良影响。

2009年4月13日,在第七届"北大赛瑟(CCISSR)论坛"上,中国银监会副主席蒋定之作了题为"经济周期背景下银行业监管的新方向"的主题演讲,表示逆周期监管机制将是今后银行业监管发展的一个重要机制。并从资本充足率、不良贷款、拨备覆盖率、流动性比率、跨业经营以及薪酬激励机制六个方面作了详细阐述。[1] 我国银行信贷的顺周期效应表现在两个方面:一是受到宏观经济波动与振荡的周期性影响,经济上行与繁荣期时,信贷必然增长与扩张。与此相反,在经济下行与萎缩期时,信贷必然减少与萎靡。二是信贷活动的顺周期特征对宏观经济波动具有推动与扩张效应,加快经济周期的发展,带来信贷波动的周期性影响,幅度超过了经济周期,强烈的振荡加深了金融系统的波动性,影响着现实社会经济的发展。从中国人民银行和银监会的监管原则和监管计划来讲,要求我国五大银行将在2012年后全部执行巴塞尔新协议。银监会根据全球银行业的发展和我国银行业的发展

---

〔1〕 陈华、刘宁:《银行业顺周期形成机理与逆周期监管工具研究》,载《金融教学与研究》2011年第1期。

改革要求，提出了必须对银行业的顺周期风险进行逆周期监管来实现监管要求。

按照《巴塞尔资本协议Ⅲ》对逆周期资本监管的要求，商业银行提取充足的逆周期资本可以分为固定的超额资本缓冲、可变的逆周期资本缓冲与资本留存缓冲等。其中，固定的超额资本缓冲机制是指在经济繁荣与上行期，银行信贷投放得到较快增长时，商业银行必须加大资本缓冲的计提，阻断实体经济和商业银行之间的正反馈作用机制，以应对经济衰退和下行时可能带来的商业银行潜在的信贷损失。按照《巴塞尔资本协议Ⅲ》对逆周期资本监管的要求，逆周期资本缓冲机制是指金融市场的动态资本比率，即金融监管当局要根据资本市场运行的现状对经济运行周期的不同变化提出相对应逆周期监管措施。在经济形势较好和上行期间，要求提高对银行资本监管要求。当经济形势不好或者下行期间，则要求降低对商业银行资本监管要求。通过这种逆周期资本监管来对经济运行的调节和掌控以维护社会经济发展的稳定。按照《巴塞尔资本协议Ⅲ》对逆周期资本监管的要求，资本留存缓冲机制是指国家监管机构应根据资本市场运行的状况制定适合整个银行业借贷过程中的最低资本充足率，并且最低资本充足率的比率要根据资本市场发展的实际来确定。资本充足率（CAR），也称资本风险（加权）资产率，是一个银行的资产与其风险的比率。资本充足率是保证银行等金融机构正常运营和发展所必需的资本比率。各国金融管理当局一般都对商业银行资本充足率进行管制，从而监测银行抵御风险的能力。同时，按照《巴塞尔资本协议Ⅲ》对逆周期资本监管的要求，监管机构还应该制定资本市场适宜的资本收益率，即指银行净利润与平均资本的比率，用以反映银行运用资本获得收益的能力。金融实践证明，逆周期资本监管是世界各国对银行资本运行采取重要监管措施。

(二)银行业顺周期性的形成机理

早在150年以前,科学社会主义创始人卡尔·马克思就惊奇发现并指出:人们的一切活动,归根结底都是为了实现某种物质利益。如果有10%的利润,资本就会保证到处被使用;有20%的利润,资本就能活跃起来;有50%的利润,资本就会铤而走险;为了100%的利润,资本就敢践踏一切人间法律。社会现实告诉我们,任何经济行为都有冲动性。在经济活动中,追求营利性是商业行为的天性,商业银行对营利性的追求是合理和正当的。但商业银行对盈利性的追求也必然带来顺周期性效应,因而商业银行存在顺周期性也具有一定的合理性,这是经济实体在某种程度上的一种本能。虽然某个商业银行从事的商业行为是理性的,但是整个金融市场营利性追求造成的运行方式具有非理性,必然带来商业银行整体的顺周期效应。

"根据国际金融稳定理事会(Financial Stability Board,FSB)的定义,金融系统的顺周期性是指一种相互加强的正向反馈机理,在这种机理作用下,金融系统可以放大经济周期的波动性,同时反过来可能导致或加速金融体系的不稳定状况。FSB认为顺周期性主要包含四个方面的内容:一是以风险为基础的资本监管方法;二是遵循'实际损失'原则的拨备计提方法;三是采用'公允价值'原则的会计方法;四是金融机构高管薪酬问题。"[1]在现实的金融市场中,商业银行追求利益最大化的信贷行为具有极强的顺周期性效应。决定商业银行追求营利性带来的顺周期性主要呈现在三个方面:一是商业银行行为的顺周期性。这种顺周期性风险主要是由信贷双方信息不对称和信贷双方对经济形

---

〔1〕 陈华、刘宁:《银行业顺周期形成机理与逆周期监管工具研究》,载《金融教学与研究》2011年第1期。

势的期待所作出选择等原因造成。在经济繁荣与上行时期，信贷双方对未来的经济发展前景都保持乐观预期，乐观的信贷政策必然加速了经济的扩张，带来经济虚假繁荣的顺周期性效应隐患；在经济萧条与下行时期，紧缩的信贷政策必然加速经济的萎缩，会导致经济的进一步恶化，带来资本运行的顺周期性风险。因此，银行信贷行为具有极强的顺周期性。二是商业银行绩效、资产质量和资本的顺周期性。商业银行绩效、资产质量和银行资本都会随着经济的高涨和下行呈现顺周期性效应。三是商业银行绩效管理和评级制度带来的顺周期性。怎样认识和把握银行业资本运行的顺周期性，这是一个重要课题。

从目前世界大部分国家金融运行而言，银行业是一个国家最主要的金融机构。我们讲的金融市场的顺周期性，更多地表现为银行业在借贷与资本运行中的顺周期性风险，即现实中的银行信贷市场在金融运行不确定性前提下呈现出波动与振动的顺周期性效应。商业银行在经济周期上升和繁荣阶段，贷款需求必然会相对旺盛；而在经济周期下降和紧缩阶段，贷款需求相对疲软。这种波动带来的顺周期性效应，引起了金融监管部门的高度重视。

1. 银行业的信贷经营活动带来的顺周期性效应

第一，银行的投融资活动的顺周期性。在我国金融实践中，银行业传统的存、贷款是主要的金融业务。但居民与企业的存款与经济社会的发展形势存在明显的顺周期性效应。当经济向好时，整个社会投融资顺畅，银行业的预期也非常好，由于投资者的投资热情高涨，银行的各种融资活动也比较容易，筹资的风险也较低。这时，商业银行会进行大量的投融资活动，但这种大量的融资也带来巨大的顺周期性风险。当经济处于萧条和下行状态时，金融市场上的投融资行为往往收缩，银行业投融资成本急剧上升，资金运行的风险效应加大，顺周期性效应必然出现。

第二,银行借贷活动中信息不对称带来的顺周期性效应。银行业的借贷活动由于信息不对称带来很大的顺周期效应的影响。银行业运行中,借贷活动对信息的依赖很强,由于借贷双方信息的不对称,往往造成银行业对市场的判断以及风险的评估都会存在很大的偏差。当经济上行时,社会对银行业对借款活动传递着乐观的信息与估计,必然造成借贷款规模的放大与膨胀。这种信息不对称往往又带来银行业借贷的顺周期性效应。而当经济下行或者衰退时,银行业的风险评估往往受信息传递不对称的影响,借贷规模往往又可有可无收缩。从我国银行业借贷的实践来讲,这种借贷活动中信息不对称带来的顺周期性效应非常大。

第三,银行业借贷中存在的"羊群效应"带来的顺周期风险。在银行业运行中,银行业借贷存在以明显的羊群效应为特征的顺周期性风险。在银行业界的借贷活动中,往往实力强大和名气较大的银行的借贷与决策行为对其他中小银行有着"羊群"示范效应。实力强大和名气较大的银行的投资决策,在战略选择与投资方向上往往影响着其他的中小银行的选择,其他中小银行常常模仿大银行的经营策略。银行业通过这种"羊群效应"逐渐扩大到整个金融行业,必然带来银行业借贷和投融资行为的顺周期性效应。

第四,银行业运行中资产质量与经济波动常常具有顺周期性效应。在金融实践中,银行业的资产质量常常受着经济波动的周期性影响。在经济发展向好时,银行业的不良贷款少,资产质量较高,贷款的违约也少;当经济处于下行或者衰退状态时,银行业客户贷款违约率就会大量出现,银行业的不良贷款数量就会增多。这时银行业的资产质量就会下降。因此,银行业运行中资产质量与经济波动常常具有顺周期性效应。

2. 银行业资本充足率带来的顺周期性效应

资本充足率(CAR),也称资本风险(加权)资产率,是指银行业的资产与其运行风险的比率。根据《巴塞尔资本协议》的要求，资本充足率是保证银行等金融机构正常运营和发展所必需的资本比率。目前各国金融监管部门一般都对商业银行资本充足率进行监管，以监测银行业在金融市场中抵御各种风险的能力。

巴塞尔银行委员会认为，资本充足率在管理中也会带来顺周期性问题。在金融运行中，资本充足率管理的顺周期性几乎是整个世界各国银行业都存在的一个问题。根据《巴塞尔资本协议》的要求，资本要求与风险管理紧密相联，银行资本金要与银行信贷的风险权重成正比。协议作为一个完整的银行业资本充足率监管框架，最低资本要求与监管当局对资本充足率的监督检查和银行业必须满足的信息披露要求来对金融市场进行约束。按照这样的监管要求，银行对资本金的增减在市场中必然带来顺周期性效应。经济的上行与繁荣时，在资本市场上借贷成本低，银行赢利较多，金融风险也低。金融市场对于银行资本金要求就会相应降低，这一市场要求会刺激银行在投融资中进一步扩大借贷规模，鼓励资产规模扩张，这种监管会在客观上对经济增长起到更大的推动作用。但我们必须认识到，这种资本管理的虚拟性要求与资本运行的实体性，必然导致商业银行和监管部门对经济波动周期市场风险的错误认识，导致市场上普遍呈现“羊群效应”，从而又会为银行业的借贷融资的运行带来顺周期性的风险。当经济下行与萎缩时，银行业资本充足率下降，又必然带来资本市场借贷紧缩，客观上又放大了经济衰退，造成实体经济失衡加剧，带来顺周期性风险效应。在现实中，这种资本监管带来的顺周期性效应能扩大宏观经济振荡的幅度，带来经济运行安全性和稳定性方面的风险，这对实践中银行业资本运行和借贷活动的监管提出了更高的要求。

3. 银行业内部评级法带来的顺周期性风险效应

《巴塞尔资本协议》所提出的内部评级法更加广泛地强调了对银

行投融资中信用风险、市场风险和操作风险的监管,它的监管涵盖面广,涉及监管当局对以银行业为主的整个金融市场的监控。应该说,内部评级法的提出和实施,对各国金融市场特别是对银行业的借贷活动在一定程度上起到了规范的作用,减少了资本运行中的风险。对于公司授信风险而言,巴塞尔委员会还将其划分为基础内部评级法和高级内部评级法。但是,也必须看到,基础法和高级法在计算公式及授信期限等调整因子上也存在一定差异,最终导致金融机构在计算风险资产及提取相应准备上存在巨大差异。特别是在评级过程中,一些地方数据储备严重不足,且数据缺乏规范性、数据质量不高、来源渠道不一,由于评级涉及的数据量大、运算程序复杂,在金融监管中,银行的内部评级法也会因为评级方式的差异和不准确带来资本运行的顺周期性效应。在金融市场中,内部评级法将银行业的内部评级、信贷周期和经济周期三者加以评估,这种联系常常会将加大银行最低资本要求的波动,从而对信贷周期和经济周期产生放大效应。在经济上行和繁荣时期,金融企业经营状况表现良好,盈利能力增强,金融企业的资产净值趋于上升,金融市场用于抵押的土地和房产等抵押品价值也较高,银行业的收益也高,银行业资本借贷和运行正常。在这种情况下,银行对资本运行的违约概率、违约损失率等风险要素的估值较低,对借贷人内部评级的级别较高,银行业出于对宏观经济前景向好的乐观预期,放宽了信贷标准,进而导致基于内部评级的资本监管要求降低,金融市场的赢利会进一步刺激银行扩大信贷规模。借贷的快速增长又带动了其他生产要素的投入与增长,推动着宏观经济的持续扩张与发展。这种推动与扩张就为银行业的顺周期性效应埋下风险的祸根。当宏观经济下行与低迷时,企业盈利能力下降,经营效益较差,金融市场上抵押品价值下降,借款人违约损失率上升,借款人评级级别下调,银行业贷款损失必然增加,带来银行业借贷市场与宏观经济的顺周期性风险。在这种情况下,根据《巴塞尔资本协议Ⅲ》对内部评级的资本监管要求就会上升。此时，监管当局必然从风险的视角要对银行业提出收缩借贷、提高借贷门槛要求，对金融市场进行逆周期监管和调节。

我们必须看到，虽然内部信用评级系统能区分不同借款人的相对风险系数，但评级系统的可行性严重依赖于当时的经济状况和企业财务状况。在经济繁荣时期和在经济衰退时期，评级系统在基于经济发展前景作为低估风险和高估风险都具有滞后性。这种滞后性的风险评估带来了经济与金融政策的不平衡性，造成了经济繁荣期的经济扩张往往与金融系统高风险的政策相联系，这种不平衡带来信贷的大幅扩张、资产价格的快速提升和投资的过度积累，从而放大了经济与金融的顺周期性效应；而在经济衰退期却推行经济递减低风险的金融政策，这种顺周期性效应又会带来资产价格的快速下降和投资的过度萎缩，这种放大了的顺周期性风险效应又会使整个经济与金融系统缺乏生机，加快经济衰退与危机。因此，这种评级体系的及时性和可行性非常重要，它的不可行性会对金融体系产生严重的顺周期性风险效应。

4. 银行业贷款损失拨备金计提率带来的顺周期性效应

在现代金融监管中，所谓拨备制度，指的是银行贷款的损失准备和银行资产的损失准备。银行业贷款损失准备是核算银行按照规定提取的贷款损失减值准备。计提贷款损失准备的资产包括客户贷款（含抵押、质押、保证等贷款）、银行卡透支、贴现、银行承兑汇票垫款、信用证垫款、担保垫款、进出口押汇、拆出资金等，银行不承担风险的受托贷款等不计提贷款损失准备。准备金充足程度指标包括资产损失准备充足率和贷款损失准备充足率。拨备覆盖率，也称“拨备充足率”，实际上银行贷款可能发生的呆、坏账准备金的使用比率。根据我国《银行贷款损失准备计提指引》的规定，银行业贷款损失准备包括一般准备、专项准备和特种准备。银行提取的一般准备，在计算银行的资本充足率时，按《巴塞尔资本协议Ⅲ》的有关原则，纳入银行附属资本；专项准备的计提具有考虑实际贷款质量优劣的特性，按照贷款风险程度的不同，可以分为关注类贷款计提、次级类贷款、可疑类贷款、损失类贷款等。在金融监管中，由于银行业贷款的分类标准不同，在实际的操作中，计提特种准备金必然有较大的主观判断因素。在金融市场中，银行业的贷款损失拨备的计提与经济社会发展形势紧密相关。并且，贷款损失拨备是用来预防金融运行中潜在损失而设立的。其中，商业银行一般拨备和特种准备是为预防未来金融市场可能发生的资本损失而设立的，而专项拨备是针对商业银行在资本运行中已发现的损失或贷款的贬值而提取的备抵金，目的是减少或者应对银行在借贷中的风险。从这些年银行业实施的情况来讲，贷款损失拨备计提往往又带来经济和金融市场新的风险问题，即带来金融市场的顺周期风险效应。在经济上行与繁荣阶段，整个社会产业需求旺盛，企业产销顺畅，银行贷款增多并且借贷质量高，银行计提拨备减少。这种经济的快速发展带来银行业利润大增，助推了经济波动的良性效应，也必然埋下了经济发展中的顺周期性风险因素。在经济下行与衰退阶段，企业产销受阻带来经济效益下降，整个社会发展信心不足，银行贷款减少，社会不良贷款增加，银行业为了防备风险必然计提拨备增多，银行资本的减少促使进一步紧缩放贷行为，从而造成社会经济发展缺乏资金支持，实体经济必然下滑。此时，银行新的拨备计提政策会使众多企业无法获得贷款，社会大量借贷问题也会浮出水面并引发资金链断裂，损失拨备的不充足最终侵蚀银行资本的健康运行。国内一些研究者认为，特别是当银行借贷中实际损失大于预期损失时，则贷款损失拨备就无法完全覆盖实际损失，为了保证金融市场的稳定，就迫使银行减少未分配利润来增加贷款损失拨备，这样又会导致和引发银行运行中新的风险与危机。因此，在金融市场中，这种借贷计提拨备行为常常会加大经济和金融市场的顺周期性效应带来的风险，必须引起业界的高度重视。

（三）银行业顺周期性风险的逆周期监管措施

逆周期资本缓冲机制是指在经济上行期积累逆周期资本，在经济下行期释放逆周期资本吸收损失，以维持商业银行信贷稳健性的宏观审慎监管机制。2007 年美国金融危机和 2009 年欧洲主权债务危机的爆发，人们开始了对金融危机顺周期性防范与监管的重视。从世界各国政府到国际金融组织以及金融机构普遍认为，为了缓释金融体系和金融市场的顺周期性风险，应在金融运行中加强金融市场顺周期性的逆周期监管。国际金融机构巴塞尔委员会针对新资本协议出台了金融市场中多个逆周期监管的补充文件，针对资本市场中公允价值的度量和建模、VAR 模型以及银行交易账户风险暴露程度的运行风险，提出了金融市场的监管要求和资本运行应采取的应对策略，以达到银行业缓释顺周期的逆周期监管目的。各个国家在对银行业顺周期性的监管中也纷纷采取了其他的一些监管与缓释方法。在银行业资本运行中，逆周期监管工具的实施目的是削弱资本运行风险的顺周期因素，建立资本计量动态的标准要求，以实现资本运行中的逆周期监管。

1. 调整银行业中资本运行风险权重函数和风险参数来缓释银行的顺周期性

调整银行业中资本运行风险权重函数和风险参数来缓释银行的顺周期性是监管理念的重大措施。在金融实践中，很多金融从业者认为，风险权重函数中主要风险参数（PD、LGD 和 EAD）的顺周期性是引致银行顺周期的重要因素。人们在实践中认识到，对金融风险参数作出调整与规范，可以缓释银行业在资本运作中的顺周期风险。一般来讲，银行业资本运行的逆周期监管中，为了适应经济发展的形势要求，调整与规范的方式可以分为事前调整和事后调整，事前调整主要是监管者会采取长周期和跨周期的计量方法平滑风险权重参数；事后调整是将银行资本运行风险权重函数的输出结果乘以由宏观经济形势确定的逆周期乘数。[1] 具体的操作原理是：在经济繁荣时，监管者会根据市场发展规律要求银行多提资本来应对未来可能出现的金融风险，于是往往会把将风险权重函数设置成大于1的数值，以获取更多资本利益；在经济衰退时，为了缓解金融市场资本运行要求和资产损失的压力，往往会将风险权重函数设置成小于1的数值，以保证银行信贷的连续性与安全性。在金融实践中，“由于事前调整可能无法克服风险权重函数本身存在的缺陷，事后调整应是实际应用的重点。此外，也可对风险权重函数的斜率做出调整，使其更加平缓”。[2] 当然，在应用风险权重函数和风险参数的逆周期监管中，调整函数和参数这种方式也面临着很多困难。一方面，要考虑历史数据的时间跨度问题，逆周期监管必须有资本市场中较长和较多的数据作参考与支撑；另一方面，在资本运行中逆周期监管乘数的确定和调整时机的把握必须要有多种推演与校正。只有经过不断实验和寻找到科学的校正方法后，才能进行有效的逆周期监管。

2. 建立动态损失准备金机制来缓释银行在借贷中的顺周期性

建立动态拨备机制的探索，是银保监会从“顺周期”监管向“逆周期”监管的跃进。在金融实践中，资本运行都有很大的风险。银行贷款的信用损失通常都是由资本和准备金来弥补。在世界各国银行现行损失准备计提制度下，一般都遵循以下资本监管规律：在经济繁荣时，

---

〔1〕 胡建生、葛扬、陆彩兰等：《内部评级法在信用风险评估中的运用及挑战》，载《现代管理科学》2012年第2期。

〔2〕 陈华、刘宁：《银行业顺周期形成机理与逆周期监管工具研究》，载《金融发展研究》2011年第1期。

银行的各种借贷都能如期收回,银行计提的损失必然较少。于是,银行为了获得更大的利益,必然要求信贷规模的进一步扩大,这也刺激着经济和资本的加速扩张;在经济衰退时,银行的各种借贷都不能如期收回,这时银行资本运行的损失就会增多,银行计提的损失就会加大。此时银行的信贷规模就会收紧,又带来金融市场和经济市场的进一步危机。这种损失准备计提制度具有的顺周期性必然带来银行业的逆周期监管。这种逆周期监管,能在经济繁荣期增加超额资本充足要求,即动态调整资本充足率,以备在经济萧条期应对资本充足率下滑的需要。这种调节措施的核心思想是将损失准备计提和资本充足率动态地同现实社会中经济发展的周期挂钩进行监管,做到经济繁荣时损失准备计提减少而资本缓冲的上调,经济萧条时损失准备计提增加而资本缓冲的下降。各国银行在缓释损失计提的顺周期风险方面都有很好的措施。世界上有些国家根据动态损失准备金的变化来新增贷款的内在损失和根据会计标准计提的专项准备,并实行长期平均特殊拨备,收到了很好的效果。在资本缓冲方面,2009 年 3 月,英国金融服务局发布《对全球银行危机的监管回应》的评估报告,提出应该在资本、会计和流动性的监管方面作出改变,加入相应的逆周期调节措施,并在新资本协议的实施过程中考虑顺周期效应的影响。针对监管机构调节的力度,《对全球银行危机的监管回应》报告提出两种监管做法:一是将资本缓冲纳入资本,从而使银行资本充足率水平本身在周期内发生波动;二是将资本缓冲作为一项储备进行列示,而不将其列入银行资本,以达到缓解顺周期性的目的。在经济繁荣和上行期间,银行会根据逆周期监管的要求在会计计提方面的专项准备金减少,促使银行为了缓释顺周期性效应而需要的动态拨备增加,银行的监管资本相应增加,进而达到控制银行的信贷规模。在经济衰退时,银行会根据经济带来的紧缩而将会计计提的专项准备金增多,银行为了服务实体经济就会将动态拨备减少,监管资本也相应减少。监管者就会根据支持经济发展的要求而减少银行信贷资本收紧的压力,减少动态拨备而刺激经济的扩张与复苏。这一期间,还有一些国家通过基本资本充足率与系统性风险相关系数的成绩来确定超额资本,从而来缓解顺周期性效应。动态的资本和拨备监管是我国银行监管改革的重要部分。建立动态拨备、动态资本管理是为了使监管更加规范。一方面是为了防范经济快速增长、信贷高速扩张过程中可能存在的风险;另一方面可以给银行一个更为明确的监管期望,一旦触到底线,就会面临处罚。当然,在金融实践中,利用动态损失准备金机制来缓释银行在资本运行中的顺周期性风险,还需要在逆周期监管中建立良好的制度生态和金融生态,即必须建立和银行资本运行协调的会计制度与税务制度来配合。逆周期监管要求银行对于拨备的计提必须建立在资本运行真实发生的损失基础之上来实施,而推行的动态损失准备金机制需要建立相应的会计配套制度来规避银行在资本运行中套取利润和操纵利润。在动态前瞻性的拨备方面,自 2000 年起,西班牙央行在银行的一般准备金和专项准备金的基础上引入了动态准备金,作为专项准备金的补充而非替代,并根据经济扩张与衰退期有计划地提取与弥补动态准备金,对金融市场的顺周期效应起到一定的调节作用。2010 年 3 月 5 日,中国银监会原主席刘明康表示,将对商业银行资本充足率的最低要求做动态考量,在最低资本充足率 8% 的基础之上,考虑加上逆周期的资本要求可以达到监管的目的。因此,动态损失准备金制度的实施迫切需要逆周期监管来提供良好的生态环境。对于银行为了支持经济的发展在实施动态损失准备金制度方面带来的损失,国家在逆周期监管中可以通过税务政策给予银行在税收方面的优惠来补偿。

3. 完善公允价值会计制度来缓释银行在借贷中的顺周期性

公允价值会计又称市值会计,是指以市场价值或未来现金流量的现值作为资产和负债的主要计量属性的会计模式。建立公允价值会计制度来缓释银行业的顺周期性，是国家监管部门避免顺周期风险而采取的逆周期监管的重要措施。在现代金融市场的逆周期监管中，公允价值会计制度的作用更加凸显。完善和改进公允价值会计制度，在逆周期金融监管中实施公允价值会计制度来缓释银行业在资本运行中的顺周期性，是世界各国银行的共同措施，这也是使用其他逆周期监管工具的前提。对银行业逆周期资本缓冲的调整，要结合国家经济宏观调控意向、资本市场变化和金融风险的预测，做到因势利导，才能在金融市场中通过逆周期的资本缓释，平滑银行信贷投放，引导货币信贷适度增长，实现监管部门的总量调节而达到防范金融风险，只有这样，才能在维护宏观经济稳定的同时促进金融机构的稳健运行。

具体来讲：一是实施公允价值会计制度来缓释银行业在资本运行中的顺周期性，明确资本市场中各种资源的市场公允价值准则，能对市场中流动性不足的各种金融产品估值时，做到准确评估其公允价值与风险溢价。二是实施公允价值会计制度来缓释银行业在资本运行中的顺周期性，能弱化逆周期资本监管对银行资本运行中会计数据的依赖，以降低资本运行中因公允价值会计制度估计带来的误差波动和混合计量波动带来的金融运行波动效应的各种潜在风险。三是实行公允价值会计制度可以使国家监管机构对银行在借贷和各种投资活动中的估值方法、计算模型和投资程序等进行严格监管，可以对交易不活跃的金融产品进行合理估值与前景监测，以克服投融资市场的主观性判断。在资本运行中，监管机构通过公允价值会计制度估计方法对现代金融活动进行风险内控监管，是金融创新的重要措施，是缓释银行资本运行中呈现出顺周期风险的逆周期监管策略。在银行业金融监管中，资本充足率的最终目的是增强银行的抗风险能力。从银行本身资产组合过程中的风险来看，监管部门对银行的资本监管原则应该是“差异化的”，不能搞“一刀切”，各类银行应该结合实际，实行不同的监管原则。只有在监管中结合实际，实行不同的标准与原则，才能鼓励和调动银行业的积极性，达到监管的目的。

4. 完善薪酬激励机制来缓释银行业的顺周期性风险

马斯洛的需要层次理论是最著名、最经典的激励基础理论。认为人的行为由需要推动，一旦需要满足即失去“动力”，只有需要还未满足时才有激励作用。随着人力资源管理理论发展，人们对“薪酬”的认识逐渐发生了变化。薪酬不再仅仅是对员工付出的回报，而成为激励手段。有效的薪酬激励可以吸引优秀人才进入组织，可以使核心员工留在组织，可以使员工高效工作。美国心理学和行为科学家维克托·弗鲁姆（Victor H. Vroom）（弗隆）于1964年在其名著《工作与激励》一书中提出了期望理论。其理论可以用公式表示为：激发力量 = 期望 × 效价，如图2所示。

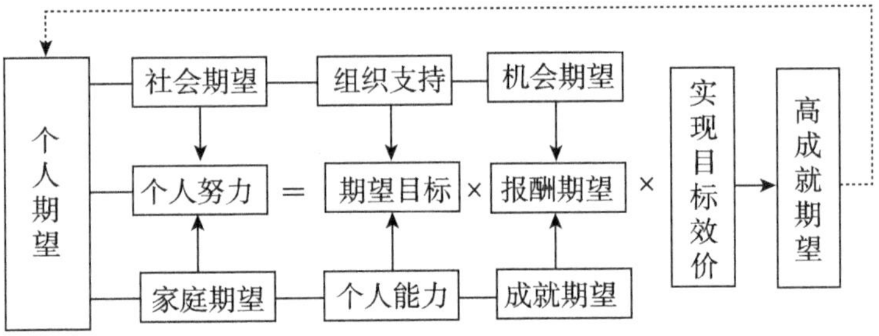

图2　维克托·弗鲁姆的期望理论拓展模型

期望理论基本观点认为：人总是为满足某种期望而设计目标。一个人把目标的价值看得越大，估计其能实现的概率越高，激励作用就越强。期望理论说明，激励效果取决于奖酬和潜在绩效之间的关系。绩效奖励的水平越高，激励效果越好。组织应当明确工作的任务与职责，并且将薪酬与绩效联系。

美国行为学家莱曼·波特和爱德华·劳勒于1968年在期望理论的基础上,导出一种更加完备的激励过程综合理论。该理论认为,一个人在作出了成绩后,得到两种报酬。一种是外在报酬,包括工资、地位、晋升、安全感等。另一种是内在报酬。即一个人由于工作成绩良好而给予自己的报酬,如感到对社会作出了贡献,对自我存在意义及能力的肯定,等等。它对应的是一些高层次的需要的满足,而且与工作成绩是直接相关的。一个人要把自己所得到的报酬同自己认为应该得到的报酬相比较。如果他认为相符合,他就会感到满足,并激励他以后更好地努力。如果他认为自己得到的报酬低于"所理解的公正报酬",那么,即使事实上他得到的报酬量并不少,他也会感到不满足,甚至失落,从而影响他以后的努力。他们认为,工作绩效是一个多维变量,个人工作努力程度(贡献)的大小取决于对内在和外在薪酬价值(特别是内在奖酬价值)的主观评价,以及对"努力—绩效"关系和"绩效—奖酬"关系的感知情况。薪酬是指劳动者依靠劳动所获得的所有劳动报酬的总和。激励是管理的核心,而薪酬激励又是企业激励中最重要的也是最有效的激励手段。需要层次理论告诉我们,薪酬在满足员工低层次需要的同时,有助于员工追求高层次需要,把其潜在的能力充分地发挥出来,具有良好激励效果。金融活动中,薪酬激励就是银行为了有效地提高员工工作的积极性,通过提高薪酬来促进资本效率的提高,最终给金融企业带来利润。通过完善薪酬激励机制来缓释银行业的顺周期性风险,必然要求银行将经营决策风险和薪酬激励机制结合起来进行计算。让银行在资本运行中引入薪酬机制,将企业员工的收益分配与企业的经营风险相匹配,企业高管薪酬收益和企业经营风险相匹配,让薪酬激励机制和银行资本运行风险与绩效挂钩,使银行在经营风险管理中建立起动态、持续、资本运行跨周期的业绩考核和薪酬分配制度。薪酬激励机制可界定为直接薪酬和间接薪酬两种形式。直接薪酬包括工资、奖金和年薪。间接报酬可包括福利、红利和股权。其中福利是对工资或奖金等难以包含、准确反映情况的一种补充性报酬，可以不以货币形式直接支付，如带薪节假日、医疗、安全保护、保险等。银行企业通过完善这些薪酬激励机制能缓释银行业经济周期波动对公司员工薪酬的影响。同时，这种薪酬激励机制在实行中要和企业发展目标紧密结合，并且要做到短期激励和长期激励相结合，动态激励与制度激励相结合，避免管理层为了追求短期效益而采取短期化激励行为，通过这种薪酬激励机制以达到银行资本运行的逆周期监管，如图3所示。

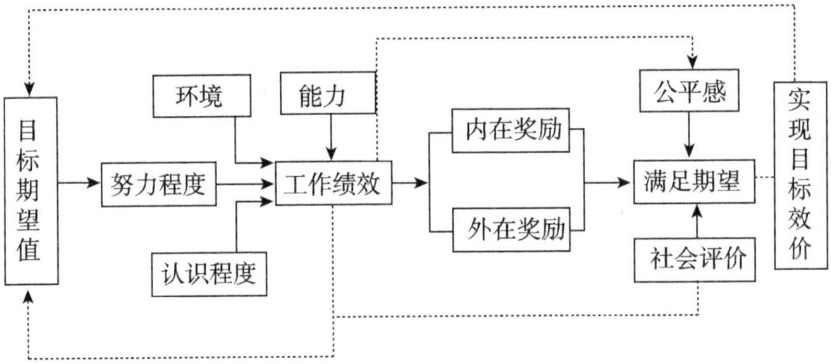

图3　波特和劳勒的综合激励理论拓展模型

因此，银行在完善薪酬激励机制方面要做到两个方面：一是加强银行的风险内控和薪酬管理，从整个经济周期的角度对薪酬发放进行统筹安排。在具体业绩考评中既要考虑企业运行的财务指标和非财务指标，又要鼓励企业在经济扩张时期的利润分配的比例，以供企业资本补充和经济下行时期的薪酬发放之需。二是银行在监管中的薪酬体系要引入风险调整政策。监管机构要对企业在资本经营中的风险抵扣、风险延期和风险止付等机制进行监控，由于经营活动的特性，薪酬不仅能反映银行公司当期的利润和风险，而且能反映潜在的长期风险和损失。因此，银行高管薪酬发放中应引入延期支付机制，特别是要建立对银行高管问责制等约束机制,实现高管和重要岗位员工薪酬安排与长期风险承担相一致。

5. 完善评级机制来缓释银行业的顺周期性风险

内部评级法的推出,也是巴塞尔委员会经过对业界中几个比较典型的信贷风险估算模型(主要是 MTM 及 DM 两大类的模型)的研究和比较之后提出来的行之有效的基础方法。《巴塞尔资本协议Ⅲ》非常强调内部评级法对银行顺周期性的缓释作用。与巴塞尔资本旧协议相比,《巴塞尔资本协议Ⅲ》所提出的内部评级法更加广泛地涵盖了信用风险、市场风险和操作风险。银行内部评级法即 IRB 方法,是国际组织巴塞尔委员会对各国在金融监管中的一些成熟模型和可行经验研究与可操作性方法比较之后确定的一种金融运行的监管方法。在银行业的资本运行中,内部评级法根据违约概率(PD)、给定违约概率下的损失率(LGD)、违约的总敞口头寸以及违约期限(M)等因素来决定一笔授信的风险权重;在内部评级法中,为了对金融进行有效监管,《巴塞尔资本协议》将不同类型的授信信用风险进行全面区分,将主权、银行、公司、零售、项目融资及股权风险进行全面监控。对于公司授信风险而言,《巴塞尔资本协议》还将其划分为基础内部评级法和高级内部评级法。在基础评级法中,《巴塞尔资本协议》提出金融机构需根据内部数据对于不同级别的借款测算违约率(PD),金融监管当局则必须提供其他所需参数,如违约风险暴露(EAD)以及给定违约损失率(LGD)等进行测试。在高级评级法中,《巴塞尔资本协议》认为,上述参数由银行自行测算决定,但必须由金融监管当局加以确认才能实行。因此,我们必须从战略高度来重视内部评级法对防止银行业顺周期性的重要性。一是积极推进内部评级所需要的基础数据库建设。《巴塞尔资本协议Ⅲ》都明确提出了开展内部评级法对于数据库和信息技术系统的要求。因此,内部评级的科学性需要尽快建立统一的数据仓库和现代化的信息管理系统。二是确立科学化的内部评级指标体系和评级模型。科学的内部评级指标体系的确立非常重要,它是银行风险管理的重要基础和正确导向。同时评级模式的建立也非常重要。如穆迪公司的RISKCALC模型、KMV模型、ALTMAN模型、CREDITMETRICS模型以及标准普尔的神经网络模型等,在全球银行业受到普遍认同和广泛应用。银行业顺周期性风险的评级,也必须要建立科学的模型。三是组织体系的创新。要实施科学的内部评级来缓释银行业的顺周期性风险,必须要在银行的信贷政策、产品定价、资本充足率测算、限额管理、准备金计提、经济资本分配、绩效考核等方面建立一套完善的管理制度与实施体系。四是成立内部评级的人才队伍和专业化机构。内部评级系统和方法属于银行商业机密,是具有较高技术含量的方法论集成。培养、建立一支精通风险计量分析的专业化人才队伍和专业机构非常重要。银行要在建立内部评级系统相配套的管理制度体系的同时,应该培训更多的专业人才,建立一个银行内部的评级专业化机构。只有这样,才能组织调配各类有效资源,持续和深入开展内部评级体系的研究、设计和开发工作,并对相关的业务流程和决策机制进行必要的改造和完善,以适应新时代金融市场逆周期风险监管的需要。

总之,目前我国金融市场呈现出多头的监管方式。中国人民银行熟悉金融体系与宏观经济运行的整体情况,而银保监会熟悉银行业、保险及非银保机构的经营情况,证监会熟悉证券市场的运行情况。这种分行业监管有益处,也会带来很多弊端。我们认为,在我国进入新时代的背景下成立一个统一的“金融稳定委员会”统筹一行两会和财政部等部门金融监管,建立一个金融市场更加有效的沟通协调机制,促进信息的交流与沟通,以实现金融市场逆周期监管与宏观财政货币政策的有效配合。中国人民银行原行长周小川提出,要在微观领域建立更多的逆周期机制,可以考虑让负责整体金融稳定的部门发布季度景气与稳定系数，并从中导出逆周期乘数，金融机构和监管机构用该乘数乘以常规风险权重可以得出新的风险权重。根据这个风险权重得出的资本充足率要求和其他控制标准（如内部评级法）应力求反映整体金融稳定的逆周期要求。

中共中央十九届五中全会《关于制定国民经济和社会发展第十四个五年规划和二〇三五年远景目标的建议》中指出：完善现代金融监管体系，提高金融监管透明度和法治化水平，健全金融风险预防、预警、处置、问责制度体系。该文件提出了搞好跨周期政策设计，提高逆周期调节能力，促进经济总量平衡、结构优化、内外均衡的金融监管措施。

在疫情背景下的2020年中央经济工作会议上，中央明确要求：要强化反垄断和金融创新监管，企业要“依法规范发展，健全数字规则”，“完善平台企业垄断认定、数据收集使用管理、消费者权益保护等方面的法律规范”以及“金融创新必须在审慎监管的前提下进行”等重大措施。提出了稳健的货币政策要灵活适度，保持流动性合理充裕，货币信贷、社会融资规模增长同经济发展相适应，降低社会融资成本。要深化金融供给侧结构性改革，疏通货币政策传导机制，增加制造业中长期融资，更好缓解民营和中小微企业融资难融资贵问题。而做好这些金融运行工作，必须加强金融监管，特别是加强金融创新的监管。

同时，针对我国金融市场的实际，中央提出了要保持宏观杠杆率基本稳定，处理好恢复经济和防范风险关系，多渠道补充银行资本金，完善债券市场法制，加大对科技创新、小微企业、绿色发展的金融支持，并多次提出了对金融市场进行“跨周期政策设计，提高逆周期调节能力”的逆周期调控和监管。

第三章

我国产业经济发展中众筹融资的逆周期监管研究

摘要：我国产业经济发展需要社会资金的大量支持，在互联网金融发展的背景下，众筹融资作为一种新的金融科技模式，能够为产业经济发展提供资金支持。通过众筹融资支持企业技术创新，通过众筹融资为出版业提供资金支持，通过众筹融资为我国体育产业提供资金支持，凸显了众筹融资作为金融科技重要的融资价值。同时，在此过程中，投资者、项目和企业对众筹融资模式的选择也会带来顺周期性风险。针对我国众筹融资存在的顺周期性问题，我们要探讨相应的逆周期监管路径，以促进众筹融资更好地服务产业经济发展。

关键词：产业经济发展；众筹融资的顺周期性；逆周期监管路径

一、企业技术创新中众筹融资的逆周期监管研究

众筹是指筹资人为了从事某项产品的研究或者创作，面向大众筹资而获得资金的一项活动。众筹通常由项目发起人、投资人、平台构成。众筹融资的概念“最早可追溯至18世纪，当时很多文艺作品都是依靠一种叫做‘订购’的方法完成的”。[1] 在“互联网＋”的时代，以众筹为代表的互联网金融新业态得到快速发展。网络时代的众筹融资打破了传统的融资模式，为产业经济的发展缔造出一个自由融资的新世界，这是互联网金融发展的重大成果。

在网络社会，众筹融资是社会大众通过互联网平台提供小额资金

〔1〕 范家琛：《众筹商业模式研究》，载《企业经济》2013年第8期。

支持创新创业项目的行为。在融资过程中,企业在互联网众筹平台上介绍项目的基本情况和实施计划,向公众寻求小额资金支持。待项目成功融资后,企业须按照承诺推进项目并在项目完成后将资金或实物成果反馈给投资人。在“大众创业,万众创新”的背景下,众筹融资因社会性、低成本、高效率等特征为技术创新项目提供了新的融资思路。因此,如何加强众筹融资对技术创新的支持作用成为国家关注的重点之一。2016 年国务院发布的《“十三五”国家科技创新规划》明确提出了“支持科技项目开展众包众筹”以及“推进股权众筹融资试点”,这有利于拓宽社会资本进入技术创新领域的渠道,促进众筹融资深度融入科技金融体系。相对于传统的融资手段,众筹融资有着重要的优势。但是,众筹融资在经济发展不确定的情况下也会带来很多的周期性问题。经济形势上升和繁荣时,整个社会资金宽余,人们看好企业未来发展前景中技术创新带来的效益而愿意参与众筹,企业的技术创新很快会筹得资金,企业技术创新有着很多的资金支持。这时经济的高涨也会带来更多的新技术项目投入企业进行产生与销售的热潮,企业技术创新也会有很好的新项目出现而满足社会的需求。经济下行或者紧缩时,整个社会资金紧张,经济向好时众筹的大量资金与技术项目由于经济紧缩困境而销售下降,造成众筹资金难以收回,企业技术创新面临筹资困难。这时,一方面,企业由于销售不好,也不愿筹取资金用于企业技术创新。另一方面,由于大量的新技术项目随着产品的滞销而停止实施,经济的紧缩也造成人们不愿意为企业的技术创新进行众筹融资,造成企业技术创新在众筹方式方面很难筹得资金,人们投资企业技术创新的热情低迷,企业技术创新的众筹方式大量减少。这种经济环境的变化必然带来企业技术创新众筹融资带来的顺周期性风险。我们必须针对众筹融资在推动企业技术创新过程中存在的顺周期性问题,探讨逆周期监管的路径。

(一)众筹融资在企业技术创新中的顺周期性形成机理

企业技术创新是一项由多种主体共同参与、多类要素协同作用的复杂系统工程,受到企业内外多种因素的综合影响[1]。因此,要研究众筹融资对企业技术创新的影响,就必须识别出企业技术创新过程中的关键要素,并明确众筹融资对这些关键要素的影响机制。

我们可以通过考察众筹融资在对企业技术创新中的影响,来剖析众筹融资在企业创新中的顺周期性问题。

第一,众筹融资给企业技术创新带来前移资金中的顺周期性风险。企业技术创新需要足够的资金投入,这不仅与资金的多少有关,也与资金进入的时机相连。通常情况下,在技术创新思想向技术创新成果转化的阶段往往最需要资金进入,但这个阶段往往对企业来讲存在很大的不确定性。新技术投入时企业对未来的预期很大,在新技术需要大量资金时,企业通过各种渠道进行融资。而众筹融资正是一种能够让科技金融资金前移的制度安排。同时,任何技术创新的商业化成功都有巨大的距离与风险。经济形势上涨时,大家都看好未来,企业的发展很快都会募集到资金,众筹融资可以非常顺利,融到的资金能够为企业的技术创新提供服务。但是一旦经济形势不好,产品的销售出现问题,成果转化的过程中就得不到足够的资金支持,必然导致技术创新项目无法顺利实现成果转化,造成开始投入的资金无法收回。众筹融资带来的新技术投入为企业的经营造成巨大的风险隐患,构成了众筹融资的顺周期性。

第二,众筹融资在为企业技术创新提供增值服务中的顺周期性风

---

[1] D. P. Forbes & D. A. Kirsch, "The study of emerging industries: recognizing and responding to some central problems", *Journal of Business Venturing*, 2011, pp. 589 - 602.

险。众筹融资不仅有融资的功能,也是一个“融智”的过程。这主要体现在这样的过程能促使大众投资者愿意为技术创新项目提供自身经验、技能以及社会资本方面的支持。投资人能将技术创新项目的体验和建议反馈给企业,帮助企业完善产品和服务;投资人中技术和管理方面的专家可以对企业进行辅导,与企业开展技术改良、问题解决等方面的合作,提升企业技术创新成功率;投资人利用自身社会资本帮助企业寻求技术合作伙伴,获取外部资源等。同时,也必须看到,众筹融资在企业增值服务中也承受着巨大的风险。特别是一旦众筹融资的资金在企业技术创新中出现了问题或者投资失误,这种在企业增值服务中的各种问题又会为投资者与管理者带来很多的矛盾与误解。增值服务过程中的承诺和各种广告宣传的愿景化为乌有,变成海市蜃楼的违约责任。此时,众筹融资中的增值服务因为开始的大力承诺而出现风险性投资的隐患,特别是会出现为企业增值服务越多,给企业运行带来的风险越大的顺周期性效应。

第三,众筹融资在企业技术创新的过程中的顺周期性风险。尽管科技金融的目的是为技术创新提供资金支持,但传统的科技金融模式却无法保证资金在进入融资企业后能够真正进入技术创新项目。众筹融资在融资流程上的机制能够实现信息对称和资源共享,能在一定程度上减少企业代理风险,体现在以互联网为特性的众筹平台和投资者以众筹投资为目标的主动监控行为。同时,科技企业在众筹融资之后,往往还会出现投资人和企业之间在经营中的环境改变、在履行合同中的利益选择以及企业经营者可能违规将资金挪作他用而获取个人利益等种种风险行为,在信息不对称的背景下,必然引发投资人和企业之间的履责风险、利益纠纷和法律救济,给投资者的投资带来巨大的风险甚至损失。如果不对这种行为加以防范,众筹融资的资金无法实质进入技术创新领域而导致技术创新项目难以为继,必然带来企业运行中的风险，特别是会出现企业众筹融资越大，企业风险越大的顺周期性风险。

第四，众筹融资在增强企业技术创新项目中的顺周期性风险。市场接受是企业技术创新的最终目的。众筹融资中，投资者对项目的选择就是一种天然的市场信号。如果众筹项目在规定期限内筹集到先前设定的目标金额，则项目筹资成功，技术创新项目得以顺利开展；若达不到目标金额则会将资金退还给大众，项目将无法开展。但同时也要看到，只有获得市场足够的认可度项目才能获得资金支持，这促进了企业技术创新对大众需求的满足。但技术创新活动孵化出的新产品能否被市场接受又具有很大的不确定性，造成企业在众筹融资中面临较高的技术市场化风险。在企业运行中，企业前期的技术创新活动往往缺少市场信号反馈，很难对技术创新项目的市场潜力作出准确判断。特别是新技术产品被推向市场后，一旦市场接受度较低，就意味着无法回收前期在企业技术创新方面的各种投资，给投资者带来失败的风险。在市场经济背景下，一些投资者在企业技术创新中对市场预期的误判，在投资失误中又加大投入，推动着企业运行的顺周期性风险的不断发生。

（二）企业技术创新中众筹融资模式选择的顺周期性因素

众筹融资作为各类社会大众通过互联网集中资金途径的泛称，具有多种实现方式。这些众筹融资模式选择不当，必然会带来经营中的很多顺周期性风险。

第一，投资者因素给众筹融资模式选择带来的顺周期性风险问题。近年来的研究和实践表明，资本只有主动进入技术创新领域才能分享技术创新带来的财富。技术创新不但能产生产品财富，也能产生金融财富[1]。而这两种财富恰好对应了产品众筹和股权众筹的回报模

〔1〕 洪银兴：《科技金融及其培育》，载《经济学家》2011 年第 6 期。

式，影响着投资者的选择。那些看重技术产品使用价值，希望通过资金投入帮助技术企业孵化出产品，并尽早享受产品效用的投资者适合选择产品众筹，以获取技术创新带来的产品财富。而那些重视因技术创新带来的财务收益的投资者则适合股权众筹，以获取技术创新带来的金融财富，包括科技企业成长过程中的分红和通过出售股权获得的收益。如果投资者对众筹融资模式选择出现了问题，必然带来企业运行中的顺周期性风险问题。

第二，项目类型因素给众筹融资模式选择带来的顺周期性风险问题。项目类型也同样会影响众筹融资的模式选择。除了物质回报以外，精神回报同样是投资者选择参与众筹项目重要的动因，而项目类型的选择模式同样会带来投资中的风险。对于提供最终产品的企业来说，由于它们定位于更广泛的市场受众，并拥有忠实顾客群体，这与产品众筹模式能为投资者提供的精神回报高度契合，使基于最终产品的技术创新项目适合产品众筹。在产品众筹模式下，投资者参与众筹项目更多是出于自身情感偏好和兴趣爱好对产品精神价值的认同，从而与产品众筹项目建立了情感联系。在此过程中，产品成为被赋予独特情感魅力的“人格化符号”，这一符号成为投资者在特定领域精神需求的投射。对于提供上游产品的企业来说，由于它们的产品往往不为社会大众所熟知，很难让投资者感知到足够的精神价值，股权众筹参与者主要希望获取财务回报。选择产品众筹回报或者财务回报的模式，如果投资者因项目类型因素在众筹融资模式选择上出现了偏差，必然会带来企业运行中的顺周期性风险问题。

第三，企业成长因素给众筹融资模式选择带来的顺周期性风险问题。融资企业所处阶段同样会影响众筹模式的选择。通常情况下，在科技企业初创期和成长期，由于企业技术创新距离市场化较远。这时管理团队运营经验不足，选择通过股权众筹向投资者非公开发行企业股票有利于引入外部战略投资者，能为企业技术创新提供长期增值服务。而当企业进入成熟期，股权众筹投资者会在这个阶段考虑退出获取资本收益。此时，企业已经进入技术产业化阶段，选择融资快、期限短的产品众筹，有利于科技企业迅速获得技术商业化的资金支持。如果投资者因企业成长阶段因素对众筹融资模式选择出现了偏差，必然带来企业运行中的顺周期性风险问题。

（三）众筹融资在推动企业技术创新过程中的监管问题

众筹融资创造性地解决了传统融资渠道中信息不对称和监管不透明等问题，为越来越多企业的技术创新提供了新的融资思路。但同时应该看到，作为一种年轻的科技金融模式，众筹融资在推动企业技术创新过程中还存在知识产权保护和道德风险等诸多顺周期性问题。因此，必须探索出合适的逆周期监管路径，才能有效避免这些问题带来的顺周期性效益的影响。

第一，加强对众筹融资企业技术知识产权的保护。融资企业通过众筹平台向公众展示项目计划是众筹融资中的一个重要环节。在该环节中，企业将会把技术创新项目介绍和项目计划书等信息发布到互联网平台上。企业一般会尽可能详尽地披露技术细节，以获得更广泛的公众关注和支持。由于互联网的开放性，社会公众可以零成本地接触到这些信息。而当那些有不法企图的人通过众筹平台接触到企业技术细节以后，就很容易按照众筹项目技术方案立刻模仿实施，造成企业技术知识产权遭到剽窃和侵害，带来了企业运行中的风险问题。2017 年 4 月起开始施行的《专利审查指南》将基于技术实现的商业模式纳入了专利保护的范围，这有利于众筹融资中的技术知识产权保护的监管。未来，科技企业可以将技术和依托于技术的商业模式在开展众筹融资以前提前申请专利保护，让众筹融资中的技术知识产权保护变得有证可循。同时，国家还要进一步缩短技术知识产权登记的时间，简化技术知识产权申请流程，让国家对技术知识产权的保护能够跟上创新速度。国家在政策上的监管不管是在经济上涨还是在经济下降时，都在一定程度上能降低企业在技术创新中的顺周期性风险。

第二，加强对众筹融资企业项目虚假宣传的处罚。众筹融资中，一些企业通常在社交媒体上发布项目推介的文案和视频，往往会对自己的技术创新项目进行夸大和吹嘘，以提高说服力，争取更多大众支持。比如，国内某公司发布的一款无人机产品项目在众筹平台和社交网络的介绍中均宣称该产品具有智能终端遥控、地理定位、人脸识别、智能感知障碍物等功能。该项目在国内外两个众筹平台上同时发布并都筹资成功。然而，当该产品成功上市并交付众筹投资者使用后，人们发现产品实际功能和宣传效果大相径庭，同时存在较为严重的质量问题，该企业因此遭受国内外众筹投资者的一致指责。可以看到，在众筹行业中，由于目前对一些众筹项目的介绍宣传还没有一个标准的审查机制，这造成了众筹项目在推广过程中存在“弄虚作假”的情况。众筹融资中虚假宣传的问题如果得不到及时整治，将造成科技金融资源的低效率配置，导致众筹行业中“劣币驱逐良币”现象的发生。对此，必须借鉴国家对虚假广告的整治经验，对众筹融资中项目虚假宣传的问题应从事前和事后两个环节加以监管。一方面，在众筹项目推介阶段依据《广告法》对项目宣传内容进行审查，对违规宣传的行为进行处罚并要求整改。另一方面，一旦出现企业在众筹项目融资成功后未向消费者履行其承诺的情况，应对其予以查处并追究其法律责任。国家在法律上的监管不管是在经济上涨还是经济下降时，都在一定程度上能降低企业在技术创新中的顺周期性风险。

第三，加强对众筹融资企业资金安全的监管。众筹融资中，在投资者对众筹项目投入资金后，资金最初并不直接到达筹资人手中，而由众筹平台持有。众筹平台在收到资金至放款给融资企业的时间段内，扮演了资金存管的信用中介角色。由于我国众筹行业发展历史较短，很多众筹平台自身就是处于初创期和成长期的科技公司，经营前景存在较大的不确定性，造成大量众筹平台在经营过程中因经营不善和缺乏风险控制能力而出现倒闭、停业、跑路和提现困难等顺周期性问题。根据众筹金融门户网站“网贷之家”的统计，2015 年全国共有 77 家众筹平台出现各类资金安全问题，2016 年暴露资金安全问题的平台则大幅增加到了 293 家。众筹平台发生资金安全问题不仅将使投资人血本无归，也将导致企业技术创新项目无法得到本该获得的资金支持而无法顺利进行，还会重创众筹行业的市场形象，给企业带来经营中的顺周期性风险。

众筹融资中的资金安全风险问题暴露了众筹平台在投资者资金管理过程中的不透明和监管缺失的问题。对此，一个值得尝试的方案是要求众筹平台引入银行机构进行第三方资金存管。在这种逆周期监管模式中，银行为众筹平台设立二级子账户，将平台自有资金和客户资金分离，并依照合同对客户资金进行转账和划拨，有利于增强众筹资金流向的透明度。同时，监管机构应该运用大数据技术，对众筹融资活动进行全流程数据跟踪，同时对众筹平台资金流动和运营等环节的异常状况进行监测和预警，以求能够及早发现、及早处理众筹行业的资金安全问题。国家对众筹融资中资金安全的监管，不管是在经济上涨还是经济下降时，都能在一定程度上降低企业在技术创新中的顺周期性风险。

总之，在互联网时代，众筹融资模式的选择对企业的运行与发展非常重要，它是企业技术创新筹得资金进行快速发展的重要方式。但同时，必须对众筹融资在企业技术创新中的顺周期性进行逆周期监管，这是我国推行现代化经济体系建设中的重要任务。

二、出版众筹中知识产权保护的逆周期监管

出版众筹,是指通过互联网众筹平台开展的针对出版项目的大众筹资活动。出版众筹利用互联网和社交网络传播的特性,让作者向公众展示他们的创意,获取更多的关注和支持,能获得所需要的社会资金的支持。网络技术革命与版权变革,彰显出人类社会的创新力量,构成了知识创新与制度创新两者相互交织、相互作用的现实图景。但出版众筹也面临着顺周期性的困惑,经济形势上升和繁荣时,整个社会资金宽余,人们看好未来的发展前景而愿意众筹,出版众筹很快会筹得资金,出版产业有着很多的资金支持。这时也会带来更多的创作热潮,出版业也会有很好的出版物出现来满足社会需求。经济下行或者紧缩时,整个社会资金紧张,经济向好时出版的大量作品由于人们经济困境而销售下降,造成资金难以收回,出版众筹面临筹资困难。这时,一方面,出版产业也不愿出版更多的出版物。另一方面,由于大量的出版物滞销,人们往往也不愿参与众筹,出版产业的众筹往往很难筹得资金,人们创作热情低迷,出版众筹也大量减少。这种经济环境的变化必然带来出版众筹的顺周期性风险。同时,由于众筹网站的公开性和面向对象的不确定性,若不加强对出版众筹项目知识产权的保护,众筹网站上展示的项目创意被他人剽窃的可能性非常大,一些原作者的写作创意被剽窃,著作权受到侵害,带来知识产权滥用的困境,也会给出版众筹带来新的顺周期性风险。因此,怎样来对出版众筹项目进行知识产权的保护和监管是网络时代逆周期监管的一个重要课题。

(一)出版众筹的现状催生知识产权保护的紧迫性

出版业随着市场化、产业化程度的提升,融资问题必然越来越突出。出版众筹作为互联网金融的重要方式,推动着融资制度变革和出

版业规模化的发展。目前，从出版众筹的运作情况来看，有着很好的成功范例，比如《周鸿祎自述：我的互联网方法论》一个月内筹资 160 万元，《社交红利》在两周内筹资 10 万元，林志颖的《我对时间有耐心》上线当天即筹得 10 万元等。[1] 据世界银行预测，至 2025 年全球众筹市场规模将达 3000 亿美元，而其中 1/6 的份额在中国。[2] 在信息飞速传播、海量存储的网络时代，出版众筹与传统的出版资金来源相比，"新的作品保护形式突破了传统权利保护范围。版权保护范围不再局限于发表权、复制权等传统内容，其权项内容发生了扩展，出现了信息网络传播权和数据库作者权等新兴权项，新的侵权认定规则动摇了传统权利救济手段"。[3] 出版众筹面临的这些问题，必然涉及知识产权的保护问题。特别是出版众筹项目多是创意类、个性化项目，融资者为了更有效地获得资金支持，需要将创意方案、商业计划书等放在众筹平台上，由于众筹网站的公开性和面向对象的不确定性，众筹网站上展示的项目创意被他人剽窃的可能性非常大。一旦众筹项目被人剽窃并放在其他众筹平台上进行众筹，或是一些有充足资金的人一见众筹平台上的方案可行就直接按照众筹项目方案着手实施。必然使项目发起人的筹资失败，投资者也会遭受资金损失。这时，出版企业承担的众筹风险不仅仅限于法律风险，同时还有著作权被侵害风险和出版内容被操控风险。[4] 特别是这种网络上的剽窃与传播可以无限放大，线上线下都可复制，使网络上知识产权保护更为迫切。由于网络上可以复制和下载，就造成了一些公司、个人不愿意自己去创新和购买技术与专利，而纷纷进行复制和剽窃，这种现象既影响了出版众筹事业的健康发展，

---

[1] 朱四倍：《别让图书众筹变"众愁"》，载新华网，2015 年 7 月 8 日。

[2] 黄河、刘琳琳：《出版众筹运作方式及发展路径》，载《中国出版》2014 年第 20 期。

[3] 吴汉东：《网络技术革命与版权制度变革》，载《中国出版》2015 年第 23 期。

[4] 杨东、文诚公：《众筹中的知识产权保护》，载《中国证券期货》2014 年第 11 期。

又带来整个社会不愿意创新,都想靠着剽窃与复制这种恶性循环传播的顺周期性风险。因此,知识产权的保护是出版众筹的生命线。众筹项目发起过程中既可能存在项目本身侵犯他人知识产权的现象,也可能存在已发起的众筹项目被他人模仿和抄袭的现象。目前,关于出版众筹知识产权保护方面的问题逐渐引起学术界的关注,这些都说明了出版众筹在实践中的知识产权保护面临着顺周期性风险。

(二)目前出版众筹项目在知识产权保护上面临的顺周期性

网络技术被认为是人类历史上继语言和文字的产生、造纸和印刷术的发明,以及电报、电话和广播的使用后,出现的第五次信息革命。随着信息技术的发展与变革,版权制度也实现了从"印刷版权"、"电子版权"到"网络版权"的转变。[1] 海量、快速、便捷传播的特点使互联网成为版权保护的众矢之的,由于制度管理和网络法律的不完善,使出版众筹这种互联网金融业态面临以下顺周期性。

1. 出版众筹中信息披露制度面临的顺周期性风险

在新的"网络版权"时代,版权模式的内容得到极大丰富,但同时也产生许多新的问题。2013 年 8 月,外国一家公司出现了一个手机智能按键众筹项目 Pressy,项目众筹十分成功。可是,还未等其产品正式发布,就被其竞争对手推出了与 Pressy 高度相似的众筹项目,在"Pressy"项目发起者尚未提交专利申请、产品未真正做出来时,就抢先占领了市场。在互联网时代,有一定技术壁垒的技术专利都可能被侵权,作为成本更低的著作权,并且受到侵害的风险更大。这反映了众筹项目中信息披露带来的风险问题。在出版众筹信息披露中,现在的困惑是,一方面众筹融资的特点要求项目发起者尽可能详尽地披露项目信息,但另

---

〔1〕 吴汉东:《网络技术革命与版权制度变革》,载《中国出版》2015 年第 23 期。

一方面作为公共品的项目信息被发布在网上又引发了知识产权被剽窃的风险。因此，在出版众筹中，信息拥有者、传播者、使用者三者互动模式发生转变的背景下，能否保护好知识产权不仅直接决定单个项目的成败，也深刻影响出版众筹这一新型融资模式发展的规范性和可持续性。从目前我国在出版众筹方面的披露制度来讲，一是融资者与投资者信息不对称带来的顺周期性问题，二是领投人与跟投者之间的信息不对称带来的顺周期性问题，三是股东与管理者之间信息不对称带来的顺周期性问题，四是投资者与平台之间信息不对称等带来的顺周期性问题。由于这些顺周期性问题的存在，会给投资人带来大量的投资风险，甚至会带来出版众筹实践中仿冒、欺诈等情况时有发生。"一些权利人选择部分披露产品或创意细节，虽然能在一定程度上达到保护知识产权的目的，但也使投资人看不到完整的、关键的项目和产品创意信息，无法做出投资决策，降低了投资热情"[1]，进而带来投资意愿下降的顺周期性问题。怎样从制度层面对这一问题进行设计，一方面对众筹项目进行全方位的详尽披露，另一方面又能保护众筹项目的知识产权，这是出版众筹中信息披露制度必须进行监管和解决的问题。

2. 出版众筹中知识产权保护面临的法律困境带来的顺周期性问题

出版业中涉及的知识产权主要是项目的著作权。根据《著作权法实施条例》第 2 条的规定，作品是指文学、艺术和科学领域内具有独创性并能以某种有形形式复制的智力成果。近年来，互联网技术的发展降低了出版众筹项目被复制的成本，并提高了保护出版众筹项目知识产权的难度，进一步加大了出版众筹项目被模仿、抄袭的可能性。但现有法律对出版众筹知识产权的保护困难重重，出现了出版众筹业的创

---

〔1〕 杨东、文诚公:《众筹中的知识产权保护》，载《中国证券期货》2014 年第 11 期。

新与传统法律、监管环境的冲突。网络技术的发展需要新的侵权认定规则，而出版众筹项目领域的智力成果的保护很难在知识产权法中找到对应的依据。表现在：

第一，网络出版众筹项目产权的虚拟化非常严重，增加了知识产权保护和监管的难度。在网络平台上，出版众筹知识产权表现为抽象和无形，知识产权载体被数字化。侵权人可以轻松利用网络技术实施复制、下载等一系列活动。知识产权载体的无形性和可复制性给知识产权的确认和保护带来挑战。如"美国一家在2009年设立的名为Profounder的众筹平台在2012年2月主动关闭了。该网站向公众解释说，目前监管环境阻碍了我们认为是对顾客最有价值的创新，所以决定关闭公司。"[1]在出版业发展过程中，这种大量的复制、下载侵权行为的存在并且得不到打击，就会严重地阻碍人们的创作积极性，带来出版业知识产权得不到保护的顺周期性现象。怎么从立法上来解决这一困境，这是出版众筹中监管面临的一个重要课题。

第二，出版众筹项目的开放性打破了传统知识产权制度中的地域性管辖原则。我们清楚地看到，出版众筹项目在互联网络平台发布后，很快就可以在世界上任何一个地方快速传播和复制。这一状况就给出版众筹项目知识产权保护带来很大的困难和顺周期性效应，使知识产权方面的侵权监控和地域性管辖处罚的难度更大，案情诉求必然更加复杂，监管更难。

第三，网络技术视野下出版众筹呈现问题的复杂性与现行知识产权保护适用法律的单一性的困惑。在网络出版众筹中，一些侵权人剽窃、模仿或者未经授权使用他人的网络众筹产品已是司空见惯的现象。但现实中与知识产权相关的许多领域或适用的法律单一，或者尚未形

---

〔1〕 贺绍奇：《众筹融资法律困境与解决思路》，载《中国市场》2015年第5期。

成明确的法律规定。一是只注重出版众筹的著作权,而忽略了著作付诸实践的使用权保护。比如,在众筹过程中,“《著作权法》仅对商业策划书、产品设计图稿、技术改进方案、影视节目策划书等作品本身进行保护,而盗用上述作品后付诸实施则无法获得《著作权法》的保护,往往还需要专利权与商标权保护”。[1] 二是只注意出版众筹著作的纸质权保护,而忽略了出版众筹著作在网络上被侵权的现象。比如,一些人认为,“在网络上传递的形式,也不能被认定为是法律规定的‘发表’或‘出版’,所以网络上的‘作品’的‘版权’并不能被《著作权法》所保护”。[2] 三是引用法律条款出现局限。一些法院在解决网络上出版众筹的侵权行为纠纷时,只能以《反不正当竞争法》第 2 条规定的“自愿、平等、公平、诚实信用的原则”作为依据,实际上网络上出版众筹侵权这类案件带来的问题大大超出了现有立法规定的情节。对引用性条款也有其局限性,对“诚实信用”的解释,赔偿数额等实体问题并无统一的界定标准,[3] 这种顺周期性现象必然带来监管的难度。

第四,出版众筹面临的现行法律滞后问题。一是出版众筹法律滞后性问题。比如,出版众筹中众筹人、出资人和融资平台各自的权利、义务;出版众筹过程中资金管理、流程体系、信息披露和隐私保护问题怎么在法律监管上设计。二是众筹出版的著作权争论问题。出版众筹项目涉及的一些体育赛事录制而成的画面剪辑和解说等形成的产品,一些电视台未经许可进行转播是否属于著作权法保护的范围。三是一些法律缺陷。比如,出版众筹属于产品众筹,我国法律还未对金融领域产品众筹监管问题制定专门的法规;一些出版众筹的纸质著作未经权利人同意,电子稿被一些人放到网络上去阅读等问题,法律还未明确规

[1] 杨东、文诚公:《众筹中的知识产权保护》,载《中国证券期货》2014 年第 11 期。
[2] 胡瑾:《互联网知识产权保护的热点与难点研究》,载《信息网络安全》2009 年第 2 期。
[3] 丛立先:《论网络版权侵权责任认定》,载《中国出版》2015 年第 23 期。

定。四是一些法律需要修改。比如，根据我国法律，众筹出版还不能以股权、债券、分红、利息形式作为回报，不利于出版众筹模式的创新，导致出版众筹项目缺乏吸引力，这对众筹出版的发展是不利的。[1] 这些问题将对我国著作权法中规定的出版社的权利、出版合同等现行出版制度造成冲击，不仅涉及著作权及其邻接权还将涉及专利、商标等知识产权各个方面，成为著作权法律急需解决的复杂问题。[2] 这些问题必然带来知识产权滥用的顺周期性，为法律的监管带来难度。

第五，出版众筹在司法审判中也面临着困境。出版众筹是互联网金融创新性品种，对这类项目的审判和处理涉及的领域包括传统的商标、著作权延伸至通信工程、法学学科以及知识产权等相关学科，具有前沿性、疑难性、技术性等特性，这就要求审判人员具备较高的综合素质。但现实中很多法官往往欠缺相关的技术知识背景，特别是一些审判人员在通信技术、网络知识产权方面的知识欠缺。并且，随着网络科技的发展，各类新的技术现象带来的法律问题还会增多，必然造成知识产权滥用的顺周期性现象，这些都会成为知识产权案件审判难和法律监管难的重要依据。

我们必须清楚地认识到，这种类似的法律困境还会继续显现在网络技术时代。这种恶性循环，带来了整个社会创新性下降的顺周期性风险。

（三）出版众筹知识产权保护逆周期监管措施

用狄更斯的话说："这是一个最好的时代，也是一个最坏的时代。"这是一个最好的时代。网络的出现，不仅带来信息广泛而便捷的传播，

---

〔1〕 朱德东：《2014 年我国众筹出版研究盘点》，载《科技与出版》2015 年第 7 期。

〔2〕 胡瑾：《互联网知识产权保护的热点与难点研究》，载《信息网络安全》2009 年第 2 期。

而且成长为经济增长的产业引擎。这是一个最坏的时代。网络改变了传统的信息拥有者、传播者、使用者三者之间的利益格局,引起版权产业与网络技术产业之间的激烈冲突。版权问题已成为网络产业的"阿喀琉斯之踵",[1]是网络产业发展中必须去面对和解决的问题。因此,怎样来加强出版众筹业知识产权的保护和逆周期监管是当务之急。

第一,完善出版众筹的知识产权立法。一是网络技术的发展,冲击着现行制度和法律。它要求国家管理的很多制度和法律规范作出调整,国家要适应这一趋势,必须合理设置立法位阶,制定适用于出版众筹的知识产权法,弥补网络法律在立法和司法上的一些不完善性。二是应当以立法形式明确认定合法的众筹出版应当满足的条件。包括金额、人数、规模和时间,发起人资质、平台网站资质和投资人资质,批准主体、方式和流程等,从而确立众筹出版的合法性及其条件。同时还应当对众筹出版中各个主体的法律地位、权利、义务及相应的法律责任予以明确规定。[2] 三是对于涉及公共利益的宏观性管理规范,适用较高位阶,而具体实施细则可由部门行业规章来规范。整合金融、科技、垄断领域法规中有关互联网知识产权的规定,增强法律体系的衔接性、完整性。[3] 四是网络立法要增强法律的前瞻性。网络科技的发展日新月异,出版众筹知识产权的保护在内容上属于网络立法范畴,这类网络的立法要尽量关注高科技带来的冲击,做到立法的前瞻性,把尽可能地预见到的法律问题纳入立法考虑进行监管。

第二,加强出版众筹知识产权保护的宣传教育。一是在全社会宣传普及互联网金融方面知识产权保护的相关法律知识,特别是在司法

---

〔1〕 吴汉东:《网络技术革命与版权制度变革》,载《中国出版》2015 年第 23 期。
〔2〕 祁雪冻:《众筹出版平台非法吸收公众存款的风险与对策》,载《中国出版》2015 年第 11 期。
〔3〕 徐志:《互联网产业的知识产权困境》,载《高科技与产业化》2015 年第 8 期。

工作者、法学专业学生中的宣传教育和知识储备,注重培养熟悉众筹以及网络法律专业方面的法官。二是应要求众筹网站向出版众筹项目发布者提示出版众筹知识产权方面的风险和保护措施,增强创作者在知识产权方面的自我保护意识。

第三,加强出版众筹平台知识产权的司法保护。知识产权司法保护就是凭借国家司法力量对知识产权权利进行调节和分配,根据知识产权立法的贯彻和实现,维护知识产权权利人的合法权益,打击破坏各种侵害知识产权的行为。一是利用大数据的方法精准地对出版众筹知识产权侵权责任进行认定。随着互联网产业、技术的迅猛发展,各种网络侵权现象越来越多,侵权责任的认定问题越来越复杂。我们要充分利用大数据时代的科技优势为依据,对出版众筹知识产权进行全面保护,对涉及侵权的相关规则和制度进行梳理,做到精准地对出版众筹知识产权侵权责任进行认定。二是从司法体制上作一些改革。除了知识产权法院外,现行法院可考虑设立知识产权纠纷调解部门使诉讼与非诉程序既相互独立又相互衔接,建立专业更为细化的知识产权纠纷调解组织,并赋予其所作出的调解协议一定的法律效力。[1]

第四,加强保护出版众筹知识产权的行政执法。国内外知识产权保护的实践证明,行政执法在知识产权保护和纠纷解决方面发挥着重要作用。在网络时代,网络科技的发展在知识产权方面会出现很多新的矛盾和纠纷,给知识产权的保护带来很多新的问题。一是行政执法者要加强行政执法知识和以网络科技相关的知识产权法的学习,提高查处涉及出版众筹的知识产权纠纷的能力;二是网络行政监管部门要针对执法难的情况加强众筹平台的管理,推行出版众筹项目实名注册制度;三是改革行政执法体制。对不适应网络时代新兴技术发展的一

---

〔1〕 徐态:《互联网产业的知识产权困境》,载《高科技与产业化》2015 年第 8 期。

些行政执法管理体系进行改革，明确不同层级在知识产权保护的责任权限，规范行政执法程序。

第五，完善出版众筹的信息披露制度。完善出版众筹的信息披露制度是知识产权逆周期监管的一项重要措施。一是借鉴美国 JOBS 法案中既要求众筹项目发布者披露真实信息，又对抄袭或者其他欺诈行为采取预警措施的做法确立科学的披露原则。坚持强制性信息披露与自愿性信息披露相结合原则、信息披露主体多元性原则、信息披露与风险提示相结合原则。二是利用大数据的科技优势对出版众筹的各种信息进行优化和管理，及时侦查众筹项目披露过程中的各种侵权行为，精准披露各种侵权案件和查处结果。三是从立法上规定出版众筹平台的责任。出版众筹平台作为连接融资方和投资人的桥梁，既要向投资人告知投资风险，同时也要促使融资方做好信息披露义务，弥补投资人的信息不对称，使投资人作出更理性和合理化的投资决策，以达到逆周期监管的目的。

第六，引导出版行业自律行为。出版众筹除了立法、政府监管之外，必须强调行业协会以及出版社的自律。一是发挥出版行业协会对涉及出版众筹项目的会员单位的服务质量、竞争手段、经营作风进行严格监督，维护出版行业信誉，鼓励公平竞争。二是行业协会要协助政府制定并实施适应出版众筹的发展规划、产业政策、行政法规和有关法律，倡导诚实可信的商业行为，营建健康有序的竞争环境。三是出版社应鼓励出版众筹发布人在筹资期间与出版社就项目内容保持沟通，保证其出版内容的原创性并符合国家法律规定。

总之，在网络时代，为了加快出版众筹业的发展，我们除了继续完善众筹出版的立法和制度设计之外，还要进一步强化和规范出版众筹知识产权的司法保护，用司法的威力和公信力构筑出版众筹知识产权保护的坚实基础，只有这样，才能解决出版众筹的顺周期性，以达到逆周期监管的目的。

三、金融创新推动下体育产业众筹融资模式的逆周期监管研究

根据世界银行2013年发布的《发展中国家众筹发展潜力报告》，预计到2025年，发展中国家在众筹融资方面将达960亿美元规模，其中500亿美元就在中国。[1] 随着近年来众筹融资在我国的兴起和发展，我国体育产业的转型发展迫切需要探索这一新型的融资模式，这样才能为体育产业持续健康发展提供资金支持，在经济新常态下为体育产业融资开辟新路径，为体育产业发展拓展新空间。

众筹融资是互联网时代金融创新的重要方式，而体育产业的发展急需资金支持，体育产业众筹融资是众筹融资这一金融创新方式的重要方面。但金融创新推动下体育众筹发展态势及多种融资模式也存在很多顺周期性风险，为规避体育产业众筹融资中的顺周期性风险，必须加强体育产业众筹融资中的逆周期监管。

（一）金融创新推动下体育产业众筹融资的发展态势

我国体育发展“十三五”规划明确指出：到2020年，全国体育产业总规模超过3万亿元，体育产业增加值的年均增长速度明显快于同期经济增长速度，在国内生产总值中的比重达到1%，体育服务业增加值占比超过30%。体育消费额占居民人均可支配收入比例超过2.5%。[2] 庞大的体育产业急需融资渠道，而互联网技术带来的众筹融资方式，为体育产业的健康发展提供了重要的资金支持。

众筹融资作为一种金融创新的模式，大幅降低了金融的成本、提高

---

〔1〕 吴毓健、何金：《众筹，颠覆传统融资模式——从厦洽会看众筹产业发展态势》，载《福建日报》2015年9月10日。

〔2〕 《体育发展“十三五”规划》，载《中国体育报》2016年5月6日。

了金融的效率、扩大了金融的普惠性。在当代,体育行业分布面广、涉及行业多,并为人民大众喜闻乐见,是众筹融资的重要领域。随着互联网金融的深入发展,体育众筹在我国从无到有并迅速发展,为体育产业带来了新的融资渠道。一方面,诞生了专注于为各类竞技体育和群众体育项目、运动员及周边提供专业的奖励式和捐助类众筹服务的体育众筹平台——华奥众筹。这无疑是对体育产业众筹的一次大胆尝试,它发挥了互联网众筹技术以及平台优势,合理配置了体育产业的各种资源,是体育众筹融资融入社会经济生活的重要尝试。另一方面,体育众筹项目在京东众筹、人人投等知名众筹平台上均有布局。尤其是"由中国棒球协会合作伙伴恒达联合投资公司发起的棒球文化推广及培训运营项目,在中国证券业协会所属的中证资本市场发展监测中心的股权众筹平台上正式挂牌,成为该众筹平台上第一批'股权众筹'项目中的唯一体育项目"。这些体育众筹融资平台的开启,为我国体育产业的发展和创新提供了重要的资金渠道,让人们看到了我国体育产业发展的光辉未来。

虽然体育众筹在我国得到了较快发展,并有一些较为成功的案例。但整体而言,依然处在探索发展的初步阶段,主要体现在:体育众筹项目占整个众筹项目的比重还不够大,体育众筹参与度还不够广,体育众筹的相关专门法规还尚不明朗,体育众筹各参与方权利义务的约定还不规范以及人们还缺乏体育众筹相关专业知识等。因此,进一步深化对体育众筹融资问题的研究,对于体育众筹融资模式的规范与完善具有重要意义。

(二)体育众筹运行中的融资模式带来的顺周期性分析

作为金融创新的产物,众筹融资在业务范围和运作思路上有别于传统融资模式。但它并没有改变金融对资金融通的本质,依然发挥着支付清算、资金融通、风险防范等金融的基本功能。目前,尽管众筹融资的模式众多,金融业界从投融资主体之间的权利义务关系来进行分类,众筹融资模式可分为产品众筹、股权众筹、债务众筹和捐赠众筹四种类型。这样的分类虽然采用了传统金融市场的分类方法,但它把传统金融与众筹融资的金融本质、继承关系和变革创新概括得非常明确。今天,从体育产业来看,根据国家统计局发布的《国家体育产业统计分类》,其包括了“体育管理活动,体育竞赛表演活动,体育健身休闲活动,体育场馆服务,体育中介服务,体育培训与教育,体育传媒与信息服务,其他与体育相关服务,体育用品及相关产品制造,体育用品及相关产品销售、贸易代理与出租,体育场地设施建设等”[1]多种产业形态。其中,既包括政府主导的“体育管理活动”,也有商业化程度较高的一些体育产品与服务相关的生产、销售、租赁以及中介服务,还有公益色彩较为浓厚的“体育竞赛表演活动”以及“体育培训与教育”等新兴业态。作为“体育产品与服务的同一类经济活动的集合以及同类经济部门的总和”,[2]这些多元化的业态根据其特征,必然具有多种类型发展方向和多方面的融资诉求。一方面,体育产业的发展需要大量的资金支持;另一方面,体育产业从国家得到的投资显然不够,而体育部门自身的融资手段又太单一。因此,体育产业的发展面临着严重的资金障碍。在此背景下,众筹融资为体育产业的转型发展开辟了新的融资渠道。当前,四种众筹模式在与体育产业融资对接中发挥着不同作用,如图4所示。

[1] 《国家体育产业统计分类》(国家统计局令第17号),载国家统计局网,2015年9月28日。

[2] 鲍明晓:《体育产业——新的经济增长点》,人民体育出版社2000年版,第10页。

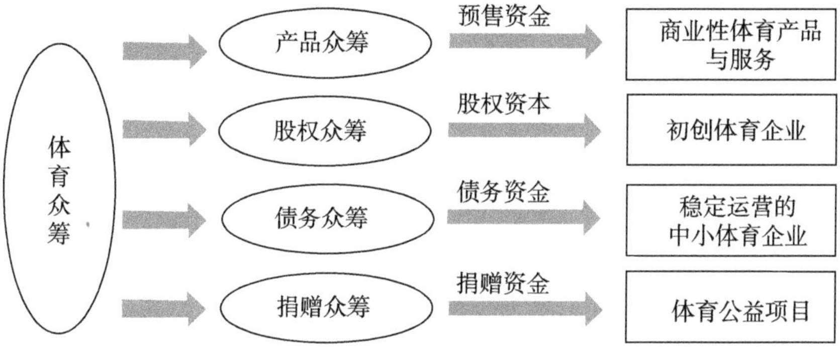

图4　体育产业众筹融资中主体之间的关系与资金类型

但是,我们必须看到,体育产业的众筹问题也面临着顺周期性的困惑,经济形势上升和繁荣时,整个社会资金宽余,人们看好未来体育产业发展前景而愿意参与众筹,体育产业很快会筹得资金,体育产业有着很多的资金支持。这时经济的高涨也会带来更多的体育项目进行产生与销售的热潮,体育产业也会有很好的项目出现而满足社会的需求。经济下行或者紧缩时,整个社会资金紧张,经济向好时众筹的大量体育项目由于人们经济困境而销售下降,造成众筹资金难以收回,体育众筹面临筹资困难。这时,一方面,体育产业也不愿众筹更多的资金用于体育项目;另一方面,由于大量的体育项目和产品的滞销,人们往往也不愿参与体育项目众筹,造成体育产业的众筹方式往往很难筹得资金,人们投资体育产业的热情低迷,体育产业众筹方式也大量减少。这种经济环境的变化必然带来体育产业众筹的顺周期性风险。

第一,以产品众筹为主的体育众筹融资模式带来的顺周期性风险。产品众筹,是指以产品或服务作为筹资标的并获得回报的一种众筹融资模式。在体育众筹融资中,它由项目发起人将尚处在研发过程中的体育产品或体育服务的创意发布在众筹平台上,在大众投资者的支持下完成创意商品化的过程。在这一过程中,融资人的权利是进行众筹融资，投资者的权利是对该项目与产品进行投资，以获得该产品或服务。在体育产品或者体育服务的众筹融资中，投资人常常扮演着体育投资者与体育消费者的双重角色，它不仅参与投资并得到体育产品或体育服务作为回报，还可以对体育产品或体育服务的生产和实施出谋划策。从法律上讲，融资人与投资人形成了预售买卖关系。产品众筹的特性和回报方式决定了这种融资模式适用于各类商业化程度较高的体育实物产品或体育服务的众筹形态。因此，从“体育传媒与信息服务”行业中的“足球控”App 到属于“体育出版物”的《篮球》杂志出版众筹项目，从小米联手李宁推出的智能跑鞋为代表的“运动用品”众筹项目到“温布尔登网球朝圣之旅”等“体育旅游活动”项目，作为产品众筹的体育众筹覆盖了市场化、产业化程度较高的细分业态。在实践中，体育众筹融资不仅能为资金较为缺乏的中小企业开发新产品筹集到资金，而且一些知名企业也可以采用体育产品众筹方式在获得资金的同时增加自身产品的广告效应。体育产品众筹模式，一方面让体育消费资金前移，支持从产品研发到生产销售的全部环节，创造出原来因资金匮乏可能无法实现的新产品；另一方面也可以通过发布项目获得资金支持的多寡来试探市场反应，获得潜在消费者对于预期产品的市场反馈，从而有效规避体育商品盲目生产所带来的风险和资源浪费。但是，我们必须看到，这种体育产业众筹融资也面临着很大的顺周期性风险。经济形势上涨时，大家都看好体育产业的未来，体育产业很快会募集到资金，众筹融资可以非常顺利，融到的资金能够为体育产业的新产品开发与技术创新提供服务。但是一旦经济形势不好，体育产业的新产品的销售出现问题，体育产品的滞销使产品在转化的过程中就失去了足够的资金支持，必然导致体育产业技术创新项目无法顺利实现成果转化，造成前期投入的资金无法收回。体育产业的众筹融资会带来巨大的风险隐患，构成了体育产业众筹融资的顺周期性效应。

第二，以股权众筹为主的体育众筹融资模式。股权众筹，是指投资者通过互联网众筹平台出资入股公司，企业以股权为交换筹集资金。在股权众筹模式中，筹资人与投资人设立的商事主体如果是有限公司或股份有限公司，那么筹资人与投资人之间则形成股东与股东法律关系；如果成立的商事主体为合伙企业，筹资人与投资人之间则形成合伙人与合伙人法律关系。[1] 这种基于互联网渠道而进行的股权众筹融资模式，主要是把融资企业作为项目放到众筹平台上，并按出资多少出让一定比例的股权，实现资金的融通。在体育产业股权众筹融资中，一是投资者可以通过这种模式投资成立体育企业，成为新设体育企业的股东。比如，最早让体育众筹进入我国公众视野的球迷成为西甲埃瓦尔俱乐部股东的新闻便是股权类体育众筹的案例。同时，在国内一些大中城市已经有健身俱乐部的项目在众筹平台上发起。周边居民可以“自己出资，强身健体”并成为该项目的股东。二是在“大众创业，万众创新”的背景下，股权众筹能帮助体育草根创业，通过为大量的草根创业者提供适宜的体育创业环境和更加公平的体育资源配置。这种方式可以使股权众筹依托互联网媒介，向全社会征集体育创业项目，为缺乏人脉资源的草根创业者提供更适宜的体育创业环境和金融支持渠道。三是体育股权众筹融资也是“融智”的途径。体育投资人能够以资金投入为纽带，能为体育草根创业者提供人脉和资源等社会资本，能为体育企业创业发展建言献策，以弥补体育草根创业者在管理经验上的不足。经济形势上涨时，大家都看好体育产业的未来，很多投资者都可能积极入股，体育产业很快会募集到资金，众筹融资可以非常顺利，融到的资金能够为体育产业的新产品开发与技术创新提供服务。但是一旦

---

[1] 刘永斌：《众筹参与主体之筹资人与投资人的法律关系》，载个人图书馆网，2015 年 10 月 6 日。

经济形势不好，体育产业的新产品的销售出现问题，体育产品的滞销就使产品在转化的过程中失去了足够的资金支持，必然导致一些投资者可能退股，这时的体育产业技术创新项目可能无法顺利实现股权转化，造成前期投入的资金无法收回。体育产业的众筹融资会带来巨大的风险隐患，构成了体育产业众筹融资的顺周期性效应。

第三，以债务众筹为主的体育众筹融资模式。债务众筹，是指投资者在网络平台上借款给公司，因此而获得一定比例的债权，债务到期后由公司还本付息的众筹融资模式。同传统的个体与个体之间的网络借贷（P2P）相比，体育债务众筹主要是个人借款给企业（P2B）方式，这是体育企业通过网络平台向社会上的个人或机构投资者发起的，通过众筹来解决企业经营资金不足的一种众筹融资形式。这种模式由借款人向出借人借款，在借款到期后返还借款并支付利息，这一行为构成了筹资人与投资人之间的法律借贷关系。在体育债务众筹融资中，决定贷款的权利由金融机构的授信部门下放到了普通大众手中，缩短了体育产业资金借贷的流程。因此，体育债务众筹较为适用于那些单次借贷规模小、频率较高、时间较短并处于持续稳定运营状态的中小体育企业。从体育行业来讲，本身中小企业居多，很多企业缺乏资金。通过债务众筹融资，这些中小体育企业一方面可以补充流动资金的不足，以避免陷入企业财务危机；另一方面借助债务众筹融资模式也可以让关注体育产业发展的社会大众分担借贷金额，有效分散体育产业发展中的借贷风险。经济形势上涨时，大家都看好体育产业的未来，以债务众筹为主的体育众筹融资很快会募集到资金，众筹融资可以非常顺利，融到的资金能够为体育产业的新产品开发与技术创新提供服务。但是一旦经济形势不好，体育产业的新产品的销售出现问题，体育产品的滞销就使产品失去了足够的资金支持，以债务众筹为主的体育众筹融资项目无法顺利实现成果转化，造成前期债务众筹投入的资金无法收回。以债务众筹为主的体育众筹融资也会带来巨大的风险隐患，构成了体育产业众筹融资的顺周期性效应。

第四，以捐赠众筹为主的体育众筹融资模式。捐赠众筹是一种由出资者提供资金且不计实质回报的众筹模式。捐赠众筹主要用于公益事业领域，项目的出资者常常也是一些项目的志愿推动者，他们往往更重视参与捐赠过程中的一些体验或在精神方面的收获。在捐赠众筹中，出资者的行为常常带有较强的社会捐赠和公益帮扶的性质，从法律上来讲，投资人通过平台将自己的财产或物品无偿给予筹资人，或以报名志愿者的方式向筹资人提供无偿服务，双方因此而形成了一种赠与关系。[1] 同时，我们要看到，体育活动关系着国民健康，具有社会公共产品属性。因此，体育捐赠众筹融资的很多活动都能够在大众支持下顺利开展。目前，体育捐赠众筹融资的类型主要体现在两个方面：一是在大众广泛参与的体育活动中进行众筹融资。比如，北京马拉松项目通过体育公益众筹而成功融资的同时，还有利于"跑步热"这一社会文化符号通过寻求社会资本的过程中在更大范围得到普及，促进了全民健身战略的实施。二是通过体育公益众筹资助那些具有运动天赋又缺少经济条件的运动员实现梦想。比如，郭川、陈盆滨等体育人通过众筹项目筹集到足够的资金来开展体育活动，为社会传递了更多的正能量。经济形势上涨时，大家都看好体育产业的未来，以捐赠众筹为主的体育众筹融资很快会募集到资金，众筹融资可以非常顺利，融到的资金能够为体育产业的新产品开发与技术创新提供服务。但是一旦经济形势不好，体育产业的新产品的销售出现问题，以捐赠众筹为主的体育众筹融资项目无法顺利实现成果转化，造成前期捐赠众筹投入的资金无法收回。一些投资人有些可能失去信心，有的可能把资金捐赠到其他行业，

〔1〕 郑志刚：《互联网金融时代的公司治理》，载《经济观察报》2015 年 7 月 13 日。

体育产品的滞销就使产品失去了足够的资金支持,以捐赠众筹为主的体育众筹融资也会带来巨大的风险隐患,构成了体育产业众筹融资的顺周期性效应。

总之,体育企业要根据体育行业不同的发展定位和企业筹款需求状况,选择不同类型的众筹融资模式。同时值得一提的是,上述四类体育众筹融资的主要模式虽然在参与关系主体、运营机制、适用范围等方面各不相同,但由于大部分体育产业业态所具有的多元化融资需求,即使是同一个业态的体育企业由于多元化的融资诉求往往都会选择两种或两种以上的众筹融资模式。在经济向好时,各种众筹融资模式相互配合,共同为体育产业提供资金支持,驱动着我国体育产业的发展壮大。经济不好时,我们要因势利导,避免众筹融资中的顺周期性风险的产生。

(三)体育产业众筹融资模式运行中应关注的顺周期性风险及逆周期监管

金融创新的目的就是在更有效地控制风险的基础上服务经济的发展。众筹融资虽然是互联网金融的新模式,但对这一金融创新若监管不好,也会在实践中却产生了新的风险,甚至给体育产业带来顺周期性风险。因此,我们在体育产业众筹模式运行发展过程中,既要关注过往金融创新实践中的各类型风险的一般特征,又要与体育产业众筹融资的运作特点相结合,从而有效约束和控制体育产业众筹融资中的各种顺周期性风险。

1. 科学规划体育产业众筹融资的行业前景

虽然各级政府层面的体育产业规划中均鼓励社会资本进入,扫除了体育众筹发展的制度障碍。但是,目前依然缺乏可落地的体育众筹发展规划和鼓励措施,这不利于吸收更多的参与者投资体育众筹融资行业。对此，一是政府要对体育产业众筹融资在体育产业投融资体系中的价值进行合理定位。金融是经济的核心，体育产业转型发展，离不开金融的支持，而体育产业众筹融资是“互联网＋”背景下重要的金融创新形式。为此，国家有关部门必须认识和重视体育产业众筹这一新型融资模式的价值，克服因资金不足给体育产业发展带来的顺周期性效应。二是政府要做好体育产业众筹融资模式的规划与改革。在互联网时代，体育产业众筹融资将根据体育产业的行业特点呈现不同的发展模式。体育主管部门必须根据体育产业的发展现状和投融资市场创新的要求，对体育产业众筹融资平台与项目进行科学规划，避免重复性建设和低档次竞争带来的资源浪费的顺周期性效应。三是做好体育产业众筹融资模式的监管与规范。体育产业众筹融资的发展必将带来体育产业投融资服务这一金融产业的重构和变革，同时也会将金融产业的风险传递到体育产业中，带来体育产业因监管不力的顺周期性风险。因此，国家金融监管部门要根据体育产业投融资的特点做好监管和规范，为体育产业众筹融资模式量身定做监管规范，保证体育产业众筹融资模式的健康运行。

2. 防范体育产业众筹融资的信用风险

尽管众筹融资借助于互联网信息技术提升了信息传递的质量、规模和速度，在一定程度上打破了原有的信息壁垒，从而缓解了信息不对称的情况。但由于我国体育产业信用体系的发展还处在初级阶段，各类体育消费中的欺诈、假冒伪劣体育产品事件层出不穷，带来了体育产业诚信体系建设的顺周期性风险效应。因此，国家必须建立和完善体育产业众筹融资中的项目信息披露的相关征信机制，才能保证体育产业众筹融资的持续和健康发展。一是要加强信用制度建设。包括个人与社会的信用机制，形成对守信者激励，对失信者严格制约的奖惩机制，不断提高投融资者的诚信意识和信用水平。二是建立和完善体育产业众筹融资中项目信息披露的相关制度。三是利用大数据技术和云计算，将体育产业众筹融资分散的小微企业信息整合起来，对体育众筹融资中的失信行为及时监测、预警和处置。只有这样，才能以体育产业众筹融资的信用风险识别、度量为基础，及时跟踪和判断投资者的风险状况，做到信用风险管理的科学决策。

3. 加强对体育产业众筹融资模式的法治规范

体育产业众筹融资模式中的法律风险主要体现为体育产业众筹融资模式的创新性与现行互联网金融法律制度的滞后性冲突带来的风险。目前，我国体育产业众筹融资模式的发展尚处于起步阶段，由于传统体育产业融资制定的《体育法》《证券投资基金法》《中国人民银行法》《中小企业促进法》《证券法》中都未对体育产业众筹融资进行相关规定。[1] 因此，目前我国体育产业众筹融资面临着一些法律法规困境。比如，互联网金融法律与现有众筹融资模式的创新难以适用，容易导致体育产业众筹融资主体之间在权利和责任方面的边界不明确。这种困境一方面增加了众筹融资责任的不确定性，另一方面对众筹融资行为本身的违法与不违法难以界定，造成体育众筹容易触及非法集资的红线。还有目前制定的互联网金融的法律法规很难适用于体育产业众筹融资的交叉属性问题等风险效应。这些法律问题如果长期得不到解决，完全可能引发体育产业众筹融资中的顺周期性风险问题。所以，完善互联网金融逆周期监管的立法刻不容缓。一是完善与产业众筹融资相关的互联网金融的立法。互联网技术的发展冲击着现行的管理制度与法律，它要求国家管理的相关制度和法律规范必须作出调整，国家要梳理与互联网相关的现有法律法规，结合众筹融资特点加大基础性

---

[1] 谭勇、韩湘平：《我国体育产业信用制度创设的必要性分析》，载《湖南大学学报（社会科学版）》2009 年第 3 期。

立法工作，如明确互联网金融交易主体的责权利、行业准入门槛、交易行为规范等。[1] 二是补充制定、完善和细化有利于体育产业众筹融资方面的互联网金融发展的行业法规等。如修订现有法律体系中对众筹融资这一互联网金融不适用的条款，细化体育产业众筹融资中一些交叉性法律的适用问题等。

4. 从技术层面构建体育产业众筹融资的安全组织体系

众筹融资对互联网技术的依赖性很强，但互联网金融运行的实践证明，互联网技术的缺乏与漏洞本身也会引发金融运行中的风险。一方面，由于网络技术的缺陷和不成熟，技术问题会导致众筹平台的系统停机、出错，从而造成体育众筹项目和投资者的信息失真、遗失和被篡改等风险效应。另一方面，对于众筹平台采用技术的不当应用也会引发道德风险，从而对体育产业众筹融资交易中的资金安全构成威胁。比如，体育众筹征信赖以生存的大数据征信技术虽然能够精准定位每一个人的网络活动，但从中引发的隐私权保护的问题值得重视。一旦这些信息在征信以外的用途予以披露，必将造成对个人隐私权的严重侵害等风险问题。因此，必须尽快从技术层面构建体育产业众筹融资模式运行的安全防范体系。一是对操作系统、管理系统、交易系统等体育众筹融资所涉及的网络安全技术、防火墙技术、信息认证技术存在的风险进行研判，有针对性地进行预测和排查；二是重视技术伦理体系的普及和构建，对于技术应用的范围进行严格规定，保证隐匿信息的使用安全；三是运用大数据和云计算的手段及时监控体育产业众筹融资平台的各种信息数据。对各种众筹融资项目的登记、交易和储备等环节进行信息披露与规范化管理，保证体育产业众筹融资的安全运行。

总之，在金融创新推动下，体育产业众筹融资模式得到一个全新的

---

[1] 郑志刚：《互联网金融时代的公司治理》，载《经济观察报》2015年7月13日。

革命和创新发展。这种创新发展虽然在某些时候具有顺周期性效应，给我们的众筹融资带来一些风险。但我们坚信，只要国家因势利导，加强逆周期监管，随着我国体育产业的转型发展和互联网金融的创新，体育产业众筹融资模式一定会迎来一个协同发展的新时代。

第四章

乡村振兴中农村金融体制与金融市场的逆周期监管研究

摘要：农村金融是农村经济的核心，实施乡村振兴战略离不开金融的支持。在乡村振兴战略推进背景下，农村金融体制改革面临着不健全、缺乏农村金融风险化解机制，农村金融供给机制面临不完善、金融资源配置不均衡的顺周期性风险。课题提出了乡村振兴战略下农村金融体制改革的逆周期监管的制度建构，即完善农村金融管理和服务体制、规范和发展新型农村金融服务组织、构建农村金融风险分担与补偿机制、建立规范和科学的农村金融市场的资金回流机制、创新农业保险制度。同时要以产权制度改革促进农村金融改革，农村金融体制必须适应供给侧改革等逆周期监管措施。另外，农村非正规金融借贷带来的顺周期性一直是困扰农村经济健康发展的重要问题。书中分析了农村非正规金融借贷顺周期性研究的现状及存在的问题，研究了农村非正规金融借贷的顺周期性的形成机理，探索了农村非正规金融借贷顺周期性的传导路径与传导方式，剖析了农村非正规金融借贷顺周期性在监管上存在的困境，提出了地方政府逆周期监管的战略措施。

关键词：乡村振兴战略；农村金融体系；农村非正规金融借贷；顺周期性问题的逆周期监管

一、乡村振兴战略推进下农村金融体制改革的逆周期监管问题研究

党的十九大报告把乡村振兴战略作为中国未来发展的重要工程。

金融是现代经济运行的血液，实施乡村振兴战略离不开金融的支持。我国新农村建设的实践证明，金融和财政是国家支持农村经济发展的两种手段。农村金融体制是否健全，直接影响乡村振兴战略的推进。因此，搞好农村的现代金融体制改革，防范农村金融体制与金融市场带来的顺周期性风险，为农村经济发展提供更好的金融服务是乡村振兴战略的重要课题。

（一）乡村振兴战略背景下农村金融体系改革面临的顺周期性问题

农村金融是农村经济发展的核心，有效的农村金融制度是乡村振兴战略的重要支持。近年来，为了搞好我国的农村改革，国家围绕农村金融和财政支农方面颁布和实施了一系列重要政策，推动了农村经济社会的快速发展。但是，在乡村振兴战略的背景下，农村金融体系的改革和发展也面临着很多周期性风险问题。

1. 乡村振兴战略中农村金融体制不健全为农村金融市场带来的顺周期性隐患

第一，农村合作金融机构产权结构不合理带来的顺周期性隐患。农村信用社是最主要的农村合作金融机构。随着农村经济的不断发展和农村金融市场竞争程度的增强，农村金融需求的扩大并推动了农村信用社经营规模和范围的扩张。在此情况下，农村信用社合作金融的产权制度产生了质变。一方面，广大社员股民由于股份小且占股分散而无法行使管理权；另一方面，多元化的股权结构和多层次的利益相关者容易导致产权主体虚置。与过去相比，农村信用社的股权结构更为复杂，股份类型增加了集体股、法人股、国家股等。在乡村振兴战略背景下，农村信用社改制的方向必须向商业化运行。因此，农村信用社股份制改造和产权结构的不合理问题必然为农村金融市场带来顺周期性隐患。在经济上涨时,大家都看好产业经济发展的未来,很多投资者都可能积极入股,农村信用社股份制改造和产权结构很快能募集到资金,农村信用社股份制改造都能够顺利进行,产权结构的配置能够做到较为科学合理,农村信用社股份制改造和产权结构都能够为农村经济社会发展提供服务。但是,一旦经济形势不好,农村各种商品滞销,农村信用社股份制改造和产权结构改造就会停止运行,农村信用社股份制改造和产权结构就会失去资金支持,必然导致一些投资者的退股,又会给农村股份制改造以及产权结构的调整带来巨大的风险隐患,这样循环往复,构成了农村产业结构的顺周期性效应。

第二,乡村振兴战略推进中政策性金融支持不足带来的顺周期性隐患。乡村的振兴战略,需要金融的政策支持。但在乡村振兴背景下,农村金融体系中的供应主体(机构)、农村金融服务的现代需求主体(法人)、农村金融风险承担与分散主体(担保、保险)以及农村金融环境(诚信、法治环境)等方面仍然存在严重的生态链问题。乡村振兴战略需要金融机构提供更多、更有效的金融服务,要求全面构建和重建农村的金融供应与需求。但是现有的农村金融机构的设置、服务方向、政策保障等方面存在很大的滞后性,这必然带来农村金融市场的顺周期性风险的隐患。在经济上涨时,大家都看好产业经济发展的未来,但是农村的经济往往发展滞后,于是国家对农村各种政策性金融支持可能会很多一些,国家愿意为农村金融市场提供很多的服务来推进农村经济的发展,以补偿国家在长期发展中对农业的“亏欠”。在经济下行时,整个国家经济都不景气,这时国家往往很重视见效快、利润高的一些支柱产业,大量的政策性金融支持就会投向新兴的科技产业。对农村金融市场的政策支持就会减少,这就会带来农村金融市场发展缓慢,甚至雪上加霜的顺周期性风险,这样循环往复,就构成了农村经济社会发展的顺周期性效应。

第三，乡村振兴战略中农村金融服务体系不健全带来的顺周期性隐患。在乡村振兴战略推进中，一是目前存在农村金融服务手段落后。在一些乡村地区，农村金融的服务手段非常传统和单一，网络信息技术在金融服务中没有发挥应有的作用。二是金融服务体系明显不完善。立志服务“三农”的各类银行金融机构以及非银行金融机构还未形成统一的整体。农村金融网点又比较少，分布不均，金融产品单一。这种农村金融服务体系的不健全必然带来农村经济发展中的顺周期性隐患。在经济上涨时，大家都看好产业经济发展的未来，农村各种金融主体都愿意为农村金融市场服务，利于农村金融市场发展的政策和资源都很多，农村金融市场会快速发展。但经济形势不好或者经济下行时，农村各种金融产品滞销，很多金融资源就会拆出农村市场，农村的金融服务就会减少，投资主体在农村金融市场的投资可能面临收不回来的困境，这样循环往复，就构成了农村经济社会发展的顺周期性效应。

2. 缺乏农村金融风险化解机制给金融市场带来的顺周期性隐患

第一，农村金融机构投入带来的顺周期性隐患。由于金融服务对象和金融消费面临的环境存在差别，我国城乡两个市场的金融风险差别较大。在我国农村，由于农业生产的特点以及各种农业投入的风险没有解决，造成农村金融市场长期以来是高风险低收益的弱质产业，农村金融机构所承受的金融风险非常大。在乡村振兴背景下，我国城乡金融风险程度必然存在不平衡，农村金融体系缺乏风险的化解与分散机制，造成涉农金融机构缺位，“去农化”倾向严重，为农村金融市场带来很大的顺周期性风险隐患。这种情况表现在经济上涨时，大家都看好产业经济发展的未来，农村各种金融主体都愿意为农村金融市场服务，利于农村金融市场发展的政策和资源都很多，农村金融市场各种危机都能化解与分散。但经济形势不好或者经济下行时，农村各方面发展由于缺乏金融支持使各种资源缺少，就会造成各种矛盾增多而得不到化解与分散的困境，这样循环往复，就构成了农村经济社会发展的顺周期性效应。

第二，社会信用支持体系建设滞后带来的顺周期性隐患。信用制度建设是金融体系建设的重要内容。但在我国农村，信用制度建设一直是薄弱环节，这必然影响着农村金融体系的建设。在乡村振兴战略背景下，我国农村金融体系的顺周期性风险隐患：一是政府对农村金融中大量的违约现象不够重视。政府非常重视招商引资，但当地金融机构经营中出现的违约现象时提供解决方案不够重视。二是对农村借款主体信用违约的惩戒力度不大。在我国农村，经济主体法治观念长期都比较淡漠，民间借贷中逃债、废债的信用违约现象大量存在，金融机构对其无能为力，而社会法治对这部分信用违约者也缺乏有力的惩戒措施，致使大量信用违约者不能得到应有的惩处，给社会信用观念带来不良的影响。三是农村信用制度建设面临的难度大。我国农村的信用制度建设一直非常薄弱，个人征信系统覆盖面不宽，信息不对称，违约得不到惩治，这样恶性循环，必然带来农村金融市场的顺周期性隐患。

3. 农村金融供给机制不完善给人们带来的金融消费困境

改革开放以来，我国的农村金融服务体系有很大的变革，但农村金融市场供求不平衡，农村金融服务覆盖面以及供给规模、服务质量不足，[1]这些构成了乡村振兴视野下中国农村金融市场的顺周期性隐患。主要表现在以下几方面：

第一，农村金融服务供给落后给人们带来的金融消费困境。在我国广大农村，农民的基本金融服务需求是金融机构提供给农户的存、结算等基本服务，可是目前这项基本服务在农村很多地方并没有得到满

〔1〕 董晓林、朱敏杰：《农村金融供给侧改革与普惠金融体系建设》，载《南京农业大学学报（社会科学版）》2016年第6期。

足，还存在一定金融空缺，农村金融机构布局偏离农村现象较为严重，基本金融服务落后的现状没有解决。近几年来，新型农村金融机构发展有很大的改变，但金融服务仍然存在布局不合理。据 2017 年《中国农村金融服务报告显示》，截至 2016 年年底，全国仍有很多乡镇存在金融机构空白，很多地区需要普及和组建农村金融服务系统。我国农村虽然正大力构建普惠金融体系，但也仅仅是一个基本的存取款等的金融服务。这种长期的金融消费压抑使很多农民把钱存在城市银行里，长此以往，会造成农村金融机构的资金来源越来越枯竭。同时，农村金融由于资金减少也造成很多农村地区经济发展得不到应有的金融支持。农村金融服务体系的现状为农村金融市场带来了很大的金融风险隐患。

第二，农民投资理财满足度低带来的顺周期性隐患。随着农村金融改革的深入，我国农村金融服务整体呈现持续改善的局面，涉农直接融资和间接融资规模不断增加，农村金融产品和抵押方式创新不断涌现。但在乡村振兴战略中，农村社会对购买基金和国债的需求增大，有的富裕起来的农民对期货市场等农产品价格信号有着强烈需求。但目前我国农村金融市场上，如证券、期货的交换平台严重缺乏，理财产品非常单一，金融消费方式非常传统，影响着农村地区农民金融投资的积极性。于是，大量的非正规金融借贷在农村市场出现，处在经济上行和繁荣阶段时，农民看好未来经济的发展而大量地借贷进行投资，这时经济发展的红利还能让非正规金融借贷如期运转，农村金融消费链不会出太大的问题；但在经济下行时，大量的农村非正规金融借贷进行的投资不能如期收回，这时就会出现"跑路""躲债"等情况，带来了农村金融市场顺周期性风险隐患。

4. 金融资源配置不均衡带来的顺周期性隐患

乡村振兴需要金融支持，但在我国一些农村地区，农村金融资源的配置仍然不均衡，造成农村金融市场借贷成本高、金融资源流向不合理等顺周期性问题。

第一，“普惠金融悖论”带来的顺周期性隐患。乡村振兴战略的推进，必然要求农村金融资源在振兴中能运行均衡。现在的问题一是农村金融市场供需不均衡并没有得到根本改善。呈现金融运行的信息不对称、借贷交易成本过大、缺乏抵押品平台等金融交易缺陷，广大的小微企业、农户很难通过正规渠道获得贷款，“普惠金融悖论”问题仍然突出。[1] 二是广大的小微企业、农户仍然以非正规金融借贷为主、借贷成本高。造成小微企业、农户信息不通，民间借贷成本高、带来还款压力大、企业运行不可持续等。这种情况在经济繁荣时，进行大量的农村借贷投资，非正规借贷能如期还上；经济不好时，前期的大量投资缺乏资金继续投入而停工，乡村社会经济发展面临普遍的债台高筑，金融机构缺乏资金链条而瘫痪，给农村经济社会发展带来顺周期风险隐患。

第二，国家支持农村金融的财政与金融政策带来的顺周期性隐患。农业是国民经济的基础，但农业在我国经济结构中也是弱势产业。这些年，国家财政综合运用对农业的奖励、补贴和税收等优惠政策，引导和鼓励农村金融机构开展多种形式的金融贷款服务，对推动农村经济发展起到了重要的作用。但我们必须指出，支持农村金融的财政与金融政策尚未形成配套体系。国家各级财政和农业发展银行、农业银行、邮政储蓄银行在支持“三农”问题上的政策往往各自为政，在政策和借贷方面缺乏统一配合与制度安排，金融资源浪费在一些地方还很严重。比如，对一些水果基地的扶持、对蔬菜基地的培育、特色农业的支持和对一些农产品市场的规划，由于缺乏统一的规划和实事求是的调查研究，政府大量的资金投入各地都争先上马的项目中而无法收回，带来农

---

〔1〕 陆磊：《新型农村合作金融的回溯与重构》，载《21世纪经济报道》2014年6月30日。

村其他行业由于资金投入不足而陷入金融支持匮乏的困境。这种投资不对称和不精准带来的顺周期性隐患在农村金融市场大量存在。

（二）乡村振兴战略下农村金融体制改革的逆周期监管

1. 完善农村金融服务体制的逆周期监管

农村金融机构的职责就是通过创造适合于农业和农村特点的金融产品，为乡村振兴战略服务。在乡村振兴战略背景下，必须构建多层次、多元化和规范合理的农村金融服务体系，才能为乡村振兴战略中金融市场的顺周期性进行逆周期调节。

第一，进一步强化农村金融的政策性职能。党的十九大指出，要完善农业支持的保障制度。在乡村振兴战略推进下，作为农村政策性金融机构，一是要充分发挥农村金融机构对新农村产业的扶持职能。支持构建乡村振兴战略推进中优势农产品区域化布局和乡村规模化经营的农业生产格局，大力扶植乡村发展中的基础设施建设。二是充分发挥农村金融机构在乡村振兴战略推进中对农业支持的“弥补职能”。对乡村农业生产中社会效益高，而经济效益又相对较低的产业，要给予金融方面的政策性倾斜。三是充分发挥农村金融机构在乡村振兴战略推进中对农业农村现代化投入的“倡导职能”。按照产业兴旺、生态宜居的乡村振兴战略，通过在投放信贷资金，吸引其他资金从事符合乡村发展的农业农村产业政策要求的贷款和投资。四是充分发挥农村金融机构在乡村振兴战略中引导支农资金投向。作为农业政策性金融机构，要按照党的十九大要求，在乡村振兴战略中要为积极构建现代农业产业体系、生产体系和经营体系服务。

第二，进一步加大农村金融机构在乡村振兴战略推进中的支农职能。党的十九大提出了建设现代化的经济体系，而“建设现代化经济体系的核心是推动高质量发展”。在乡村振兴战略推进下，农村金融机构要完善现代金融企业的治理结构，才能保障金融企业高质量地发展。我们要根据乡村振兴和市场化发展的形势要求，从内部经营体系、组织保证以及金融企业发展规划、资金供应等方面对乡村发展提供支农惠农的资金需求，更好地发挥农村金融机构在乡村振兴战略推进中支持农业农村现代化建设的优势。对乡村中为农业农村现代化作用发挥较大的龙头企业还要在资金方面给予更大的扶持，解决乡村振兴战略推进中农业产业化经营对信贷资金的大规模需求问题。

第三，坚持把"三农"服务作为农村金融工作的重心。党的十九大指出，"三农"问题是关系国计民生的根本性问题。近年来，金融机构做了很多努力，在"涉农直接融资和间接融资规模不断增加，农村金融产品和抵押方式创新不断涌现"。[1] 在乡村振兴战略背景下，农村金融机构必须转变观念，把解决"三农"问题作为工作的重中之重，要把支持农业发展，解决农村问题，增加农民收入作为全部工作的出发点和落脚点。农村金融机构要在乡村中支持农业产业化转型升级，在农村资源优势的市场竞争中主导产业的发展。特别是在乡村振兴战略推进中资金要优先支持农业科技成果转化，优先重点支持乡村振兴战略推进中产业规模型、产业特色型和科技附加值高的产业快速发展。为保障乡村中农民的财产权益和扶持壮大集体经济提供金融保障。

第四，健全储蓄银行体制在乡村振兴战略推进中的支农功能。在乡村振兴战略推进中，储蓄银行的特点决定了它在对农业农村现代化的支持方面具有天然的优势。它的支农作用的发挥能增加农村资金来源，盘活农村金融机构资金的存量。在乡村振兴战略背景下，我们要健全储蓄银行体制在乡村振兴战略推进中的支农功能，对内部体制的设

[1] 曹雷：《新时期我国农村金融改革效果评估：基于总体的视角》，载《农业经济问题》2016年第1期。

置、发展规划和各种功能都要改革和完善，发挥它在乡村振兴战略推进中的金融实力和服务水平。

2. 规范和发展新型农村金融服务组织

党的十九大在乡村振兴战略中提出了"要建立健全城乡融合发展的体制机制与政策体系"，规范和发展新型农村金融组织必然是重要任务。

第一，要遵循乡村振兴战略和市场经济规律的要求依法支持各种新兴金融机构的发展。党的十九指出，要培育新型农业经营主体，健全农业社会化服务体系。因此，在乡村振兴战略背景下，我们必须坚持农村金融发展"低门槛，严监管"的原则，大力支持和发展以服务农村地区为主的新型金融服务机构。比如，村镇银行、小额贷款公司、农村资金互助社等，这不仅有利于解决农村金融机构网点覆盖率低、市场竞争不充分以及服务不到位的问题，也是促进乡村振兴战略中形成投资类型多元、治理方式灵活、服务高效的规范的金融服务体系的要求。

第二，要规范和引导乡村非正规金融借贷。改革开放过程中，农村地区的民间借贷非常盛行，在一定程度上成为正规金融运行的补充。在今天的乡村振兴战略推进中，民间借贷不具有放大效应，我们为了振兴乡村经济，光靠堵和打的办法是不行的，我们必须加强规范和引导。一是对已存在的民间金融组织加大金融执法力度，对其进行规范和改造，使其向合作型金融发展。温州、重庆等地在规范和发展非正规金融方面有很多好的经验。在我国广大的农村，规范运行下的民间金融活动对经济的发展是有益的。二是降低农村金融市场的准入门槛，促进农村金融机构的多元化发展。政府积极主动地规范与引导民间金融活动会为农村地区市场经济发展创造很好的条件，也是乡村金融市场创新活力的源泉。三是通过建立存款保险体系来防范和控制风险。党的十九大提出了在乡村振兴战略推进中要支持和鼓励农民创业就业，而规范和引导乡村非正规金融借贷，一定会为金融市场增添新的活力。

3. 构建农村金融风险分担与补偿

农业农村的现代化建设需要国家提供更高的“安全系数”，才能保证乡村振兴战略顺利实施。

第一，信贷体系建设要进一步发挥政府推进与市场监管。一是对用于农业农村现代化建设中的贷款实行财政贴息和呆账分摊方式，为商业银行信贷资金向乡村振兴战略推进中的“三农”领域配置提供政策必需的特殊制度安排。二是国家和政府要经常组织金融机构和农村金融需求方进行对接，强化乡村振兴战略中的政府主导、市场运作和依法监管的信贷体系建设。三是乡村振兴战略推进中要加快建立通过政府扶持、社会多方参与和市场运作的能承担起农业农村现代化建设的信贷担保机制，并且通过政府财政扶持一批专业性的农村信用担保组织，运行市场化的方式设立专门的农村信贷担保基金，在乡村振兴战略推进中积极拓展符合乡村特点的一些担保业务，切实解决“三农”贷款担保难的问题。

第二，鼓励和组织金融机构积极试点抵押“标的”创新。我国农村地区发展滞后，很多地方农民还不是很富裕。随着农业农村现代化建设的推进，政府要采取因地制宜和灵活多样的原则，探索符合农村实际的抵押“标的”创新这一问题。一是政府要建立农村支农贷款与保险相结合的金融机制。在乡村振兴战略推进中，要引导建立由农民、农村经济组织自愿出资形成的非营利性的互助保险组织，政府要规范并加强监管。对农业农村现代化建设中的政策性农业保险和商业性涉农保险以及互助性保险和一般性商业保险差别化管理，有效分散乡村振兴战略推进中农业保险的经营风险所带来的负担。二是要在乡村建立和组建农业风险投资公司或者农业投资基金。通过这些公司与基金来支持一些乡村科技含量较高的农业项目投资。三是积极探索社会多方合作联合担保的机制。在农村金融体系改革过程中，要积极创新和探索新的担保方式。要探索农业生产经营中的农民、专业合作社、银行与农资供应商以及龙头企业等相关利益者组成的贷款担保链，在乡村振兴战略推进中形成生产经营利益共享、贷款风险各自分散共担体制机制。同时政府部门还要积极建立健全抵押担保物品的评估、管理和处置机制，根据乡村的特点扩大农村有效担保物范围。四是乡村振兴战略推进中要授信贷款机制创新，建立新型担保链。随着我国农业农村现代化建设的进行，农村产业集群必然出现向大户集中的现象。这时，由乡村中由大户带领一般农户实现农业农村现代化、产业化的趋势已成必然。经济的发展客观上要求金融机构必须在授信方式上改革创新，社会经济生活中会出现由经济大户牵头向商业银行贷款，而散户又向经济大户承贷的局面。乡村社会的竞争与发展会形成产业大户化、金融借贷与担保业主化、产贷一体化、筹资方式社会化和运行机制市场化的规范的借贷新机制。

第三，建立土地流转经营权质押贷款制度。随着我国农业农村现代化建设的进行，抵押担保在农村地区大量存在并成为最具增值潜力的各种生产要素的金融化方式，它会带来农村社会财富和金融资金量的倍增。因此要研究和探索扩大农村各类物品的抵押制度。随着农村地区土地流转制度改革和创新，一些农村地区推行了“住房换宅基地”试点方案和开办“宅基地置换贷款”等金融业务。同时，结合乡村振兴战略推进中土地承包权可以出租、入股的流转政策，开办土地承包权抵押贷款势在必行。乡村地区集体林权制度改革，开办林权抵押贷款以及开办农民专业合作社贷款等政策措施的推行，会为乡村振兴战略提供持续的金融动力。

4. 建立规范和科学的农村金融市场的资金回流

在乡村振兴战略推进中，对农村合作金融机构实行免缴或减缴存款准备金政策，使其有更多的资金投入"三农"之中，这应该是党的十九大精神中对"三农"支持的重要指向。一是在乡村振兴战略推进中要进一步扩大现行小额贷款额度，以满足农民生产规模扩大的需求。农村金融机构要根据乡村地区的实际和农民生产经营的要求，扩大贷款用途，满足农村金融机构支农资金需求。二是在乡村振兴战略推进中农村金融机构要灵活发挥利率杠杆作用。在乡村振兴战略推进中，为了很好地服务"三农"，调动支农积极性，金融机构在投向农业贷款的时候应降低利率，尽量减轻农民负担。三是在乡村振兴战略推进中要建立农村金融资金内流循环机制。明确规定县域内农村金融机构在新吸收存款，并主要用于县域内发放贷款；明确规定支持农村经济发展贷款的比例，建立农村资金良性循环机制。四是在乡村振兴战略推进中为了提高使用效益，农村金融机构要把分散使用的支农资金相对集中和统一使用。五是在乡村振兴战略推进中建立科学的激励机制。对在乡村振兴战略推进中在农村地区为"三农"服务并设立分支机构的商业银行给予税收减免、补偿损失等优惠政策，对商业银行新增存款投放乡村并为"三农"服务的给予财政补贴等鼓励措施。六是乡村振兴战略推进中实行差异化监管方式。对商业银行在"农户小额贷款、新型农业经营主体贷款、农业种养殖贷款、大宗农产品保险等政策性金融业务，运用差异化的金融监管方式"，激励金融机构积极投入乡村振兴战略中去。

5. 把农业保险制度创新作为农村金融逆周期监管的重要抓手

党的十九大指出，完善农业支持保护制度。农业农村现代化建设的实践证明，农业保险制度在乡村振兴战略中意义重大。一是要建立全市农业巨灾保险基金。在我国广大乡村地区，自然灾害频繁发生，影响着新农村建设。因此，在乡村振兴战略推进中，要积极发展和建立灾害频繁的专项巨灾保险制度，加快建立政策性农业保险基金。二是大力推进商业保险制度。在乡村振兴战略推进中，要充分利用和发挥商业保险公司资源优势，通过政府一定的财政补贴和货币信贷以及税收减免等国家政策扶持，引导和促进各类商业保险公司到农村地区设立机构和开展业务，开发适合乡村振兴需求的保险产品为“三农”服务。三是在乡村振兴战略推进中积极组建农业担保公司。要根据农业农村现代化建设的特点，逐步建立以国家政策性的保险公司为主，以市场商业性保险公司为辅的，多种形式的并且能可持续发展的农业保险担保模式。四是在乡村振兴战略推进中健全农业再保险市场体系。国外农业再保险市场比较发达，我国正在探索之中。在今天的乡村振兴战略推进中，农业再保险市场可以采取政府财政补贴、税收优惠等经济措施，鼓励各种商业性保险公司在“三农”服务中提供再保险金融支持。

6. 要以产权制度改革促进农村金融改革来缓释农村金融的顺周期性

在市场经济运行中，金融市场的活跃离不开交易，权属清晰是产权交易的前提。从我国农村的实际来讲，长期存在产权的权属即确权困难问题，给我国农村的改革与发展带来很多的难题。近年来，国家在推进“三农”过程中，为了深化农村金融制度创新，引导农村土地经营权有序流转这一农村经济发展中的重要问题，党的十九大提出了要深化农村集体产权制度改革，保障农民的财产权益，这就为规范和发展农村金融运行中土地等的权属问题、农村产权性质和流转问题的解决指明了方向。因此，在今天乡村振兴战略推进过程中，农村产权流转市场的放开和活跃将给农村金融市场发展带来新的发展契机。一是要优化农村金融产权结构，培育多元化农村金融产权；二是要以产权制度改革来推动和促进农村金融体制改革，[1]这是乡村振兴战略推进中利用金融体制改革来缓释农村金融运行顺周期性的一个重要任务。

7. 以供给侧改革为重点来缓释农村金融运行的顺周期性

党的十九大提出了在建设现代化经济体系中要深化供给侧结构改革的任务。在乡村振兴战略背景下，农村金融体制改革必须围绕农业供给侧结构性改革来缓释农村金融的顺周期性。一是要加大农村地区信贷投入力度，鼓励金融机构向农村地区辐射。商业银行在农村地区要开设很多的网点、积极下沉网点，这是农村金融供给侧改革的方向。二是金融体制的供给侧改革要以改善农村地区信贷支持结构为重点。在乡村振兴战略推进中，农村土地承包经营权流转和农房用地制度改革正在进行；怎么建立农村产权登记制度、评估制度、抵押制度、交易制度和流转制度等金融配套体系；怎么推进"两权"抵押贷款问题以及怎么来积极支持农村基础设施建设和农业科技发展；怎么创新农业金融供应链；怎么来构建涵盖农业农村现代化建设过程中全流程的融资服务体系，这些都给农村金融的供给侧改革提出了新的要求。三是农村金融体制改革要以农业供给侧改革的成效建立奖惩机制。"供给侧改革的实质是通过对供给端的结构性调整实现资源优化配置与解放生产力。"[2]在乡村振兴战略中，对于一些金融机构借贷投放力度大、借贷中风险管控效果好、机构设置下沉网点多的并且服务于实体经济好的金融机构，要给予资金奖励和税收减免等方式鼓励，反之，则给予处罚。农业供给侧结构性改革是农村金融体系创新的重要指向，因此，我们一定要加大农村金融体系的改革，建立适合农

---

[1] 张宁宁：《"新常态"下农村金融制度创新：关键问题与路径选择》，载《农业经济问题》2016 年第 6 期。

[2] 董晓林、朱敏杰：《农村金融供给侧改革与普惠金融体系建设》，载《南京农业大学学报（社会科学版）》2016 年第 6 期。

村供给结构的制度体系，才能缓释农村金融的顺周期性。

二、农村非正规金融借贷的顺周期性与地方政府逆周期监管研究

党的十九大报告把防范化解重大风险作为全面建成小康社会的三大攻坚战之首。同时，党的十九大报告把乡村振兴战略作为未来中国发展的重要工程，而对农村非正规金融的顺周期性风险进行逆周期监管，正是乡村振兴战略的重要内容。

大量学者对金融借贷的顺周期性进行了研究。最初的研究集中在银行信贷的顺周期性。次贷危机爆发后，对顺周期性的研究拓展到非银行金融借贷。目前，对银行业、保险业、证券业、基金业等金融行业的顺周期性形成了较为成熟的研究范式。然而，我们认为，现有文献尚存以下三点薄弱之处：一是对于正规金融借贷的顺周期性较为关注，尤其是对正规金融借贷中参与主体行为、监管制度、业务模式等方面的顺周期性和影响机制的研究较为深入，却鲜有针对非正规金融借贷顺周期性原理的研究。二是对主要服务于城市居民乃至大中型企业的金融借贷模式的顺周期性考察较多，而对正规金融缺位的农村金融借贷顺周期性研究较少，忽略了农村金融服务分散化、规模小、周期长、监控难、风险大等特殊属性。三是就缓解顺周期性的逆周期监管措施缺少对地方和区域金融监管体系中问题讨论，更没有对农村振兴中非金融借贷顺周期性的监管问题进行研究。

由于中国一些农村地区经济发展较为落后。所以，党的十九大指出了乡村振兴战略。在乡村振兴战略中，金融对农村实体经济的支持非常重要，但农村非正规金融借贷恰恰是乡村振兴的薄弱环节。一些学者在研究中发现，非正规金融借贷在农村中是资金融通的主要方式，占了农村金融借贷的80%以上。中国人民银行的一项研究报告指出，

当前中国民间借贷资金存量超过2.4万亿元，占借贷市场比重达到5.6%。[1] 2013年由西南财经大学发布的农村金融信贷报告指出，有近50%的农村家庭参与民间借贷。近年来很多学者的研究也进一步证明了农村非正规金融借贷对于提高金融体系运行效率、支持我国民营经济发展以及民间融资需求起到了积极作用。[2] 同时，随着金融服务供给主体的多元化和业务模式的混合化，农村非正规金融借贷由过去正规金融的“补位者”角色正逐渐变成“资金逐利者”，在金融借贷活动中同样具有顺周期性。在经济繁荣时期，农村居民借贷活动活跃，推动农村非正规金融借贷规模非理性放大；而在经济萧条时期，民间借贷链条断裂、流动性紧张，最终导致农村金融借贷的顺周期性危机。自2011年以来，在浙江、山东、江苏、内蒙古、福建等地相继爆发的民间借贷危机，带来了巨大的社会动荡和恶劣的社会影响。[3] 有鉴于此，本书着重探讨我国农村非正规金融借贷顺周期性的形成机理和传递路径，研究了农村非正规金融借贷顺周期性的监管困境，在此基础上提出了地方政府逆周期监管的措施。

（一）农村非正规金融借贷的顺周期性及形成机理

通过对农村资金借贷市场的调查，我们看到，农村非正规金融借贷这一模式充分利用了农村中的闲置资本，在一定程度上解决了农村经济发展对资金供求的矛盾，激活了农村的金融市场，推动了农村经济的发展。但这一借贷模式如得不到有效监管，它的顺周期性又会将蔓延

---

〔1〕 张健华：《中国民间借贷占比逾5%，借贷资金存量超2.4万亿》，载《东方早报》2011年1月21日。

〔2〕 孙玉奎、冯乾：《我国农村金融发展与农民收入差距关系研究——基于农村正规金融与非正规金融整体的视角》，载《农业技术经济》2014年第11期。

〔3〕 赵勇：《中国民间借贷风险研究——风险表现、成因剖析与对策建议》，载《南方金融》2012年第2期。

至实体经济。因此,认真研究农村振兴中非正规金融借贷的顺周期性特征和它形成的机理具有重要意义。

1. 农村非正规金融借贷的特征与顺周期性

非正规金融是指没有受到官方监管和控制的金融活动。世界银行认为,非正规金融可以被定义为那些没有被中央银行监管当局所控制的金融活动。苏士儒等认为,非正规金融活动在我国农村地区非常普遍,主要包括非正规金融机构提供的间接融资以及个人之间的直接融资。[1] 间接融资中的农村非正规金融中介主要包含合会、钱庄、农业合作基金会等。农村民间直接借贷根据用途分为生产经营借贷、生活消费借贷和非经常借贷。总体而言,农村非正规金融借贷呈现出以下特征:一是参与主体基本上是那些无法从正规金融借贷中得到资金支持转而求助于非正规金融的经济行为人;二是交易对象基本上是正规金融借贷中没有的各类非标准金融工具,具体形态多种多样,甚至在一些地区口头信贷这样的不受法律约束的借贷关系成为主导;三是交易过程中没有固定规范的流程,也没有特定的交易场所,借贷关系大部分在农村地区日常交往中形成;四是农村非正规金融借贷目前没有明确的监管部门,长期处于监管缺位的状态。

作为一种体制外的金融借贷行为,农村非正规金融借贷与实体经济之间存在相互影响、相互制约的关系。张雪春等学者通过对温州地区民间借贷情况的实证研究发现,作为农村非正规金融借贷主体行为受到当地的经济金融情况、宏观经济中货币政策、资产价格的影响。[2] 郭丽虹等学者认为,民间金融依托借贷资金链传递风险,并最终危及实

---

〔1〕 苏士儒等:《农村非正规金融发展与金融体系建设》,载《金融研究》2006 年第 5 期。

〔2〕 张雪春等:《民间借贷利率与民间资本的出路:温州案例》,载《金融研究》2013 年第 3 期。

体经济。[1] 农村非正规金融借贷与实体经济的相互影响为顺周期性效应显提供了天然的土壤，在实践中主要表现为：在农村经济繁荣期，借贷双方对于未来具有良好预期，农村非正规金融的信贷行为急剧扩张，借贷利率持续拉高；在农村经济下行期，实体经济不景气引发的信用风险不断暴露，民间投资和消费行为不断萎缩，农村非正规金融借贷逐渐走向萧条。

2. 农村非正规金融借贷的顺周期性形成机理

探索农村非正规金融借贷的顺周期形成机理是有针对性地进行逆周期监管的前提。当前的研究文献主要从金融借贷内部因素和监管制度安排两个方面对顺周期性的成因进行探讨。由于农村非正规金融借贷中包含较多要素，需要在金融借贷一般性的顺周期性成因的基础上，结合农村非金融借贷这一独特的现象进行研究。我们看到，引发我国农村非正规金融借贷顺周期性的主要成因，如图5所示。

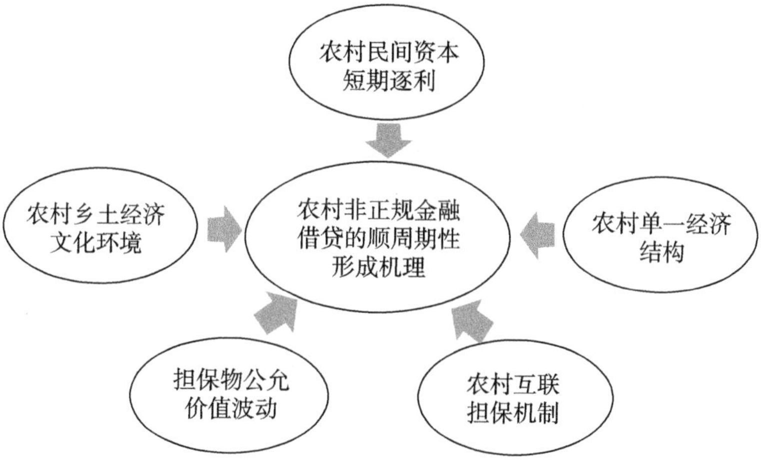

图5　农村非正规金融借贷中顺周期性形成机理

〔1〕 郭丽虹等：《民间金融对实体经济发展的影响研究——来自浙江的证据》，载《区域金融研究》2015年第3期。

第一，农村民间资本短期逐利引发的顺周期性。近年来，在我国一些农村地区，人们对经济发展预期的不确定性加剧了农村非正规金融借贷中资金的短期性投资行为。一些民间投资人逐渐放弃实体生产和长期投资，把资金投向股市、期货、房地产等牟利性较强的项目，甚至参与非法集资、赌博等活动。“避实就虚”的资金流向不仅造成地方产业空心化，并且使资产严重泡沫化。这种行为必将带来民间资本的顺周期性，表现在经济上行时，股票、期货等有价证券呈现非理性上涨态势，民间投资者对于资本市场有过于乐观的预期，为了获取更多收益，农村地区投资者大量从农村非正规金融借贷中融入资金进行投机活动，甚至通过非法集资活动向资金出借者保证高利率，推动借贷利率持续上涨。经济下行时，证券价格的暴跌让农村非正规金融借贷中信用风险频现，借贷行为逐渐萎缩，造成农村实体经济得不到资金投入。

第二，农村单一经济结构引发的顺周期性。我国农村非正规金融借贷基于局部地区社会习惯形成，服务于特定地域。同一地域内的农村地区产业结构总体来说比较单一，当地农村非正规金融借贷主要服务于当地具有代表性的产业的经营活动。这种资金投向的单一性必然造成农村非金融借贷市场成为风险的聚集地，并进一步加重了当地农村非正规金融借贷行为的顺周期性。在产业繁荣时期，同一地域中小企业扩大生产的行为具有一致性，资金需求旺盛，大量“规模小、技术含量低、投资少”的项目应运而生。产业衰退期，一些农村金融借贷由于投向产业单一，再加上主要产业的企业利润率降低甚至出现亏损，很多企业还款能力下降。由于产业结构的局限性，当地又没有其他产业的赢利来支撑金融市场的缺口，这种过于集中与单一的产业结构造成一些农村地区非正规金融借贷的顺周期性。

第三，农村互联担保机制引发的顺周期性。在农村地区，互联担保机制是由农户组成互联担保小组，采取连带责任促使农户之间互相制约、互相监督的一种借贷行为。农村非正规借贷通过这种方式降低了信息不对称,实现了风险的分散。然而,从一些农村地区互联担保机制运行的实践来看,这种机制同样引发了金融借贷的顺周期风险。当国家经济繁荣期,旺盛的市场需求促使农户融入资金提升生产能力,在此背景下农户组成担保小组融入资金,农民也愿意将资金投入金融的借贷市场中,这时非正规金融信贷规模得以提升。在这些农户融入资金扩大生产并取得较好收益后,更多农户选择加入互联担保小组。这时金融担保圈和金融市场资金集聚与扩张,推动着借贷规模进一步扩大并使借贷行为集聚着顺周期风险。当经济进入下行阶段时,过剩的供给必然引发商品价格降低,商品的竞争带来利润的下降,经营状况的恶化引发金融市场违约事件的上升。由于互联担保小组内各农户之间具有连带机制,小组内其他成员具有代偿的义务。这种过重的连带责任会加重互联担保小组其他成员的负担,受利益驱动,这一行为必然引发其他成员从互联担保小组自发性退出,最终导致农村非正规金融借贷顺周期风险的发生。

第四,农村担保物公允价值变动引发的顺周期性。在担保借贷中,担保品价值决定借贷规模。目前,农村非正规金融机构在审批担保贷款时主要依靠担保物的公允价值来决定贷款数额。尽管公允价值准则将同期市场价格作为担保物的估值,能够反映市场形势变动下资产价值增减。但由于农村地区非正规金融借贷行为的逐利趋势带来的不确定性,公允价值会计准则必然会放大资产价格的波动性。经济繁荣时期,按照公允价值计量的担保物价值上升,利息也更高,可借贷额度必然会大幅增加引发过度授信。这时,农村非正规金融借贷规模会迅速放大;经济萧条时期,市场主体可借贷款的额度必然会随着自身担保物价格下跌而减少,形成“价格下跌—资产减计—信贷萎缩—流动性短缺—价格继续下跌”的恶性循环,农村非正规金融借贷的顺周期性造成了实体经济的恶化。

第五,农村乡土经济文化环境引发的顺周期性。农村非正规金融借贷是农村中基于地缘、亲缘、血缘存在的一种金融借贷行为。我国农村是一个崇尚传统道德和习俗的熟人社会,人们的信用不是对契约的重视,而是对熟人的信任与认知。我国农村地区的乡土社会关系不仅是农村非正规金融借贷存在的社会基础,更是农村地区非正规金融借贷产生顺周期风险的催化剂。由于农村借贷主要依靠熟人关系而形成、依托亲缘约束进行风控,资金供应方仅仅依靠人情关系对借款方进行评价,缺乏对资金投向和借款人还款能力的科学认识。在经济繁荣时期,农村借款人能够依靠亲缘关系融入更多资金,并在缺乏有效监督和跟踪的情况下使用资金,造成借贷规模非理性放大;而在经济衰退期,借贷违约事件大量出现,由于农村非正规金融借贷主要对违约者采取暴力伤害、社区排斥等制度外惩罚,这些方式将造成民众恐慌,进一步引发信用危机和社会问题。

(二)农村非正规金融借贷顺周期性传导路径

对金融借贷与实体经济之间的正反馈机制的研究解释了金融借贷顺周期性对于实体经济周期的强化作用。我们发现,农村非正规金融借贷的内部缺少风险控制机制,外部缺乏监管和引导。因此,如果没有负反馈机制对顺周期性进行抑制,必然造成正反馈机制占据主导地位。从传导机制上看,一方面,作为在农村地区广泛存在的一种金融模式,农村非正规金融借贷资金必然游离出正规金融借贷制度而独立运行并缺乏监管。在此背景下,顺周期风险通过农村非正规金融借贷中各种形式的借贷关系进行相互传导,直接影响实体经济的发展。另一方面,近年来随着农村民间借贷市场的升温,银行信贷资金通过各类监管之外的渠道进入农村非正规金融借贷中,使农村非正规金融借贷的顺周期性传导至商业银行体系，最终放大整个金融借贷的顺周期性，从而间接导致农村金融体系中的顺周期性发生。

1. 农村非正规金融借贷顺周期性向实体经济的直接传导机制

在我国一些农村地区，中小企业和普通民众很难从正规金融信贷中获得投融资贷款，于是，农村非正规金融借贷就应运而生。当前，直接融资和间接融资在农村非正规金融借贷中并存。一是从直接融资来看，直接融资的借贷行为是基于农村经济、社会环境自发形成的资金“体外循环”系统，其资金用途涵盖了农村生产、生活和消费的各个方面。近年来，农村地区生产力的进一步解放促使农村借贷的主要类型由“生活型”转向“生产型”。支持生产经营活动的借贷往往被投入专业化的农业生产或助推农村中小企业的发展，在经济繁荣期起到了增加农民收入和推进农村经济结构调整的作用。但由于农村地区产业基本立足当地资源，产品同质化严重，市场供需不确定性因素较多，生产经营风险较大。苏士儒等学者认为，农户和中小企业在经营中常常会遭受到各种意外的损失，从而无法按时还款并引发系统性风险。[1] 特别是过渡的非正规金融借贷还会造成利率偏高，必将对实体经济产生很大的负面作用。二是从间接融资来讲，随着农村经济的发展，“银背”、“会”、钱庄等非正规金融中介组织也逐渐产生，地方小额贷款公司也大量涌现，形成了农村非正规金融借贷向着组织化、连续化和专业化方向发展。并且这些中介机构常常游离于银行监管体系之外，地方金融办只能进行粗放式管理，呈现出“不登记管理、不出事不管、不被告不管”的“三不管”状态。在农村非正规金融借贷中，一些金融机构通过设立资金池实现信用创造，在经济繁荣时期可以不加限制地采用高杠杆放大金融信用规模，而在经济下行期常常在财务风险集中爆发

[1] 苏士儒等：《农村非正规金融发展与金融体系建设》，载《金融研究》2006 年第 5 期。

的情况下破产、跑路，引发系统性风险。因此，农村非正规金融借贷中的顺周期性向实体经济直接传导机制为：经济繁荣时期借贷规模扩大，经济下行期出现集体违约—农村非正规金融借贷顺周期性—实体经济的顺周期性。

2. 农村非正规金融借贷顺周期性通过银行体系影响实体经济的间接传导机制

近年来农村非正规金融借贷的发展不仅吸引了各类非正规金融机构的参与，银行借贷资金也开始变相涉入农村借贷领域。李富有、孙晨辉认为，目前存在银行信贷资金变相流入民间借贷市场的情况，在此过程中具有寻租行为。[1] 我们通过对当前农村非正规金融借贷市场的研究也看到：一是在世界经济遭遇危机、农村地区传统产业失去竞争优势、央行收紧银根等多重因素的推动下，一些融资能力较强的企业抓住当前中小企业和农户融资渠道匮乏，民间借贷利率持续攀升的时机，将实体企业异化为融资平台，把银行贷款转投到农村非正规金融借贷中进行借贷活动，用“以钱炒钱”的方法获取高额利息从而助推了顺周期性的发生。二是在高额利息诱惑以及旺盛资金需求的推动下，小贷公司、担保公司、财务公司等金融中介大量介入农村非正规金融借贷。2010 年我国实行银根紧缩政策以来，民间借贷更趋活跃，催生了更多的地下钱庄、担保公司。当时温州有 1000 多家民间金融机构，只有 46 家是经主管部门审批的融资性担保公司。[2] 通过虚构项目获取银行贷款后再高息转贷给农村中小企业和农户，对借贷规模的扩张和民间借贷利息的攀升起了推波助澜的顺周期性效应。三是部分银行员工与

---

〔1〕 李富有、孙晨辉：《银行信贷资金变相流入民间借贷市场的影响效应——基于存在寻租行为的分析》，载《西安交通大学学报（社会科学版）》2013 年第 3 期。

〔2〕 陈周锡：《民间借贷崩盘　温州老板：出来混迟早是要还的》，载《经济观察报》2011 年 10 月 10 日。

民间放贷者勾结，利用手中的信贷审核权力进行寻租行为，利用自身渠道低成本放出贷款或大量发出信用卡并通过刷卡进行放贷。银行信贷资金介入农村非正规金融借贷，导致在市场繁荣时期，市场保持乐观预期，银行对流动性风险的估计降低，可贷资金增加，通过银行流入农村非正规金融借贷的资金规模持续放大。在经济下行期，一旦资金使用者出现财务危机或无力偿还转贷者时，商业银行的贷款也面临无法回收的风险，导致银行不良贷款率的提升，引发流动性风险，并最终影响实体经济发展并带来顺周期性。因此，农村非正规金融借贷顺周期性通过银行体系影响实体经济的间接传导机制可以简单概括为：经济繁荣时期借贷规模扩大，经济下行期出现集体违约—农村非正规金融借贷顺周期性—银行体系的顺周期性—实体经济的顺周期风险。

综上所述，农村非正规金融借贷中顺周期性通过直接和间接两种主要机制传递至实体经济。这两种不同的传导机制并不是独立的，由于各传导机制之间存在一些共同的节点，这些共享节点使各种传导机制形成了相互联系、相互影响的金融网络，各节点之间具有纷繁复杂的连接关系，推动了顺周期风险在农村非正规金融借贷中各参与主体之间的传递和扩散，如图 6 所示。

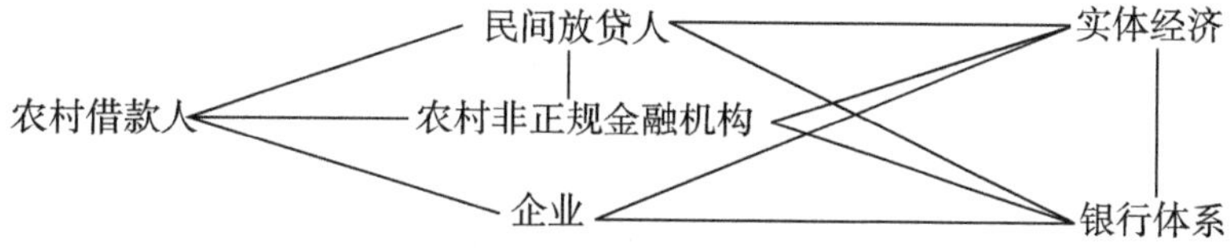

图 6　农村非正规金融借贷中顺周期性传导网络

（三）农村非正规金融借贷顺周期性在监管上存在的困境

党的十九大报告针对我国金融体制发展和改革的现状，提出了要增强金融服务实体经济能力，促进多层次资本市场健康发展的要求。

但在我国农村地区,非正规金融借贷的顺周期性在监管上存在多种困境。

1. 政府监管机构缺位带来的农村非正规金融借贷监管难

我国金融的发展与体制的变革滞后于经济的快速发展,也带来了非正规金融借贷在监管体制上的缺位。一是我国金融监管还定位于“一行两会”的正规金融体制,而大量的非正规金融借贷却无人监管。这种多头而垂直的金融管理体制,不适应我国经济与金融改革发展的要求。随着社会的变革和经济的发展,迫切需要创立适应多种金融借贷模式的金融监管体系。二是金融系统的高度垄断性以及我国中小银行发展不足为农村非正规金融借贷带来了制度性困境。一方面,农村地区中小企业和投融资者需要资金而没有金融制度的支持;另一方面,大量的民间资本无处投资而闲置。目前这种监管体制的困境表现在:注重对正规金融机构监管,忽略对非正规金融的监管;注重对银行信贷的严格配置,而国家过分限制了中小民营银行的准入;注重对银行存贷利率的控制,而国家忽略市场对资金与利息的调节。这种金融体制监管的滞后,给农村金融发展带来了压抑,也必然催生非正规金融的昌盛并带来顺周期性。三是政府各职能监管机构职责不明。政府对金融行为的监管必须有明确的治理目标,而目前一些地方政府部门对农村非正规金融的监管往往带有明确的部门性,目标不明确,利益难以协调,监管机构不作为,从而带来金融运行的混乱。四是量大面广难规范。我国农村很多私人金融中介,如小额贷款公司、担保公司、典当行、地下钱庄等都是合伙经营,投机性强,业务泛滥又没有科学规范。受管理水平和人员素质的限制,经不起政策风险和市场波动,常常引发金融借贷资金动荡和市场风险。

2. 农村借贷环境关系复杂带来的监管难

农村非正规金融借贷情况非常复杂,在现实中很难监管。一是参与借贷人数众多，人际关系复杂。很多借贷多为亲缘、情缘关系，缺乏实际担保物的"人情贷"，使监管难。二是在农村金融借贷中，有的以牟利为目的，先采取套取银行的信贷资金，再到农村地区高利放贷，常常出现诈骗、洗钱、逃债等行为，造成大量金融借贷风险集聚，纠纷不断。三是很多农村居民风险意识不强。在农村地区，很多民众被非正规金融借贷带来的高利息诱惑而忘记了风险，往往轻信传言，在没有任何抵押的情况下把钱借出去，一旦风险来临只能束手无策。四是农村非正规金融借贷在投向上往往远离实体经济。比如，从温州民间借贷的情况来讲，非正规借贷年规模达 1100 亿元左右，只有 35% 用于一般性生产经营，[1]这种让资金远离实体经济，必然增加投资的风险，最终引发金融借贷市场动荡，带来顺周期风险。

3. 农村非正规金融借贷的互联网化带来的监管难

互联网金融带来了金融业新的革命。与传统社会金融借贷方式不同，互联网技术飞速发展引发了金融业内部结构调整与运载方式的变革，使互联网金融成为农村非正规金融借贷的一种新的实现模式。目前互联网金融的发展已经出现脱离实体经济运行基础，出现以纯技术创新虚拟金融需求去创造金融产品的趋势。在我国一些农村，以互联网为支撑的运行平台在支付方式和融资模式上的创新，成为农村非正规金融借贷的主要模式。它为农村非正规金融借贷行为带来方便快捷的同时，也对目前的金融监管提出了严峻的挑战。由于互联网金融高度依赖和借助互联网的载体来创新服务模式与支付手段，网络技术的便利性与进入门槛较低，而非正规金融借贷参与主体广泛而从属关系不强，金融借贷又跨越了行业和领域的限制，必然加速农村金融市场的振荡与波动，使非正规金融借贷的风险变得更难控制，同时也加速了它

---

[1] 林乃鹏：《加大对中小企业的信贷资金倾斜》，载《温州日报》2011 年 9 月 30 日。

的顺周期风险。

4. 农村法律法规的不完善带来的非正规借贷的监管难

目前我国银保监会也推出了增设新型农村中振兴金融机构的计划，但是这些机构存在明显监管不到位：一是监管的“规定”与“意见”多，法律效力低。[1] 银监会自2007年以来，相继颁布了《农村资金互助社管理暂行规定》等地方金融改革的系列文件，但是大多为暂行的部门规章，法律效力较低。二是缺乏对农村非正规金融单独的立法。我国现有行政法规和规章很多都是针对一般金融业来讲的，《民法典》与《最高人民法院关于审理民间借贷案件适用法律若干问题的规定》除了对金融借贷问题作了一些简单的规定与司法解释以外，其他一些金融法律只是从民法的角度作出了一些说明，均不涉及农村非正规金融借贷的问题，造成国家在法律上对非正规金融的主体、客体及其法律关系缺乏制度规范，民间借贷的监管更无章可循。三是对农村非正规金融监管主体不明确。我国《非法金融机构和非法金融业务活动取缔办法》规定，人民银行享有民间金融的监管权，但2006年出台的《银行业监督管理法》明确将民间金融的监管权赋予银监会，这导致监管主体发生重叠，[2] 人民银行和银保监会如何进行协调与配合，到目前为止相应的法律法规没有作出明确的规定。四是金融借贷权限不明确。《民法典》合同编明确规定合法的民间借贷行为受法律保护。最高人民法院也在有关司法解释中确认了非正规金融借贷利息在不高于银行同期贷款利率4倍的范围内，意思真实表示的行为受法律保护。[3] 但

---

[1] 唐峻：《论我国农村金融监管制度的改革与完善》，载《上海金融》2010年第6期。

[2] 吴伟萍、吴杰：《我国民间借贷风险管理问题研究——以浙江省台州为例》，载《经济纵横》2010年第8期。

[3] 王运慧：《我国农村非正规金融的法律规制与对策思考》，载《金融理论与实践》2010年第8期。

在《非法金融机构和非法金融业务活动取缔办法》中,就可能变成非法金融业务活动,并将承担被罚款的行政法责任。由于法律的不完善,农村非正规金融的顺周期风险必然带来监管难。

(四)农村非正规金融借贷顺周期性的逆周期监管路径

通过使用逆周期工具构建负反馈机制来缓释金融借贷顺周期性是国际社会的共识。逆周期监管要求监管部门在经济上行期"未雨绸缪",对不断积累的金融风险做好缓冲准备,以减缓经济下行期金融风险的突然释放带来的不利影响。而近年来快速发展的农村非正规金融借贷主要在县域农村地区进行,具有很强的地域性,长期处于中央金融监管体系之外,这对我国地方金融监管提出了新的课题。2018 年中央经济工作会议指出:打好防范化解重大风险攻坚战,重点是防控金融风险。要做到防范金融风险,就必须完善监管协调机制,有的放矢地运用逆周期工具,从而缓解农村非正规金融借贷的顺周期性。

1. 深化地方金融体制改革,构建多层次金融服务体系

我国金融监管的实践证明,正规金融机构完全不能满足农村地区经济发展的资金需求,必然带来农村地区的"金融压抑"。这种"金融压抑"又促使农村非正规金融借贷产生并发展壮大,使顺周期效应在农村非正规金融借贷中不断凸显。为此,要解决农村非正规金融借贷的风险问题,必须深化地方金融机构改革,构建多层次金融服务体系。一是发挥地方政府在金融监管中的作用。地方政府应该是地方金融监管的主体,应发挥地方金融监管机构在金融监管中的作用和优势,积极探索地方金融监管的新的形式和新的方法。二是必须构建多层次的金融服务体系。我国金融服务体系仍过于单一,大的银行在地方尤其是基层的服务范围过于宽泛,地方金融服务需求尤其基层金融服务无法得到满足,使最基层的农村地区发展受到限制。因此,建立多层次的金

融服务体系刻不容缓。温州市是国务院批准的金融综合改革试验区，这些年来，对原有金融组织体系、服务体系、资本市场体系和金融监管体系进行了大胆的改革，使农村的金融借贷得到很好的发展与监管。同时还积极发展多层次资本市场，创新地方建设项目融资方式，利用PPP方式引导社会资本参与基础设施建设和高新企业发展做出了很多尝试。在贷款服务、小额担保贷款以及经营权质押贷款等服务方面进行了大胆的探索。三是金融机构的服务要面向中小企业和实体经济。由于很多中小企业不能在正规金融机构融资，所以它们只有在民间高息揽储，这给企业和个人都带来极大的风险。党的十九大和2018年中央经济工作会都明确指出了要增强金融服务于实体经济的能力问题。因此，农村振兴战略中就要解决实体经济发展中一些中小企业融资渠道的问题。四是要创办资产托管公司。进一步放松金融市场准入管制，鼓励和支持民营资本设立中小金融机构，把民间的一些闲散资金集中起来由专门的资产公司托管，这样既可以发挥资金的效益，又可以让农民有稳定的收益。

2. 引导民间资本投向，减少短期投机行为

农村非正规金融借贷中资本的短期投资行为是引发顺周期性的重要因素。要解决这一问题，作为地方政府来讲，必须引导民间资本投向，减少短期投机行为。一是要为非正规金融投资创造条件。政府的一些基础设施建设需要资金，国家可以以债券的形式融资民间闲置资金进行长期投资。如温州首创“地方发、地方用、地方还”的“幸福股份”和“蓝海股份”发债模式，募集资金43亿元投入轨道交通、海涂围垦等项目，[1]这样让民间资金利率安全稳定。二是进行企业股份制改制。地方政府在金融改革中要注重为民间资本寻找恰当出路，避免过

---

[1] 《金融综合改革亮成效　推出温州金改15项“首创”》，载温州网，2016年7月25日。

度投机引发的金融风险，一些地方可以根据农村经济社会发展需要进行企业股份制改制，这样可以从民间吸收资金入股，但是要加强金融监管，减少非正规金融借贷的顺周期性。三是要积极探索成立地方民营银行。这样可以让民资进入银行业和让民资更好地服务中小微企业，这些举措为民间资本提供了风险可控、效益可期的投向，减缓了投机行为带来的顺周期性，使金融的压抑得到解放。

3. 完善法律监管，推动农村金融借贷从乡土关系到契约规范

推进地方金融监管创新，完善地方法律法规的制定是地方政府探索解决农村非正规金融借贷顺周期性的一个重要举措。一是加强金融监管的科学立法。农村非正规金融借贷能够产生，说到底就是相关法律不完善带来的。地方政府要推动完善相关法律法规，修订《贷款通则》和尽早出台《放贷人条例》，明确农村非正规金融借贷的法律权利与法律规范。二是在金融监管方面要严格执法。金融监管部门应切实担负起金融监管职责，加强对农村非正规金融借贷的监控与执法，规范民间借贷行为，维护借贷双方的合法权益，并坚决打击金融犯罪行为。三是加强非正规金融借贷的监管。加强农村地区非正规金融借贷的监管，是防止农村地区非正规金融借贷行为顺周期性的重要手段。温州市发布民间融资地方性法规——《温州市民间融资管理条例》，并开出全国首个民间融资执法行政罚单。同时，温州市还开发民间金融组织非现场监管系统，对 12 类近 2000 家民间金融组织（市场主体）开展非现场监管，共通报小贷公司违规行为 2 起，这些经验值得推广。四是对民众进行非正规金融借贷行为法律意识教育。加强对民众的金融与法律知识宣传教育，增强金融风险意识和风险识别能力，使社会公众清醒认识到高收益潜藏的高风险，自觉抵制高息借贷和非法金融活动。

4. 建立监测体系，创造良好的农村金融生态环境

建立金融监测体系，就是要对金融的运行进行规范监管。农村非

正规金融借贷的健康运行，建立科学的金融监测体系刻不容缓。要按照地方政府对金融监管的要求，以深化金融体制改革为契机，以保障金融运行安全有效为目的，以提高金融借贷监测为重点，建立科学的农村非正规金融借贷监测体系。一是在遵循国家对地方金融监管的前提下科学地编制监测目标与监测计划，根据本地区经济与金融发展的实际情况确定人员、经费等机构建设标准。二是坚持金融监管统筹兼顾、机构合理配置、监测分级管理和按照金融监测职能与监测工作任务要求高效运转的原则，强化金融监测机构建设。三是建立健全各级金融监测体系。地方政府要协调监管手段，提升监管效率。对国内外金融运行的监测资料、各类指数、指标进行收集、核实、评价、反馈和上报，进行综合分析与规范管理。要实现对民间融资利率的全面监测，引导民间融资利率市场化。并且要高度关注金融借贷中的突发事件，要加强对金融借贷运行的监测，及时掌握农村非正规金融借贷活动的风险状况，对积累的风险进行预警，实时排查金融借贷中的突发风险事件，及时掌握农村非正规金融借贷活动的发展状况，有效降低农村非正规金融借贷顺周期风险。

5. 大力构建社会信用体系，切实改善投融资环境

信用是市场经济的基石，也是现代金融的核心。从这些年农村金融运行的情况来讲，征信体系建设是解决农村非正规金融借贷顺周期性风险的一项重要措施。一是必须高度重视征集体系建设。征信体系建设是金融运行的重要前提，要深入开展诚信光荣、失信可耻的宣传教育。二是要探索建立增信长效体系。包括完善的社会诚信文化体系、社会信用服务体系、信用法律体系、从业人员诚信监管体系和行业诚信自律规则等。三是要开展“惩戒失信”专项行动。对诚信者要大力表彰，对不守诚信者，要在多方面进行惩治。在金融监管中，要设置人民银行征信监管中心，实现政府、法院、社会、金融机构等信息系统共享互

动,对失信对象分批次在媒体上进行公开曝光,公安也将失信对象列入打击范围。四是为诚信企业创造宽松的投融资环境。对符合国家产业政策、经营管理水平高、产品市场前景好、还本付息能力强的民营中小企业加大信贷支持力度。

总之,农村非正规金融借贷的顺周期性与地方政府逆周期监管问题是我国农村振兴中金融监管的重要课题。我们相信,随着我国乡村振兴战略的推进和金融制度的改革发展,农村非正规金融借贷的顺周期性一定会得到很好的监管。

第五章

互联网金融带来的顺周期性与逆周期监管研究

摘要：互联网金融是网络时代金融业的重大创新，它的运行具有重要价值。互联网金融的出现带来了新的金融业态，也为金融创新带来了战略机遇。但互联网金融在经济的顺周期性效应下蕴藏着巨大的风险，为了保证金融的健康运行，必须进行逆周期监管。怎样来建立互联网金融的市场化监管和逆周期监管是互联网时代金融业发展的重要问题。该文研究了互联网时代的金融业出现的新业态问题，剖析了互联网背景下金融业呈现的顺周期性，揭示了互联网金融在监管中存在的问题；同时，"互联网+"带来了产业的大融合，"互联网+金融"带来了产业融合的新业态。我们要认真研究这一产业融合的主要模式和价值效应，既要看到它在产业融合中面临困难与"瓶颈"，又要对"互联网+金融"这一产业融合的新业态进行科学规划、政策扶持和法律监管。课题研究了互联网金融在顺周期性效应下的运行风险及其特点，分析了缓释互联网金融顺周期性风险在逆周期监管方面的具体措施。

关键词：互联网金融；产业融合模式；新业态属性；顺周期性效应与风险；逆周期监管

一、互联网金融的新业态属性呈现的顺周期性与逆周期监管

引言：科技革命带来新的业态

"互联网+"对应的是一个新经济时代的到来，它被认为是带领金融创新的重要引擎。李克强总理在2015年《政府工作报告》中提出：

"促进电子商务、工业互联网和互联网金融健康发展。"[1]"互联网+金融"就是我们讲的互联网金融。因此,互联网金融产生和发展是时代的产物。党的十八届五中全会在《国民经济和社会发展第十三个五年规划的建议》中指出,加快金融体制改革,规范发展互联网金融。

在"互联网+"的时代,由于互联网络对金融业的推动,互联网金融得到不断的创新并带来融资模式新的革命。通过对金融机构资金融通和支付、管理等运行的分析,认为现代信息技术与金融业的深度融合正衍生着新的金融革命,塑造着世界金融的新业态。[2]互联网金融方便、快捷和程序标准化的操作流程,利用云计算和大数据处理、探索和融通业务,通过网络载体能自行完成金融产品及信息的探索、甄别、选择、匹配、定价、交易和支付清算,但也蕴藏着巨大的风险。[3]

互联网金融在本质上仍然是金融,并且互联网还会增加它运行中的各种风险。金融的顺周期性是指金融机构在运行中的各种数据会随着经济周期的变化而变化,经济向好时数据呈现扩张趋势,经济下行时呈现收缩趋势。从互联网金融的顺周期性效应讲。互联网金融体系是一个复杂的网络融资系统,是基于多种金融因素和网络技术所形成的金融交易政策、金融监管方式与金融运行载体。互联网金融运行的顺周期性效应是指互联网金融在金融交易运行中的一种相互加强的趋势以及正向反馈机理。处在顺周期正效应时,经济预期向好与稳定,这一趋势会使一些互联网金融参与者加大投资而又出现顺周期性风险;处在顺周期负效应时,经济就会下行,社会各种投资就会紧缩,经济运行风险就大,监管者就会减少拨备计提来进行调节。互联网金融的顺周期性效应使它在金融系统运行中可以放大繁荣和加剧萧条,推动经济

---

[1] 李克强:《2015 年政府工作报告》,载人民网,2015 年 3 月 5 日。
[2] 罗明雄:《互联网金融六大模式解析》,载《高科技与产业化》2014 年第 3 期。
[3] 郭太磊:《互联网金融就这 6 种模式!》,载《青年文学家》2016 年第 1 期。

周期的波动性与不确定性。在现实中，互联网金融的顺周期性效应可以推动、影响或加速金融体系的不稳定状况，给金融体系带来振荡和顺周期性风险。

（一）互联网金融的新业态特征

互联网技术和金融的结合就是互联网金融。它是互联网快速发展与大数据、云计算、社交网络搜索引擎等互联网技术在金融业的创新和应用的必然结果。互联网金融与传统金融相比，它的革命性质创新着它的本质，使它在构架上和运行方式上呈现出新的产业特征和新的发展态势。蓬勃发展的互联网金融是以“互联网技术＋金融”业所形成的运营模式，它既不属于虚拟经济，也不属于实体经济，是虚拟经济和实体经济在新兴技术条件下的结合而产生形成的新产业体，属于新业态。互联网金融的新业态属性可以从这几方面加以界定：

第一，互联网金融具有新业态的新技术特性。新业态的产生和形成都有新的技术支撑。“互联网＋”是社会业态转换的核心动力，它代表一种新的经济形态和新的经济变革，充分发挥互联网在各个产业中的优化和集成作用，能提升社会经济的创新能力和生产能力。在这样一个将“互联网和移动互联网变成了基础设施，所有的企业都必须是互联网企业”[1]的时代，互联网把传统的金融业进行升级改造，让它形成了新的金融运营模式和金融行业态势。我们发现，互联网的独特优势会使社会产业发展中需要高成本才能实现发展的条件，能够在瞬间高效完成和实现。新的技术变革催生着金融业新的业态，传统金融行业却感受到了巨大压力。银行、基金、券商等机构也开始调整战略，吸

〔1〕 刘泉江：《产业＋互联网＋金融　互联网金融模式由轻转重》，载中国金融新闻网，2014年8月28日。

收互联网技术。它一方面将传统业务的运营嫁接到互联网、移动互联网上;另一方面又基于互联网、移动互联网本身的特质,创新设计新的金融服务功能和业务种类,以适应全新的金融业态。互联网在金融产业融合后形成的互联网金融,它的效力在未来金融世界必然具有远大的发展空间,以互联网这一新兴技术为动力所推动的金融产业,它代表着未来社会新兴的产业形态。

第二,互联网金融具有新业态的新运行模式特性。新业态的产生和形成一定具有新的运行模式。互联网金融产生于网络时代,是建立在社会最具发展潜力的网络技术为支撑基础上又结合金融产业发展而形成的新的运行模式。这种新模式既有别于传统金融业这种虚拟经济,又和传统的实体经济相去甚远。比如,由技术变革催生金融企业的平台战略的出现,它对银行的组织机构、营销方式和产品带来革命性变化。平台作为一种新的运行模式,本质上是一个资源整合体,通过有效的设施、机制去聚集和匹配之前被区隔的两个或更多的资源体。同时平台通过建立更好的协同、交易机制,如让供需双方更容易达成交易或者彼此更容易地进行交流和分享,从而让参与各方都受益。金融业的平台战略模式是指连接两个(或更多)特定群体,为他们提供互动机制,满足所有群体的需求,并巧妙地从中盈利的商业模式。而这样的平台通过互联网的免费模式、贴补的规则,而实现共赢的目标,从而形成一个良好的生态。

第三,互联网金融具有新业态的新经济特性。新业态必然呈现出新的经济产业属性。互联网金融是传统金融行业与互联网精神相结合的新兴经济领域。互联网金融凸显了网络时代金融业的发展方向,即金融业由虚拟经济向新业态和新经济产业转换与发展的特征。阿里巴巴总裁马云表示:"互联网不是个虚拟经济,它是新经济。新经济就是把虚拟经济和实体经济完美结合。"[1]这一完美结合所形成的互联网金融的运行模式就是具有新经济属性的新业态。

第四,互联网金融具有新业态的新服务方式特性。个性化服务应该是网络时代行业发展的新态势。"互联网+"与金融的结合,它克服了传统金融在运行方式上的压抑和桎梏,金融活力得到释放。在互联网金融的运行平台上,各类个性化的需求被不断地挖掘和激发,让金融行业的发展出现新态势。从服务范围来讲,它不仅能服务各类大型企业,更能够为中小微企业服务;从服务社会群体来讲,它不仅能为社会团体服务,也能为个人服务;从行业融合来讲,它能创造适合公共与大众的产品,在任何一个行业并且能和任何金融产品进行交易。可以说,互联网金融找到了从虚拟经济向实体经济结合中的个性服务链条与结合点。互联网与金融的融合产生的新业态,增强了金融产业互融互通的本质属性。

第五,互联网金融具有新业态的开放性特性。开放性是新经济时代的重要属性。互联网络本身是一个社区,它需要向社会提供公共性产品,它的外在性和社交性决定了它必然具有开放性。一是互联网金融的性质决定了它的开放性。互联网金融从性质来讲,它是互联网与金融业的融合体,必然也是开放性的经济形态。二是从互联网金融的运行模式和服务对象上讲,互联网金融需要对社会的各类群体以及虚拟社区进行开放性服务。三是互联网金融的社会信用和社会形象来讲,互联网金融就是信用金融,它需要社会从业人员公开守则和公开的诚信交易。四是从互联网金融的健康运行来讲,需要互联网行业协会的公开自律以及社会法律的公开监管与约束规范。互联网金融的开放性属性铸就了它新的业态。

[1] 马云:《互联网不是虚拟经济而是新经济》,载网经社,2013年2月17日。

第六,互联网金融具有新业态的自我创新特性。在新技术条件下,自我创新是新业态的重要特征。互联网金融内部结构的调节和转换,代表的是以互联网为核心的新技术革命对传统金融模式的创新。这种创新一方面表现为互联网技术替代了银行和客户之间面对面交流与交易关系,另一方面表现了互联网金融根据社会的发展而不断创新和转换内部结构与经营模式来满足社会需求。这些年,互联网金融在战略模式和服务品类上进行不断创新,如创造了"众筹融资、虚拟货币、搜索引擎、互联网金融门户、产业互联网金融、征信平台、金融大数据等"[1]多种交易和融资形式,在储蓄、借贷、支付、结算、理财等方面的创新和在整个金融机构、金融业务以及金融产品等方面的革命性转换。互联网金融在内部结构创新后所呈现的新业态属性,反映了它新经济业态适应社会发展的本质特征。

(二)互联网金融这一新业态在创新中面临的顺周期性

加强互联网金融的监管是网络时代发展创新金融业的必然要求。以互联网支付、P2P、网络借贷、余额宝、众筹等为代表的互联网金融的发展,是金融模式、金融理念、金融运行方法的创新。无论欢迎还是不欢迎,他必将在中国金融发展创新的舞台上一展雄姿。[2] 但也必须要看到,互联网金融在创新发展中也存在很多顺周期性问题需要解决。正视这些问题,积极地探索逆周期监管的办法,才能保证金融业的健康发展。

1. 互联网金融在创新中面临着金融体制的责难与顺周期性风险

我国金融业曾经历了多元化经营的发展阶段,进入 21 世纪后,

---

〔1〕 刘泉江:《产业 + 互联网 + 金融 互联网金融模式由轻转重》,载中国金融新闻网,2014 年 8 月 28 日。

〔2〕 曹凤岐:《互联网金融代表了金融创新的方向》,载《企业改革与管理》2014 年第 6 期。

“一行三会”的分业监管体制最终形成。党的十九大以后，这种监管体制变为“一行两会”。随着互联网金融的快速发展，这种金融监管体系还是存在很多的顺周期性问题需要解决。

第一，我国金融市场体系内部发展不均衡影响着互联网金融的发展。在金融机构中，现有银行体系是高度集中，很多银行没有设立为中小企业提供融资服务的机构。互联网金融的诞生打破了这一“瓶颈”，渴望融资的数千万家小微企业和创业民众通过互联网金融这一平台融到资金，解决了一些中小企业的燃眉之急。但在缺乏监管的情况下，很多中小微企业只能面向民间融资，导致过桥贷款、委托贷款、违规理财等影子银行业务活跃。因而造成很多地方在互联网平台上非法集资并屡禁不绝，带来地下钱庄和社会民间的高利贷在互联网平台盛行这一顺周期性风险。

第二，金融管理体制与政策上存在分业经营和混业经营的矛盾制约着互联网金融的发展。我国传统金融业严格遵循的是“分业经营、分业监管”体制，并将这一体制以法律条文的形式体现在《证券法》和《商业银行法》中。互联网金融的发展必然要求实施混业经营模式和业务多样化战略。但互联网金融时代混业经营又带来了监管难，监管成本高和监管法律法规难以制定的矛盾，这些矛盾和问题可能带来互联网金融的顺周期性问题。

第三，金融监管部门多制约着互联网金融的发展。目前我国金融行业在业务范围与业务主体方面有不同的监管部门。以银行为主的传统金融机构在网络平台上的业务由银保监会监管，网络平台上的第三方支付机构由中国人民银行监管，网络平台上的其他一些金融信贷业务则依赖于当地的执法部门监管。

第四，资金的第三方存管制度缺失。这种现象的存在必然带来监管的失控与混乱，特别是在目前互联网金融运行中，由于第三方存管制度不完善，造成投资者的资金大量沉淀在网络平台账户里，在外部监管不严的情况下，资金被挪用甚至携款跑路的顺周期性风险在所难免。

2. 互联网金融在运行中面临着信用和技术危机带来的顺周期性风险

互联网金融这种运行与管理模式以及推出的一些新的产品还面临着一些技术管理难题与信用危机的顺周期风险。

第一，互联网金融这种消费模式存在信用危机。目前一些人还不能完全接受互联网金融这种消费模式。由于长期的消费习惯和消费理念等问题的影响，人们更容易接受传统银行那种面对面的交易方式。随着互联网金融时代的到来，“客户可以通过第三方支付平台，尤其是移动支付平台，直接进行支付交易。这种支付方式简捷方便，输入交易账号和密码即可，而无须通过银行的分支网络……一些第三方支付平台公司也逐渐涉及保险、代售基金、信托等业务”。[1] 它既改变了人们传统的消费习惯，又给人们带来了很大的方便。但现在很多人，特别是年纪比较大一点的人，由于网络知识和消费习惯的影响，往往是不习惯新的金融交易方式。有的甚至还对这种新的金融运行方式采取怀疑和不信任的态度，造成互联网金融的运行中的一些顺周期性问题。经济向好时，人们大量贷款的消费还能还上；经济下行时，人们还款压力大而收入低必然带来消费的降低。这种循环必然带来经济发展的顺周期性。

第二，互联网信息技术和信用体系建设仍不完善。一是互联网金融发展的基础是计算机网络通讯、软硬件系统以及信用体系建设。我国的信息技术发展非常快，但在一些地方，有的计算机网络通讯的交易

〔1〕 邱兆祥、刘正：《互联网金融推动银行业深化改革》，载中国金融新闻网，2014 年 9 月 29 日。

系统还存在密钥管理和加密技术不完善、TCP/IP 协议安全性较差等问题，有的还时常遭受计算机病毒和电脑黑客的攻击，有的还存在技术解决方案与客户终端软件的兼容性不佳等问题，这些都威胁着整个金融体系的安全。[1]二是互联网金融融资模式不规范，征信体系不完备，存在非法集资风险等。必须看到，我国互联网金融缺乏完备的征信体系，无法形成有效的惩戒机制。[2]由于民间互联网金融平台无法接入人民银行征信系统，其本身对借款人真正的信用水平、贷款用途和偿还能力缺乏有效的资质审查，容易导致信贷坏账率高，债务追偿困难等问题。经济向好时，这些技术、信用和监管方面的问题还不突出，经济下行时，人们还款压力大，互联网金融运行中的技术、信用和监管方面的问题必然凸显，这种循环必然带来互联网金融发展的顺周期性。因此，我国互联网金融在发展过程中存在的这些顺周期性风险，也给我国互联网金融的发展提出了管理与创新的更高要求。

3. 互联网金融与传统金融机构的不匹配带来的风险问题

互联网金融与传统银行之间既有业务的竞争，也有合作联盟的关系。互联网金融与传统的金融机构相比，在管理服务方面则占据较大优势。互联网金融模式依靠云计算、大数据等技术系统，了解每一个客户的消费和投融资需求，增强了用户体验，提高了客户的受尊重程度。这种方便快捷的交易模式迎合了当下快节奏、高效率的生活方式。[3]而传统的以商业银行为主体的金融机构有网点、有熟练的金融人才，有比较稳定的客户群，与新到来的互联网金融相比也有自己的一些优势。因此，怎么把传统金融业与互联网金融结合起来，发挥各自的优势非常

〔1〕 王明国：《我国互联网金融发展的现状与问题》，载《银行家》2015 年第 5 期。

〔2〕 田晓剑：《互联网金融亟待强化法制监管》，载第一物流网，2014 年 12 月 19 日。

〔3〕 邱兆祥、刘正：《互联网金融推动银行业深化改革》，载中国金融新闻网，2014 年 9 月 29 日。

重要。应该看到,在当前的背景下,传统的金融业与互联网金融还缺乏一个有机的链条来衔接,造成了互联网金融与传统金融业各自的运行都面临很多尴尬与困难。这两种金融体系的不匹配必然带来金融运行中的风险问题。

4. 互联网金融在监管上的立法相对滞后带来的风险问题

互联网金融给人们带来了很大的方便,但规范我国网络金融业发展的相关法律却滞后,这给我国互联网金融业带来极大的顺周期性风险。一是缺乏网络交易与责任认定相关的法律。目前,网络平台上金融产品的交易虽然都有相关协议和规范,出现问题则通过仲裁解决。但由于缺乏相关的法律法规,问题出现后涉及的责任认定、承担、仲裁结果的执行等复杂的法律关系现在还往往难以解决。二是网络金融业务中电子凭证、数字签名的相关法律不完善。当前网络金融业务的最大法律缺陷是电子凭证、数字签名作为支付指令的法律依据。"《新合同法》中虽然承认了电子合同的法律效力,却没有解决数字签名问题。虽然中国银行在网上章程上规定'数字签名是银行为客户履行支付的唯一依据',但并未以法律条文形式明确列出,尚属过渡性措施。"[1]三是缺乏对互联网金融交易中技术标准、资金监管、信用管理、个人信息保护以及业务主体资质论证等的相关法律。一旦出现互联网金融平台破产倒闭和网络借贷诈骗等案件,互联网金融平台和参与者的权利都难以得到法律的有效保护。总之,我国的银行法、证券法和保险法等法律规章制度都是基于传统金融而制定,还没有针对互联网金融业进行专门立法。造成我国互联网金融各种业务的开展缺乏法律的规制,这不仅会造成交易主体之间的权利与义务不明确,也会最终导致金融市

[1] 纪玉山、王倩:《我国网络金融发展中存在的问题及对策研究》,载《经济纵横》2002 年第 6 期。

场出现风险问题。

（三）加强对互联网金融新业态属性的逆周期监管

互联网金融的快速发展，也需要创新与监管的与时俱进，尽快制定全面而规范的监管细则，以维护互联网金融的健康发展。《关于促进互联网金融健康发展的指导意见》指出："互联网金融本质仍属于金融，没有改变金融风险隐蔽性、传染性、广泛性和突发性的特点。"加强互联网金融监管，是促进互联网金融健康发展的内在要求。因此，我们应该积极的态度，包括在管理措施上为其创造良好的发展环境，保障互联网金融健康的发展。

1. 政府要加大对互联网金融创新服务的监管

在"互联网 + "的背景下，金融企业的发展需要政府的支持与严格规范和管理，特别是互联网金融的创新服务，政府必须对它进行逆周期监管。

第一，政府要对互联网金融的众创平台进行全方位规划和支持。互联网金融的众创平台的运行和发展离不开政府的支持。一是要优化金融业的产业结构，提升产业层次，转变发展方式。二是政府要加快互联网金融产业集群建设。要结合当地实际，合理规划金融产业与金融产品，促进互联网金融产业的科学布局。三是政府要加大互联网金融企业创新与发展的资金扶持力度。要建立扶持互联网金融中小企业发展专项资金和实行一些减税政策，拓宽互联网金融企业融资渠道。四是完善互联网金融信用担保体系。规范和加快互联网金融企业的信用担保机构的发展，抓紧完善对互联网金融企业信用担保的激励和风险补偿办法。五是政府要大力推进行政审批制度改革。从金融、财税、科技、教育等多方面入手，为互联网金融这一新业态的发展营造良好环境和制定相关的政策措施。

第二,政府要大力推进互联网金融服务体系建设。一是政府要简化办事流程,切实减轻互联网金融企业负担。在办理各类电子公章、一站式服务、集群注册、三证联办以及年检、更换证照等环节时,要简化程序,杜绝不合理收费。二是建立互联网金融企业服务中心,抓紧培育互联网金融核心骨干服务机构,动员和整合社会资源,为互联网金融企业发展提供服务,形成功能健全的互联网金融企业社会化服务体系。三是建议中国银行牵头建立一个中国网络支付平台,即"中国网联"。它与中国银联并存,为线上支付提供网上对接的公司。让所有商业银行的网上业务只对接网联公司的接口,让网联公司去对接所有第三方支付机构,改变现在银行要与几十家甚至上百家支付机构去对接网关的现象,按公司化、市场化去运作。

2. 互联网金融业的创新需要建立市场化的行业约束和法律监管

互联网金融的健康发展,不仅需要创新,还需要监管和自律。为引导互联网金融企业切实履行企业社会责任,建立互联网金融行业协会对于行业整体的发展和风险控制有着重要的意义。

第一,规范互联网金融业务模式。一是要制定互联网金融行业规范。政府部门不仅要出台有关管理办法,还应推动建立相关的互联网金融行业协会,制定行业规则,规范和引导互联网金融平台的健康发展。二是建立互联网金融的主体规范措施。要针对互联网金融的运营要求、建立从业人员资格、经营规范和风险担保以及信贷担保等制度,对网络贷款平台上债权的流转和拆分进行有效监督。三是建立互联网金融行业风控制度。即在风险防范、信息披露、消费者权益保护等方面建立制度规范和行业自律标准。

第二,健全互联网金融的行业监管模式。其一,根据不同特点建立多种监管模式。不同模式有不同的风险特征,需要不同的风险监控。因此,互联网金融必须设立多种监管标准和监管模式。比如,P2P 作为新兴金融业态,在运行中也是有风险的。目前经济下行的大环境、P2P仍处于快速膨胀阶段且国内的信用环境相对较弱,所以,必须设立多种监管标准和建立监管模式,对 P2P 平台安全与否进行预警。其二,提高其抵御风险的能力和盈利能力。一是要研究 P2P 平台背景,包括创始人及团队的金融行业从业背景。二是同时要研究 P2P 平台是否获得过大型机构和风险资本投资。三是要对 P2P 平台的业绩、成交额、用户数量、平台透明度、平台的杠杆设置等进行分析研究。四是要建立起 P2P 平台风控体系。要有效辨识风险,通过征信体系既可以有效地降低风控成本,要强化反垄断和资本无序扩张。互联网金融要强化自身建设,防范系统性风险,规范融资模式,完善征信体系。2020 年 11 月 3 日,上交所发布关于暂缓蚂蚁科技集团股份有限公司科创板上市的决定。监管层此举体现了资本市场新的监管方向:对于上市制度的维护没有例外、没有特殊化,任何企业都要在制度的约束下行事。12 月 16 日召开的中央经济工作会议进一步强调,要健全金融机构治理,促进资本市场健康发展。要强化反垄断和防止资本无序扩张。这充分表明,为了防范金融创新可能引发的风险而强化监管,这是必须的,也是监管层的使命。五是要坚决抵制线上非法集资等行为,加强信息共享,强化监测并建立严格的问责机制。

3. 完善互联网金融逆周期的监管体制和法律法规

金融本质是资金的互融互通,金融的核心是风险管理与监控。要消除互联网金融这一新业态的顺周期性,就要明确互联网金融监管的职责分工,落实监管责任。

第一,完善互联网金融企业的逆周期监管机制。一是要完善分类分层的逆周期监管机制。互联网金融企业有多种多样,类型复杂多变,必须结合实际建立分类分层监管机制。国家要建立统一监管和分层分类型监管机制。具体包括:要明确各个部门的监管责任和监管范围,建立灵活的互联网金融风险监测和预警机制。二是建立互联网金融企业资质认证的逆周期监管机制。建议实行牌照制度,强化市场准入标准。加强对互联网金融从业主体的资质审查,推行从业者的牌照制度,对于无资质、无牌照的违规经营主体进行依法取缔和处罚。三是建立互联网金融业创新的逆周期监管机制。互联网金融企业作为一种新的业态,它的运行机制、服务模式和发展态势都是全新的,出现顺周期性风险在所难免。所以,在金融运行的实践中,需要对这一创新模式建立一种与之适应的逆周期监管机制。

第二,加强互联网金融的逆周期监管立法。我国互联网金融迅猛地发展,要从我国的实际出发,尽快制定互联网金融的监管法律,为互联网金融市场治理提供法律依据:一是加强互联网金融监管的立法。要根据我国互联网金融发展的特点,制定适合网络时代金融业发展的法律法规,并且出台金融业发展的管理办法,对互联网金融企业的性质、地位、经营范围做出法律规定。二是加强互联网金融系统性风险监管的制度设计。要建立互联网金融业务准入标准和退出机制,并对现有的互联网金融平台进行清理,要完善与规范融资模式和征信制度。三是要对互联网金融产品在宣传、美化和风险披露方面进行立法,加强对互联网金融产品运行的规范与逆周期监管来防范它的顺周期性。

互联网金融的出现必将颠覆传统金融机构的运行方式、盈利模式和服务模式。互联网金融代表了金融改革和创新的方向,它的创新和发展是中国金融业的时代课题。同时,互联网金融的发展和创新也面临很多顺周期性风险,因此,必须加以逆周期监管。

二、“互联网+金融”:产业融合的模式与逆周期监管

“互联网+”不仅是中国经济转型的重要引擎,还被认为是实现中

国未来产业融合、升级和带领金融业创新的重要动力。我们在重视“互联网 + 金融”创新所带来的产业融合这一战略机遇的同时，要认真研究“互联网 + 金融”带来的产业融合新模式，揭示这一产业模式在发展中面临的顺周期性问题，积极探索和规范“互联网 + 金融”这一产业融合模式，提出创新和发展“互联网 + 金融”这一产业融合新业态的逆周期监管的政策建议。

（一）“互联网 + 金融”带来的产业融合的新模式

融合的理念最早由美国学者罗森伯格提出来的。他在 1963 年发表的《1840 – 1910（美国）机械设备业技术变迁》一文中，仔细疏理了美国机械设备业从 19 世纪中期到 20 世纪初的演进过程；他把这个由于通用技术在无关或相关产业中长期应用和发展而导致一种生产完全不同和独立产品的产业产生的形成过程叫作技术融合。[1] 产业融合（Industrial Convergence），指的是在经济全球化、高新技术迅速发展的大背景下产业提高生产率和竞争力的一种发展模式和产业组织形式，它是产业内在发展规律在实践中的具体体现。[2] 它是指社会不同产业或社会同一产业内部不同行业在竞争与合作中相互渗透、相互整合、相互资源配置，最终使多个产业融合为一体，并通过重构逐步形成新产业的动态发展过程。在信息社会，互联网带来了新技术，尤其是云计算和大数据技术的重大突破，促进了现代社会产业的大重组，如图 7 所示。

---

〔1〕 梁怡：《产业融合研究：边界模糊化和经济服务化》，载新浪财经网，2007 年 7 月 30 日。

〔2〕 梁怡：《产业融合研究：边界模糊化和经济服务化》，载新浪财经网，2007 年 7 月 30 日。

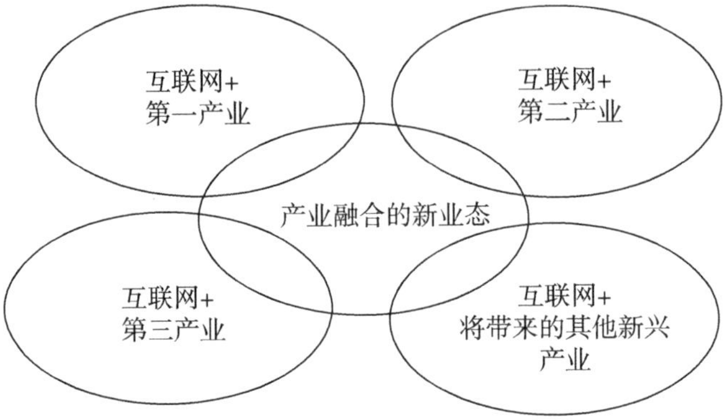

图7 “互联网+”带来的产业融合模式

在“互联网+”时代，产业融合进入了快速发展期。从产业融合的模式看，可分为产业渗透型融合、产业延伸与交叉型融合、产业重组与整合型融合。

第一，“互联网+金融”带来了渗透型产业融合模式。“互联网+金融”带来渗透型产业融合模式主要表现在：一是指互联网与金融行业的资源通过双向渗透，丰富着各自产业的特性与内涵。这种双向交叉与渗透模式既能消除互联网与金融行业原有产业的缺陷，又能发挥各自产业的优势。目前，由于这种产业融合模式在广度和深度方面都处于较低水平，不会在本质上改变业态原有的运作模式，也不会在融合中产生新业态。在“互联网+金融”的背景下，这种模式的具体运行是：互联网产业管理中“将把金融服务纳入自己的服务范围”以及金融行业管理中“将把传统业务进行网络化”的发展模式。比如，互联网企业结合金融行业的具体特点开展的以电子签名和网络交易等为主的业务，既扩大了互联网行业的业务范围，又适用于金融行业的产品和服务模式，这种产业渗透型的融合使多种产业获得收益。这一产业融合模式综合了互联网广人缘和金融服务专业化优势，为企业的发展和个人投融资与支付等提供了非常快捷的专业服务。[1] 这种融合带来的价值对企业和个人都是非常有益的。二是金融企业将现有业务管理流程放在互联网上进行办理,衍生出互联网银行、证券、保险、基金等服务模式,提升客户体验和服务质量。在“互联网 + 金融”的产业融合中,这种渗透型融合既包括金融行业对互联网行业的渗透,也包括互联网行业对金融行业的渗透,两种渗透方向并不孤立存在,而是相互促进、相互依存。

第二,“互联网 + 金融”带来了延伸与交叉型产业融合模式。“互联网 + 金融”带来的延伸与交叉型融合模式。一是能实现互联网产业与金融产业之间的功能互补、产业延伸与交叉。“互联网 + 金融”这种延伸与交叉型融合模式能在原有产业边界上附加新的模式,形成了新的金融产业链条与新的金融产业需求。由于利益的驱动,原有的金融产业目标客户主要集中在大企业等高净值客户身上,缺乏对中小微型企业的服务。在“互联网 + 金融”的产业融合过程中,由于金融产业向互联网的产业延伸,原先处于金融产业市场边缘的中小微型企业以及个体金融消费者通过互联网平等、开放以及普惠的精神得到了灵活服务。互联网金融新业态特别是 P2P 网络贷款的兴起,拓展了金融借贷方式的广度和深度,在“大众创新、万众创业”的背景下股权众筹的出现更降低了草根创业的门槛。这种以互联网技术为核心的平台为金融产业创新了新的功能和内涵。二是这种延伸与交叉型融合模式在产业融合中能形成新业态。如产业结构中第一产业、第二产业和第三产业依托“互联网 + ”带来的企业模式与技术创新,在相互依存和交叉运用中发展、延伸和渗透。同时,第三产业中服务业,如金融、法律和管理培

[1] 李真、施佳欢:《互联网金融走进新时代　发展创新正当其时》,载新浪财经网,2014 年 1 月 30 日。

训等服务方式在“互联网 + ”的背景下向着第一产业、第二产业中的延伸、发展以及服务模式的创新，由此带来新的企业模式和新的产业模式的融合。

第三，“互联网 + 金融”带来了重组型产业融合模式。在产业融合体系中，“互联网 + 金融”带来了重组型产业融合模式。一是打造出了产业融合新业态。互联网和金融两个产业在核心领域进行对接和整合中，通过新产业的融合而推出新产品和新的服务种类，使这种产业融合的行业最终蝶变成新业态。“互联网 + 金融”中的重组型融合体现在互联网企业和金融企业通过战略合作，整合互联网企业的金融信息服务能力与网络的技术平台以及金融企业的行业资质、经营牌照、流通渠道等资源，联合开发出新的产品和服务模式。比如，“余额宝”以支付宝以及天弘基金的各种资源为平台和纽带，打造了互联网理财这一新业态中最为成功的案例。“这种模式一方面令传统金融业务电子化、信息化、在线化、便捷化，同时也带来了金融机构、金融业务、金融产品的扩容和创新。”[1]二是打造了不同行业与企业的命运共同体。在这种重构型产业融合过程中，互联网企业和金融企业的资源实现了紧密对接，风险共担、收益共享，形成了不同行业与企业之间的命运共同体。这为我国的传统银行业和其他新兴金融行业的创新发展以及转型升级提供了新的动力。三是打造了新的业务流程与产业模式。互联网络与金融的重构在同一产业内部、不同行业结构和不同业务主体之间进行，并通过互联网络与金融产业内部重组与创新而产生新的网络产品或服务模式，形成产品的生产、销售和服务等电子商务一体化的业务流程与产业模式。我们看到，在“互联网 + 金融”视野

[1] 李真、施佳欢：《互联网金融走进新时代　发展创新正当其时》，载新浪财经网，2014 年 1 月 30 日。

下，传统银行业的运作模式、资产结构、服务方向、产品选择、监管方式和平台建设都会迎来革命性的变革，将注入新的产业融合中，如图8所示。

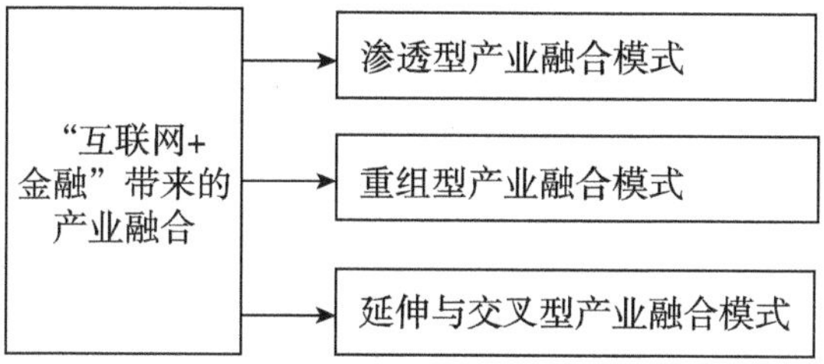

图8　"互联网＋金融"带来的产业融合模式

（二）"互联网＋金融"带来产业融合的创新价值效应分析

"互联网＋金融"，即互联网金融是传统金融机构与互联网企业利用互联网技术和信息通信技术实现资金融通、支付、投资和信息中介服务的新型金融业务模式。互联网金融从功能和范围上来讲，主要包括：一是在线支付；二是借贷，如小额信贷、供应链金融、P2P借贷和众筹；三是投资和风险管理产品的销售，如货币市场基金和保险；四是企业和个人信用风险评估。互联网金融的主要业态包括互联网支付、网络借贷、股权众筹融资、互联网基金销售、互联网保险、互联网信托和互联网消费金融等，在产业融合中具有很好的价值效应。

第一，"互联网＋金融"带来了对产业融合的创新性与区域优化效应。一是从产业融合的创新性优化效应来讲，"互联网＋金融"的创新促进了传统金融产业的变革与创新，催生出的新技术与新产业的融合，并改造着传统的金融产业部门和传统金融产业的组织架构与金融服务方式，从而拉动金融产业的结构升级和服务体制的创新。如互联网技术与数字技术等相继融入传统金融产业部门，使传统金融产业得到技术创新、产品创新和体制创新，使过去压抑的金融产业在产业大融合中呈现新的业态。二是从产业融合的区域和行业优化效应来讲,社会各产业的有机融合有助于推动区域和行业一体化的快速发展。“互联网 + 金融”的有机融合与创新,通过互联网技术的特性,必将打破传统金融产业的技术边界、业务边界、行业边界、市场边界以及运作模式等边界规则,实现金融产业的大融合。

第二,“互联网 + 金融”带来了对产业融合竞争性结构和组织性结构上的优化效应。一是从产业融合的竞争性结构效应来讲,“互联网 + 金融”的创新,能大大促使金融企业组织结构在市场竞争与合作关系中趋于合理化。在金融产业融合过程中,原先固定化的业务边界与新兴形成的市场边界在金融产业部门相互交叉与渗透,能促进金融新产品的开发与新的金融服务的创新。一些新的金融主体进入和开辟着新的金融产业市场,增强了金融行业的竞争性和金融市场结构的调整与创新,有利于金融资源的合理配置。二是从产业融合的组织性结构效应来讲,“互联网 + 金融”不仅带来了金融企业组织之间在产权形式与产权结构方面的重大变革与融合,而且还将引发金融行业组织内部各部门的创新与融合。“互联网 + 金融”带来的产业融合对市场行为的影响和冲击,还将集中体现在金融企业的组织调整和组织策略的战略层面上。虽然传统的银行业仍然是“互联网 + 金融”背景下的主导产业,但它的组织架构和服务模式必然要适应互联网金融发展的革命性要求,它必须借助互联网技术向智能化互联网金融业的新模式转型。三是从金融产业的购并战略来讲,产业融合将金融企业购并战略选择,从简单到复杂、从纵横一体化战略购并向进入混合一体化战略购并的推进与演变;经营业务的组织架构也将从分业经营逐渐向混业经营设立,监管模式也将从分业监管向混业监管方向创新。

第三,“互联网 + 金融”带来了对产业融合竞争性能力和消费性能力上的优化效应。“互联网 + 金融”是互联网技术和金融资源在网络平台上展现的一种新型金融模式,它是向金融投资者提供新的科技信息平台来完成资金的互融互通的金融方式。一是从产业融合竞争性能力效应来讲,金融产业融合有助于产业竞争力的提升。在“互联网 + 金融”时代,融合型的金融产业不仅会给本行业带来更大的产品附加值和行业附加值,还会给经营者带来更大的利润空间。因此,金融产业融合必将带来金融行业之间、金融业与相关产业之间、金融新产业以及地区和国家之间新的竞争态势。二是从产业融合带来的消费性能力效应来讲,金融产业融合有助于社会消费的提升。金融产业融合带来的竞争性必然随着金融消费方式和消费趋势的变化向金融消费主流的方式转变,带来金融市场份额和金融稀缺资源更大的发展空间。“互联网 + 金融”带来的产业融合,必然催生许多新的金融产品和新的金融服务方式,能满足人们对更高层次金融消费品的需求,拉动社会的金融消费。这种服务满足了网络时代人们对金融消费和金融服务的方便快捷的价值追求。

(三)“互联网 + 金融”带来的产业融合新业态必须进行逆周期监管

《关于促进互联网金融健康发展的指导意见》指出了对互联网金融要实行依法监管、适度监管、分类监管、协同监管、创新监管的原则,它是第一次从国家政策的高度对互联网的金融创新的肯定,系统勾勒了行政服务、税收、法律等基础构架层面的支持与鼓励举措。[1] 李克强总理在 2016 年政府工作报告中,再次提到要“规范发展互联网金融”。这也说明了中国政府对“互联网 + 金融”这一新模式的“规范与监管”非常重视。

---

〔1〕《互联网金融管理办法落地》,载中国财经网,2015 年 7 月 22 日。

1. 科学规划“互联网 + 金融”带来的产业融合新业态及相关行业

国家“十三五”规划指出了要在“互联网 + ”背景下,加大金融产业的发展。为此,必须对“互联网 + 金融”这一新业态进行科学规划。

第一,科学规划“互联网 + 金融”带来的产业融合新业态的行业前景。一是高度重视和发挥“互联网 + 金融”这一新业态在国家产业结构调整中的核心作用。金融是经济的核心,“互联网 + 金融”的创新支撑着未来社会产业结构的发展,并影响着产业结构的调整。为此,必须对“互联网 + 金融”这一产业融合新业态进行科学规划。二是做好“互联网 + 金融”这一新业态行业内的规划。“互联网 + 金融”这一新业态将呈现不同的发展模式与行业特点,我们将根据金融市场的要求,对“互联网 + 金融”这一新业态不同的行业发展作出相应的科学规划,避免重复性建设和低档次竞争,避免一拥而上带来的资源浪费。三是做好“互联网 + 金融”这一新业态相关行业的规划。“互联网 + 金融”将带来很多配套产业和相关产业的融合,国家有关部门将在市场需求基础上做好预测和规划,在政策上给予引导和规范。四是进一步加强金融机构特别是互联网金融机构的监管工作。金融业的健康发展决定着经济改革的成败。因此,必须对金融业特别是互联网金融的发展进行全面监管,并按照现代企业制度的要求来规范“互联网 + 金融”这一新业态的行业发展,并做好“互联网 + 金融”这一新业态运行中带来的顺周期性的逆周期监管工作。

第二,科学规划“互联网 + 金融”这一新业态在供给侧改革中的实现方式。在社会组织中,供给侧改革需要对劳动力、土地、资本和创新这四大要素资源进行科学配置,以提升经济增长的质量和数量。而“互联网 + 金融”的新业态特性,恰恰是实现供给侧改革的重要内容。一是互联网 + 能带来社会产业结构性调整,而“互联网 + 金融”这一新业态能实现金融资源的有效利用。二是科学规划“互联网 + 金融”这一新业态在供给侧改革中的实现途径。“互联网 + 金融”的大数据手段和便捷性服务模式，能有针对性地对社会经济中的供需信息进行快速处理和研判，增加资源的有效供给，从根本上解决供求不平衡问题。我们相信互联网金融，可以同时从资产端和负债端共同唤醒经济体系中“沉睡的资金”，解决经济转型中供给侧的失衡。[1] 三是通过“互联网 + 金融”这一新业态带来相关行业的结构性调整，能够满足供给侧改革对市场供需基础上各种资源要素的最优配置。

2. 加大对“互联网 + 金融”带来产业融合新业态的政策引导与扶持问题

第一，国家必须加大对“互联网 + 金融”新业态进行扶持。“互联网 + 金融”是科技革命带来的先进生产力，是产业融合的新业态。我们知道，任何新生事物的发展都是脆弱的和不规范的。因此，一是要推动“互联网 + 金融”这一资本市场双向开放。要利用互联网的技术优势，有序提高跨境资本和金融交易可兑换程度，建立健全宏观审慎管理框架下的外债和资本流动管理体系，实现人民币资本项目可兑换，[2] 推动金融改革创新。二是提高“互联网 + 金融”这一产业融合新业态的直接融资比重。要努力探索“互联网 + 金融”的股权融资渠道，规范“互联网 + 金融”的 P2P 市场和债券市场，丰富和完善“互联网 + 金融”为中心的多层次资本市场体系。三是拓宽“互联网 + 金融”业的融资渠道。加快以银行为中心的金融行业在债券市场和交易所市场实现互联互通，着力解决企业在市场竞争发展中融资难和融资贵问题，特别是要支持“互联网 + 金融业”要以改革的方式，来满足小微企业创新创业的金融需求。

---

〔1〕 吴雅楠:《供给侧改革与互联网金融》，载凤凰财经，2015 年 11 月 23 日。

〔2〕《中共中央关于全面深化改革若干重大问题的决定》，人民出版社 2013 年版，第 11 页。

第二,重点支持“互联网 + 金融”领域的新兴业态和创新模式。一是推出针对性强的“互联网 + 金融”业的扶持和管理措施。国家在运用好“现有货币政策工具的同时,根据行业发展需要鼓励有条件的企业发展互联网金融业务、申请有关业务许可或经营资质,发起设立以互联网为主要业务载体或以互联网业务为主要服务领域的各类持牌金融机构”。[1] 二是加大对互联网金融企业的支持培育力度。“互联网 + 金融业”的创新发展,需要国家的资金支持。国家要根据“互联网 + 金融”这一战略性新兴产业的需要成立重点发展引导资金、创新发展与服务的专项资金。在“互联网 + 金融”的成果转化方面,国家有关部门要在财政资金方面给予有针对性的优惠政策。

3. 加强对“互联网 + 金融”带来产业融合新业态的顺周期风险进行逆周期监管

“互联网 + 金融”带来了金融业的创新,使金融压抑得到解放。但是,这种创新必然还存在很多的不完善和缺位的地方,在运行中可能带来顺周期性风险。所以,加强对这一新业态的逆周期监管是保证其健康发展的迫切要求。

第一,加强对“互联网 + 金融”带来的产业融合新业态的创新研判和顺周期性风险评估。由于互联网金融的虚拟化和开放性以及技术性强的特点,再加上监管缺位的问题,使其风险管理更加复杂。目前,互联网金融在业务操作方面、技术方面以及相关法律方面都存在一定的风险,这对我国的金融安全防范体系有可能造成很大的威胁。[2] 因此,我们在大力发展“互联网 + 金融”这一产业融合新业态的同时,要加强对“互联网 + 金融”的研判和顺周期性风险评估以及监管协调,防

---

〔1〕 上海市人民政府《关于促进本市互联网金融产业健康发展的若干意见》。

〔2〕 徐义国:《互联网金融:现状与展望》,载《银行家》2015 年第 3 期。

止系统性金融风险的发生。

第二，加强对“互联网 + 金融”带来的产业融合新业态的顺周期性风险进行逆周期监管。一是互联网金融企业要加强内控制度建设。我们知道，好的内控制度能使企业有效防范经营风险。互联网金融企业在运行中存在经济情报失窃和客户隐私泄露等多种内部风险问题。必须高度重视内部管理，才能保证金融交易和金融支付中的信息安全。二是加强“互联网 + 金融”风险的监控。在“互联网 + 金融”的创新中，要健全互联网金融的风险防范预警机制、评估体系和处置制度。国家的金融监管部门、司法机关在对“互联网 + 金融”创新的研判和风险评估基础上，要对互联网金融的各种顺周期性风险进行及时的逆周期监管，让互联网金融在国家法律规范保障下，依法有序的健康发展。

第三，加强“互联网 + 金融”带来的产业融合新业态在逆周期监管方面的立法。随着互联网金融的快速兴起，传统金融体系建立起来的审慎性、规则性和自律性必然受到新的挑战。因此，一是加强互联网金融的立法问题。互联网的发展冲击着现有法律体制，我们要结合国家经济发展实际和网络社会的特点，加大互联网金融的基础性立法工作，解决目前互联网金融的监管从部门的规范性文件向国家法律法规层面提升的问题。二是要梳理与互联网金融相关的现有法律法规。防范互联网金融风险就必须加强和完善互联网金融的相关法律。建议明确互联网金融交易主体的责权利、行业准入门槛、交易行为规范，同时修订和完善互联网金融的配套法律体系，完善对互联网金融犯罪责任追究的法律规范。[1]三是互联网金融需要单独立法。法律要对互联网融资平台、资金监管、信用体系、个人信息和业务

---

〔1〕 闫冰竹：《明确互联网金融监管主体 加大立法力度》，载中国经济网，2014 年 3 月 4 日。

主体与范围等方面进行单独立法，加强“互联网＋金融”运行中顺周期性效应的逆周期监管。

4. 加强“互联网＋金融”背景下的征信体制建设与逆周期监管

信用是金融的核心，互联网金融带来的产业融合新业态要健康发展，必须加强征信体制建设。一是“互联网＋金融”运行的基石仍然是征信制度。互联网金融的健康发展需要构建强大的征信体系。在大数据信息时代的今天，提供互联网金融征信产品的机构已不仅仅限于传统的专业征信中心或征信公司，在强大的市场信息需求刺激下，社会上P2P网贷和网络微贷都需要建立互联网金融的征信制度来监管，才能保证互联网金融的健康发展。实践证明，互联网金融的健康发展需要构建完善的征信体系。二是“互联网＋金融”视野下需要建立科学的征信体制。科学的征信体制需要制定严格的管理标准和法律规范。在信息时代，社会上各种机构在为客户提供金融服务的过程中，个人信息被商业机构和中介机构存储、获取，带来的风险非常大。因此，在征信体制的各个环节以及这些信息的采集、使用、传输和处理等各个方面，都必须制定严格的管理标准和法律规范。三是征信体系建设中要加强个人隐私和商业秘密的保护。保证个人的隐私和企业的商业秘密不受侵犯和盗用，同时加大失信惩戒的力度。[1]

总之，“互联网＋金融”带来的产业融合是金融产业创新发展的新业态，我们必须高度重视它的发展机遇，同时，必须加强“互联网＋金融”运行中顺周期性效应的逆周期监管。

三、互联网金融的顺周期性风险和逆周期监管研究

金融即资金融通，指货币发行、保管、兑换、结算等相关金融业务。

---

〔1〕《互联网时代加强社会信用体系建设，促进普惠金融发展》，载中国经济网，2015年5月31日。

互联网金融打破传统金融的交易模式，它通过互联网络这个开放式的信息交易平台，建立了资金融通这一全球的网络交易载体。互联网金融通过网络进行的金融交易、货币融通和商品的交易支付，使金融的融通和支付更加的高效和便捷，能满足金融投资者等参与主体的要求。随着互联网金融的发展，特别是在顺周期性效应下，互联网金融也必然面临着多种风险。经济的顺周期会使互联网金融在经济繁荣时加速金融风险的集聚，经济衰退时金融风险再集中释放，从而加剧了金融业运行的波动和振荡。怎样来防范这种风险，并对其进行逆周期调节，是金融管理和金融企业的一个重要课题。

（一）互联网金融在顺周期性效应下的风险分析

任何经济活动都有风险和套利行为，互联网金融的风险在很大程度上来源于它的顺周期性效应。互联网金融的顺周期性会加剧它运行轨迹的变化和运行数据的振荡，而这一过程必然带来金融从业者的投资风险。

互联网金融在顺周期性效应下的风险分析，如图 9 所示。

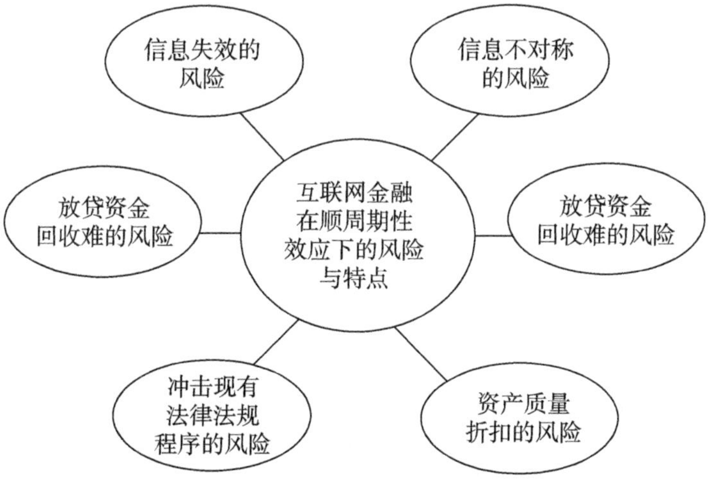

图 9　互联网金融在顺周期性效应下的风险

第一,互联网金融在顺周期性效应下面临着监管失控的风险。互联网金融虽然是创新型的金融交易模式,郭太磊认为,目前运行中并没有接入我国人民银行的金融征信系统,也不存在金融信用信息共享机制,更不具备类似银行的风控、合规和清收机制。因此,互联网金融的运行必然存在着各类风险问题。[1] 一是互联网金融公司受到顺周期性效应的影响,借贷业务监管难。特别是在顺周期性效应下,一些互联网金融企业看到经济形势高涨,大量进行资金借贷,以求得很大的发展契机。但如果经济形势下滑,借贷的客户们违约率就会大量存在,很多互联网金融公司必将面临收不回资金的风险,这种顺周期性效应必然带来这些公司运行的系统性风险。比如,目前国内已有众贷网、网赢天下等 P2P 网贷平台已经宣布破产或停止服务等。二是互联网金融跨国交易业务在顺周期性效应下监管难。随着网络信息技术的发展,互联网金融打破了交易的时间性、地域性和国界性,出现跨国交易业务逐渐增多的趋势。一些跨国金融交易公司在顺周期性效应的振荡下必然也会出现诚信缺失、规则滥用、运行失控和监管困难的情况。三是金融监管机构本身不完善。我国的金融业正处在转型期,随着"互联网+"的推行和金融业的变革,传统的金融监管逐渐暴露出很多缺陷,表现出监管机构的设置与权责明显不适应互联网金融的要求。特别是在顺周期性效应的影响下,金融数据的振荡加大了互联网非现场交易特性的难度,很多不法分子完全可能利用互联网监管的难度来扰乱金融市场和法律秩序。

第二,互联网金融在顺周期性下面临信息不对称的风险。互联网金融的运行特点具有虚拟性,经济的顺周期性会放大这种虚拟性给金融运行带来信息的不对称性风险。一是顺周期性会加剧金融运行中信

---

〔1〕 郭太磊:《互联网金融就这 6 种模式!》,载《青年文学家》2016 年第 1 期。

息的不对称。互联网金融的监管信息系统往往存在分割、低效、失真的状态，潘敏等学者认为，在顺周期性效应带来的金融市场振荡条件下，处于信息优势的大银行会率先通过注入货币资本或降低风险资产以提高资本充足率，这将引起其他小银行的竞相模仿，从而导致银行业整体资本充足率的顺周期变化。[1] 这时，信息的不对称会放大顺周期性，加剧金融运转体系的危机。二是顺周期性带来的信息不对称会加剧金融借贷运行的风险。一些互联网金融用户在顺周期效应下往往也故意夸大或者隐藏产品的真实价值与信息，造成互联网金融公司在借贷活动中的风险评估出现巨大的偏差，给投资者带来潜在的风险。三是顺周期性带来的信息不对称必然造成投资失误。顺周期性效应往往使投资者被错误或者夸大的信息所误导，由于金融市场运行的信息不真，投资者在互联网金融虚拟交易中的贷款、股票、债券等发行、买卖和交易支付的风险在所难免。

第三，互联网金融在顺周期性效应下的运行面临着信用失效的风险。目前我国互联网金融的相关法律还不完善，整个信用体系还没有建立起来，信用风险必然很大。一是互联网金融违约成本较低，容易在顺周期效应下诱发恶意骗贷等风险。顺周期性效应会加剧市场投资的风险，一些投资者在风险的背景下，在互联网上的交易缺乏诚信，甚至恶意骗贷。比如，一些 P2P 网络借贷公司会利用顺周期效应带来的经济繁荣而在金融市场上进行大量的资金借贷，以获取更大的利润。此时，这种借贷又埋下了顺周期性风险。如果遇到经济波动或者经济下滑的顺周期性风险，就会面临资金收回的困境和债务偿还的危机，卷款逃跑的信用危机在所难免。二是我国信用体系不健全引发的信用危

[1] 潘敏、缪海斌、陈晓明：《金融救市下的中国商业银行信贷扩张行为分析》，载《武汉大学学报（哲学社会科学版）》2011 年第 2 期。

机。我国在金融领域里兴起的一些 P2P 互联网金融借贷平台,由于交易中准入门槛低并且又缺乏相关监管,必然成为一些人进行非法集资和网络诈骗的栖息地。特别是在顺周期性效应下,经济带来的变化会让很多不法分子借制度和平台的漏洞而进行网络诈骗。这些年我们看到,一些 P2P 互联网金融平台先后出现跑路事件而引发了相关的信用危机。三是一些众筹项目在顺周期性效应下也面临失败的信用风险。互联网金融平台上的一些众筹项目,在正常的情况下能招募投资人的资金参与,投融资人彼此的诚信众筹项目也能如期进行。但在顺周期性效应影响下,由于经济振荡和金融的不稳定性风险增加,很多投融资人也面临着信用风险的考验。比如,已经参与了投融资众筹的人会因为市场进入顺周期性风险而违约、悔约,而已经签约的众筹投资的人也往往恐惧顺周期风险而选择立刻抽资。

第四,互联网金融在顺周期性下面临放贷资金回收难的风险。在顺周期影响下,互联网金融机构的一些放贷资金面临回收难的风险。当顺周期性正效应时,经济的上升和市场的繁荣会使互联网金融存贷业务健康运行,经济向好的预期使一些互联网金融机构对贷款人的风险状况通常都会做出过于乐观的评估,包括一些证券公司会加大杠杆效应来扩大贷款规模。当顺周期性负效应时,经济的下行会使一些互联网金融机构对贷款行为十分谨慎,各金融机构的放贷行为和借贷规模也会自然收缩,如 2015 年中国证券市场去杠杆效应。这种来回的收缩和投融资增减的顺周期效应,必然使一些互联网金融企业把握不住市场节奏而出现风险。特别是互联网金融市场不完善性和交易主体的非理性,完全可能在顺周期效应下对金融风险的波动进行过度的反应,带来人为放大正反向市场波动。这种顺周期性效应带来的货币政策的变动,必然严重影响金融市场上放贷资金的回收,从而引发交易中的运行风险。

第五，互联网金融在顺周期性效应下运行面临着冲击现有法律法规秩序的风险。互联网金融在顺周期性下的法律风险表现在：一是互联网金融法律不完善。赵静认为，互联网金融的法律风险主要体现为互联网金融法律性文件的缺乏与空白，由于互联网金融管理缺乏规范性法律法规，对互联网金融机构的市场准入没有国家标准，也没有按照金融机构的法定市场准入程序进行注册登记。[1] 任春华、卢珊通过研究认为，一些互联网金融企业为了发展，在新兴业务的市场准入、金融监管、身份认证、信息保护、电子合同签订等方面没有明确立法规定，有的办事靠协议规则，出事靠仲裁解决，这些现象冲击着市场法治规则。[2] 二是顺周期性效应冲击着互联网金融的金融秩序。由于互联网金融法律的不完善，缺乏准入门槛和行业规范，整个行业面临诸多政策和法律风险。在顺周期性正效应下会出现交易主体热情高涨，一些从事互联网金融的公司为了获利，开展的业务"名不副实"，经营的内容超越了自身业务范畴，进行变相吸收存款、非法集资和发放贷款的非法活动。在顺周期性负效应时，由于很多交易主体在法治规则内收益减少甚至亏本。一些法律意识不强的企业为了逃避债务，往往就会抛弃市场规则和法治秩序。三是一些互联网金融机构在顺周期性效应下业务的合法性难以确定。在顺周期效应下，一些互联网金融公司为了赢利，设立的机构身份难以确认、推出的项目合法性难以界定。加上交易虚拟化，监管部门一时也难以真实掌握它的资质、信用度等情况。在顺周期性效应到来时，由于互联网金融公司自身难保，最后的风险必然由投资者承担。

第六，互联网金融在顺周期性下运行面临资产质量折扣的风险。

---

〔1〕 赵静：《互联网金融的法律风险》，载《金融经济》2014 年第 16 期。

〔2〕 任春华、卢珊：《互联网金融的风险及其治理》，载《学术交流》2014 年第 11 期。

在金融运行中，金融资产质量与金融不良贷款的数额有着密切关系，而金融贷款的数额往往与金融资产运行周期平行。不良贷款越多，金融机构资产质量就下降。而优良贷款越多，资产质量向好。互联网金融的资产质量与金融企业的不良贷款也是也相向而行，呈现平行关系。在顺周期性正效应条件下，经济的向上和健康发展时，互联网金融企业的借贷都能正常收回，企业的资产质量能保质运行；但互联网金融处在顺周期性的负效应时，由于经济的下行，一些企业不良债款会增多，客户贷款违约率上升。这时，互联网金融企业的资产质量在运行中也必然会受到折扣的影响，出现资产质量下降。因此，互联网金融在运行中资产质量具有非常重要的折扣风险。

（二）互联网金融在顺周期性效应下风险的特点

中国人民银行等十部委发布的《关于促进互联网金融健康发展的指导意见》指出：互联网金融本质仍属于金融，没有改变金融风险隐蔽性、传染性、广泛性和突发性的特点。[1]

第一，顺周期性效应下互联网金融风险呈现突发性与振荡性。由于互联网技术具有虚拟性、隐蔽性和波动性特点，互联网金融运行也具有资金运转速度变化快、影响范围广，交易、支付和结算更加便捷等特征。在顺周期性效应风险影响下，互联网金融运行的风险必然呈现突发性与振荡性的特征。这时，风险一旦发生，带来的损失就会很大。

第二，顺周期性效应下互联网金融业运行风险具有广泛性与普遍性。在顺周期性的系统性风险影响下，互联网金融业的风险和挑战必然存在融资经营、财务管理和规划发展的全过程中，具有广泛性与普遍

---

〔1〕 中国人民银行等十部委发布：《关于促进互联网金融健康发展的指导意见》，载中国人民银行网，2015 年 7 月 18 日。

性。从互联网金融的外部风险来讲,顺周期性带来的国内外经济市场的下滑和金融市场的振荡环境,必然给互联网金融业的经营环境带来很大的风险;从互联网金融业内部风险来讲,顺周期性效应下互联网金融业的经营在融资计划和资金投入方面都面临着很大的风险。可以说,这些顺周期性风险在规划、融资、销售和分配等全过程以及行业与行业之间普遍存在。

第三,顺周期性效应下互联网金融风险呈现感染性与多样性。互联网金融是产业融合的新业态,具有渗透型、重构型与交叉型等模式,它的产业结构呈现类型多样、内涵丰富和相互感染等特征。在顺周期性效应下,互联网金融加剧振荡必然带来风险的相互感染与渗透,使很多业态出现重构和交叉的传导。而且随着互联网金融的运行和发展,这种顺周期性风险的感染性与多样性还会加强,使互联网金融产生新的风险。

第四,顺周期性效应下互联网金融风险呈现虚拟性与隐蔽性。互联网平台的交流都具有虚拟性与隐蔽性的特点,以互联网技术为支撑的互联网金融必然具有这一特征。在顺周期性效应影响下,互联网金融运行的风险必然具有虚拟性与隐蔽性,互联网金融交易的对象、目的、过程都不透明。正是这一特性,使顺周期性效应下互联网金融风险往往不易暴露和发现,一旦产生,就来势凶猛,影响巨大。

第五,顺周期性效应下互联网金融风险呈现并存性与重叠性。互联网金融在顺周期性效应下的风险呈现并存性与重叠性,主要指传统金融业风险与互联网金融风险并存而且常常重叠存在。互联网金融的出现,并没有改变金融对资金融通的基本功能与本质。当顺周期性风险到来的时候,传统金融业和互联网金融一样,面临着系统性风险、信用风险与振荡巨大的波动性风险。互联网金融面临的并存性与重叠性风险,为金融监管与治理带来了挑战。

第六，顺周期性效应下互联网金融风险呈现交易信息的不对称性。在信息时代，金融的交易都是建立在信息的交流基础上，互联网金融作为信息技术的产物，它需要提供产品信息来为客户进行甄别、选择和支付等网络交易服务。但是在顺周期性效应风险来临时，社会上各种真假信息难辨，使客户不能作出正确的判断和选择，这种不对称的金融信息必然为客户在交易中带来很大的风险。

第七，顺周期性效应下互联网金融风险呈现无国界与跨时空性。互联网技术本身具有无国界与跨时空等特点，互联网和金融的结合而诞生的互联网金融仍然秉承这一特性，并且具有运行的跨地域性与时空性。互联网金融运行的甄别、匹配、交易和结算都受时间与地域的限制。在顺周期性效应下，这一特性必然让互联网金融运行的风险更大。

互联网金融在顺周期性效应下的风险特点，是客观真实在金融领域内存在的，其危害巨大。怎么来对互联网金融在顺周期性效应下的风险进行其防范和逆周期监管，这是互联网金融健康发展的重要课题。

（三）互联网金融在顺周期性效应下的逆周期监管问题

随着网络社会的发展，互联网金融将成为未来社会经济发展中金融的主要交易形式。互联网金融的运行模式通过各种网络进行传导，会随着网络技术的发展而变化，并基于实体经济需要而创新。但是在顺周期性效应下，互联网金融面临着巨大的风险。所以，必须进行逆周期监管。逆周期监管，就是通过信贷调节机制，进行反周期的动态拨备、资本缓冲、平滑信贷投放来缓释金融机构运行的顺周期性，通过制度来规范，以防范和化解金融机构运行的风险。对顺周期性效应下互联网金融运行风险进行逆周期监管，能使监管随着金融运行中顺周期性在不同阶段的转化而变化，通过发挥制度规范、资本调节、政策管控、行业引导和市场机制对互联网金融运行中信贷增长的约束作用，来平抑互联网金融的振荡波动，以实现金融的总量调节和顺周期性效应的风险防范。因此，互联网金融通过逆周期监管来缓释顺周期性风险势在必行，如图 10 所示。

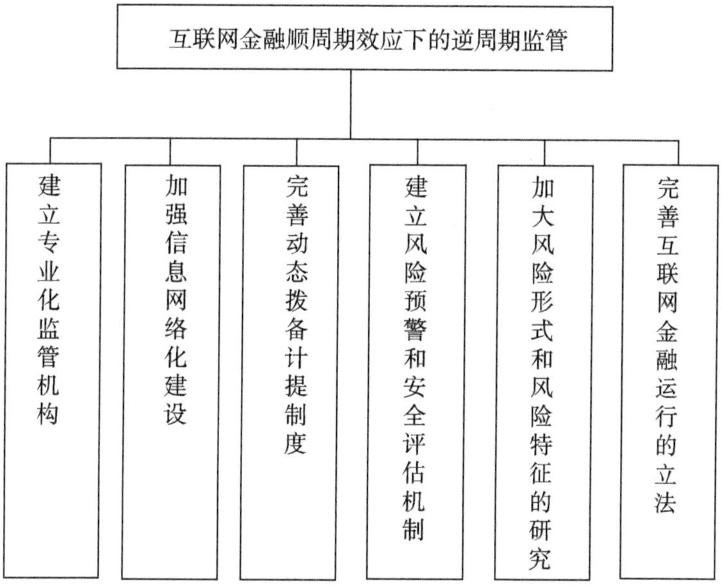

图 10　互联网金融在顺周期效应下的逆周期监管

1. 建立顺周期效应下互联网金融运行的专业化监管机构

互联网金融的推行，加大了行业间的跨界渗透与发展，打破了交叉金融行业间的划分与界限。在顺周期效应下，互联网金融业要规范发展，必须建立专门化的网络金融监管体系。一是必须改革现有金融监管体制。目前我国按照“分业经营、分业监管”的金融监管体制运行，但这种模式显然不能适应“互联网 + ”时代金融业发展的需要。在互联网金融模式下，网络平台提供的日益多样化和混合化的各种金融服务，吸引着更多的金融机构和非金融机构的参与，很多互联网金融公司都是集银行业、保险业、证券业等业务于一身，传统的监管模式只有加快改革才能适应互联网金融发展的要求。二是要加大互联网金融运行中第三方支付平台的监管。目前我们推出的第三方支付消费交易平台,弥补了传统金融机构面对面的金融交易方式。但是必须对它的安全性和规范性进行立法和监管,使它适应互联网金融业发展的要求。三是要对传统金融和互联网金融的协同监管。我们知道,传统金融和互联网金融在本质上都是金融,都是为了对资金实现互融互通。因此,都应该协调监管。要改变金融监管体制,探索建立全国统一的金融监管机构,对各金融职能部门的工作进行管理和协调。四是探索建立对监管机构与监管者的监管制度。在这方面,一些法制健全的国家在金融治理方面有很好的经验。就是要建立金融监管的业绩考核制度、责任追究制度、对监管人员的举报制度,以实现国家对金融监管的制度化与规范化。五是探索互联网金融风险管理为核心的战略监管制度。互联网金融的顺周期性效应风险极大,要在互联网金融内部把顺周期性风险防范与管理放在金融运行的首位,对金融运行的每一项流程都要做到事前、事中和事后监管,使对顺周期性风险管理贯穿于互联网金融机构职能设置的全过程。六是完善互联网金融专业化监管机构的管理制度。即建立科学的财务管理制度、科学的风险管控制度、动态拨备计提制度、金融从业人员制度、信息监测的预警制度和设置科学的监管机构等。七是互联网金融在顺周期性效应下的监管必须加强国际合作。在网络时代,推进互联网金融监管的国际化,建立互联网金融监管的国际合作体制是金融发展的时代要求。

2. 加强顺周期效应下互联网金融运行的信息网络化建设

互联网金融的运行和金融信息化密切相联系,特别是在顺周期性效应下,信息传导的透明度直接决定着互联网金融是否能健康运行。因此,一是加快监管机构自身的网络信息化建设。监管机构要从监管目标的制定、机构的设置、人员的配备、政策的制定、技术的采用和资金的落实方面做到规范管理,要做到互联网金融业务的开展与监管部门信息同步反馈。二是加强监管部门与监管对象的信息互通。在对互联网金融监管过程中,要改善信息传递方式和速度,创造条件实现监管部门与互联网金融业务系统的信息联网,以及时监管互联网金融在顺周期性下运行的动态风险与合规性交易。三是加快整个社会网络信息化共享。在金融运行的实践中,顺周期性风险的发生和互联网金融机构信息披露透明度不够有很大的关系。信息的不透明,会误导金融参与者的判断,损害客户利益。金融监管信息网络建设,就是要以实现金融监管信息共享为目标,以提高金融运行效率为原则,提高监管效率。四是加大对互联网金融信息化安全设施的硬件投入与建设。互联网金融在顺周期性效应下的运行,需要优良的网络技术来提供真实的信息服务。因此,互联网金融的网络信息必须防止黑客的攻击和病毒的入侵,同时也需要不断创新网络信息技术,防范顺周期性效应下非法用户登录和攻击引发的信息失误给互联网金融运行带来的风险。

3. 完善顺周期性下互联网金融运行的动态拨备计提制度

动态拨备主要通过测算经济运行中长期平均贷款损失率,而对金融资产组合中的潜在风险进行估算后计提。要实现互联网金融在顺周期性效应下的风险监管,必须通过建立动态拨备制度来解决。一是必须建立动态拨备计提的前瞻性战略。尽管动态拨备制度只是银行的逆周期监管措施,由于互联网金融的运行主要还是以银行为基础主体的形式展开的,动态拨备计提制度的实施仍然是对互联网金融顺周期效应进行调节的重要手段。以银行为主的互联网金融必须具有动态拨备计提的前瞻性,才能在顺周期性到来时对金融运行的振荡与波动进行逆周期监管。林欣认为,动态拨备能够伴随经济周期更均匀地分担监管负担,以减少金融体系内在的顺周期性。因此,动态拨备是一种在理论上顺着周期平滑拨备的工具,是处理银行体系顺周期性的一种宏观审慎工具。[1] 二是努力探索科学的动态拨备计提方法。根据现行会计准则,银行只能有证据表明贷款已发生损失时,才能根据现金流的差计提贷款损失拨备,这一方式必然会带来拨备计提的滞后性,加大了经济的顺周期性。要解决这一问题,监管部门可以根据经济周期发展的不同阶段采取不同的拨备动态调整。李怀珍认为,在经济上行期可适度提高监管标准,经济下行期可适度调低监管标准,以提高拨备计提的逆周期特征。因此,建立科学的动态拨备计提制度,就要基于拨备比率这一监管目标进行。[2] 三是动态拨备计提要有制度化的约束。动态拨备制度是缓解顺周期性效应的一个重要方法,但必须有规范的制度约束和政策监管。刘志清认为,我国相机抉择的动态拨备政策,具有很大灵活性,适合复杂的经济金融环境,但银行经济带来了很多的不确定性,降低了财务报告的透明度,监管上要注意政策引导和政策执行设计。[3] 李怀珍认为,动态拨备制度就是要确保贷款拨备更具前瞻性和逆周期性特征,确保信贷周期上行期间能够促进拨备积累,以覆盖下行期间贷款损失,达到拨备以丰补歉的效果。[4] 四是建立顺周期效应下互联网金融运行风险的会计监督机制。在处理金融会计日常业务中,要做到对银行风险预警指标体系的制定与考核的事前监督,对银行的经营过程的动态监控的事中监督和对原始凭证、记账凭证、账簿和各种报表的检查分析的事后监督。顺周期性效应下互联网金融全过程会计监督机制的建立,能够对互联网金融风险运行的波动数据、资金流向、财务责任等指标进行监督检查,实现逆周期监管的科学性。

---

〔1〕 林欣:《银行动态拨备制度国际比较及启示》,载《财会月刊》2014 年第 18 期。
〔2〕 李怀珍:《银行业动态拨备制度研究》,载《金融监管研究》2012 年第 2 期。
〔3〕 刘志清:《动态准备制度的国际比较和技术分析》,载《金融发展评论》2011 年第 11 期。
〔4〕 李怀珍:《银行业动态拨备制度研究》,载《金融监管研究》2012 年第 2 期。

4. 建立顺周期性下互联网金融运行的风险预警和安全评估机制

要对互联网金融在顺周期性效应下产生的风险进行逆周期监管，必须构建风险预警和安全评估机制。一是完善互联网金融的风险预警机制。在顺周期性效应下，互联网金融的运行面临很大的风险，因此，我们必须对它的运行风险在资本流向、经济数据振荡、市场风险与引导、监管措施及制度规范进行动态测试，提出预警措施，构建科学的风险预警指标体系和金融监管数据库。巴曙松、王璟怡、杜婧通过研究指出，实现对顺周期性的有效预警和监控，通过对体现宏观经济中存在不稳定因素的指标的监控（如贷款价值比率）来发现问题，缓解顺周期性导致的风险积聚。这都是宏观审慎监管的责任。[1] 二是探索互联网金融运行的监管方法。互联网金融运行的风险必然存在，怎样建立互联网金融非现场监管的方法体系非常重要。要探索互联网金融在顺周期性下信用风险的预警方式、信息披露方式和逆周期监管方式，这样才能做到对互联网金融风险进行逆周期监管的持续性和超前性。三是必须建立互联网金融在周期性效应下运行的安全评估机制。在对互联网金融运行进行预警的基础上，还必须对互联网金融的运行现状、指标、环境、法律和周期性效应的趋势等进行评估，通过完善技术认证机构、资信评估机构、行业协会和安全体系来减少顺周期性带来的振荡和风险。四是加强顺周期性效应下互联网金融机构的内部控制。即要加强对顺周期性效应下互联网金融运行的流动资金、闲置资金和滥用资金以及信用风险进行监控和审计。五是优化互联网金融运行的技术环境。顺周期性下互联网金融的监管必须采取加强数据管理、制定统一的技术标准、完善密钥管理及加密技术、提升 TCP/IP 协议的安全性

[1] 巴曙松、王璟怡、杜婧：《从微观审慎到宏观审慎：危机下的银行监管启示》，载《国际金融研究》2010 年第 5 期。

等。同时,还要完善的互联网信息技术安全管理办法和风险防范措施,并且对一些重要的互联网金融机构进行专门的风险监督、配备专业的风险技术管理人员。

5. 加大对顺周期性下互联网金融风险形式和风险特征的研究

互联网作为平台与载体本身具有虚拟性特征,在现实中互联网金融提供的业务与服务也必然具有间接性。在顺周期性效应下,互联网金融的振荡在所难免,系统性风险不可避免并且具有不可预期性。因此,一是必须加大对顺周期性下互联网金融风险的形式和特征的系统性研究,才能够有效的防范互联网金融运行风险的发生。互联网金融属于混业经营的模式,采用分业经营、分业监管模式必然出现监管真空,必然给互联网金融的运行带来风险。二是制定与网络信息技术相适应的政策。即完善互联网金融业务的审批程序和监管机制,创新和研究有利于互联网金融发展的政策环境,为互联网金融在顺周期性运行提供技术指导和政策支持。三是研究和分析互联网金融在顺周期性效应下的逆周期监管方式与措施。通过加强对互联网金融在顺周期性效应下的运行模式的监管和研究,总结和概括运行的经验,剖析存在的问题,提出互联网金融在顺周期性效应运行中的监管措施。

6. 完善顺周期性下互联网金融运行的立法监管

网络社会必须是法治社会,互联网金融市场更是法治市场,互联网金融逆周期监管必须通过加强法治建设来解决。通过加强立法来解决顺周期性效应下互联网金融的运行规范。互联网金融的发展依赖于相关行业法律体系的健全与完善,国家应抓紧制定互联网金融的相关法规。一是通过立法来对顺周期性效应下互联网金融的市场准入、技术标准、安全防范、风险承担等法律责任问题进行规范。二是通过立法来解决顺周期性效应下互联网金融各方当事人的权利、利益和责任划分等问题。三是通过立法来解决互联网金融在电子划拨汇款、支付与信贷中的规则和权利等问题。四是通过立法来解决金融交易中责任分配和争端解决程序问题。要出台互联网金融运行的相应法规,确定互联网金融运行的负面清单,划定从业者的法律责任,正确引导参与者的法律行为,规范互联网金融市场在顺周期性效应下的法律秩序。五是尽快建立互联网金融的专业执法机制。目前互联网金融运行中存在大量的违法违规行为需要进行专项治理,由于相关法律的滞后和实施的困境,很多违法行为使监管者感到无能为力。这种现象助长了互联网金融参与者的不法行为,为此,有必要尽快组建互联网金融监管的专门执法机构来打击互联网金融的犯罪行为,保障互联网金融的健康运行。

7. 加强顺周期效应下互联网金融运行的征信体系建设

征信体系是随着市场经济的发展而由独立于政府与行业之外的第三方机构建立起来的信用体系,要解决顺周期性效应下互联网金融运行的风险问题,征信体制建设刻不容缓。一是互联网金融运行的基石仍然是征信制度。在大数据、云计算和网络信息高速发展的今天,征信体制通过内部信用信息共享机制来为金融活动参与者提供信用信息互换平台。在强大的市场信息需求刺激下,整个社会都需要建立互联网金融的征信制度来监管,才能保证顺周期性效应下互联网金融的健康发展。二是需要制定严格的管理标准与法律规范的科学征信体制。通过它依据法律法规来对征信机构的市场准入进行监管、对信用数据进行规范的采集和使用。通过它来对互联网金融在顺周期效应下运行的正负效应信用信息进行采集、甄别和选择,然后及时反馈给金融投资者作为决策参考。三是征信体系建设中要加强个人隐私和商业秘密的保护。建立健全信用体系是顺周期性效应下互联网金融降低市场风险的前提,要减少或避免由于信息不对称和信用不真实给互联网金融用户带来的错误决策。安连成通过对国际上一些征信机构研究后指出,

“在法国,征信机构不仅每次采集个人数据,录入数据库时必须告知数据主体并获得书面同意,而且每次披露和使用信用报告时必须再次取得数据主体的书面形式认可”。[1] 因此,在征信制度中要创新安全认证的保密措施,使它与诚信建设和征信体系联动起来,减少顺周期性效应下互联网金融运行中的风险信用,这是逆周期金融监管的重要课题。

8.加强顺周期效应下互联网金融行业的自律行为

要对顺周期性效应下互联网金融进行逆周期监管,必须加强互联网金融的行业自律。这就要求互联网金融业自觉做到行业自律、企业自律、从业组织和人员自律,在金融行业内自觉地制定和遵循共同制定的规则,通过行业自律来实现自我约束和自我治理。通过这种自律,来防范和治理互联网金融的顺周期效应带来的风险。一是增强互联网金融行业自律理念和自律意识。互联网金融行业要有针对性地进行风险管理系统的教育培训,特别是要培养行业员工的风险意识和管理观念。二是制定互联网金融行业自律标准和自律要求。使本行业在业务发展的各个环节、各个领域都能获得足够的风险信息。曹凤岐认为,赋予互联网金融行业协会具有行业保护、行业协调、行业监管、行业合作与交流等职能,从而制定改进行业风险管理的措施。[2] 三是要建立互联网金融内部自律实施机制。互联网金融机构应有计划、有步骤地推出行业内监管目标、计划、规则、政策和行规,对从业人员的道德素质、业务能力和合规从业等方面提出严格的要求。四是要建立互联网金融运行的行业监督机制。互联网金融在顺周期性效应下涉及社会生活的方方面面,需要加强社会多方面的监督,才能让参与机构和从业人员合法合规运行。五是互联网金融行业要建立严格的准入制度。政府要根据互

[1] 安连成:《征信监管体制的比较研究》,载《商业时代》2013 年第 20 期。
[2] 曹凤岐:《我国金融监管体系的改革与完善》,载《中国市场》2010 年第 33 期。

联网金融的发展建立科学有效的信用评级行业监管体制,对互联网金融的资金实力、财务状况、行业准入、准入管理、风险评级等方面均作出科学规范与具体要求,避免在互联网金融运行和监管中出现鱼龙混杂的局面。

经济的周期性波动和金融体系的顺周期性都是经济发展的内在特征,任何政策工具都只能对其顺周期性进行缓解,并尽量减少或消除外部规则产生的人为顺周期效应,但不可能完全消除经济的周期性波动。[1]实施逆周期监管能在一定程度上限制金融体系缓冲功能,有利于平抑互联网金融业利润大幅波动,降低减少顺周期性带来的系统性风险,能提高资产质量和风险抵御能力。

---

〔1〕 李文泓:《关于宏观审慎监管框架下逆周期政策的探讨》,载《金融研究》2009 年第 7 期。

第六章

我国地方政府债务的顺周期性与逆周期监管研究

摘要:财政是国家运转的基础和重要支柱。中国地方政府债务的高涨影响中国金融体制的安全和现代化经济体系的建立,是制约经济社会健康发展的重要问题,它给我国经济社会转型带来了顺周期性风险。本文对我国地方政府庞大的债务问题进行了认真的梳理和分析,揭示了地方政府债务的顺周期性风险的形成机理,研究了地方政府债务产生顺周期的传导机制,提出了对地方政府债务逆周期监管的五个措施。

关键词:中国地方政府债务;顺周期性形成机理与传导机制;逆周期监管

2020 年中央经济工作会提出了要把防范金融风险作为国家的重要任务,会议提出了要切实加强地方政府债务管理,防范地方政府债务带来的各种风险。因此,地方政府债务问题是国家防范金融风险的重要内容。据财政部统计,截至 2020 年 3 月末,全国地方政府债务余额228,219亿元,控制在全国人大批准的限额之内。其中,一般债务 123,214 亿元,专项债务 105,005 亿元。[1]同时,很多资料也显示,我国政府负债率已达到为 43.3%,地方政府隐性债务余额在 34 万亿元左右。[2] 地方债务余额已经超过国债,排在所有债券类型余额的第二位,占比 20.51%。从一些地方两会政府工作报告来看,“抓好债务存量化解和增量控制已成为 2019 – 2020 年各地防范债务风险

---

〔1〕 财政部预算司:《2020 年 3 月地方政府债券发行和债务余额情况》,载中华人民共和国财政部官网,2020 年 4 月 7 日。

〔2〕 宋媛媛:《地方债压力来自于隐性负债》,载《法治周末》2018 年 2 月 6 日。

的重点任务”。由于地方债务的居高不下，影响了我国经济社会的健康发展和社会转型，带来了我国经济建设和金融发展的顺周期性风险。怎样对地方政府债务带来的顺周期性进行逆周期监管，是当前我国在经济社会转型中经济工作的重要课题。

一、地方政府债务问题的提出及顺周期性的风险讨论

地方政府性债务，是指地方机关事业单位及地方政府专门成立的基础设施性企业为给经济发展和社会民生提供基础性、公益性服务直接借入的债务以及提供担保形成的债务。地方政府债务分为政府直接债务、政府担保债务和政府政策性挂账等债务。[1]从当前的地方政府来讲，一是有偿还债，是指一些地方政府发行的债券，政府负有直接偿债责任的债务。二是地方政府有担保责任的债务，是指因地方政府提供直接或间接担保带来的，而政府负有连带责任的债务。三是其他相关债务，是指政府行为中一些融资平台、公用事业单位为公益性项目举借的债务，由地方政府中非财政资金偿还。对于这类债务，根据我国法律规定，由于其没有由地方政府提供担保，因此，该类债务政府没有偿债的责任。但在实际工作中，如果这些借债单位真的出现了债务危机，地方政府往往都承担了救助的任务与责任。因此，此类债务往往也划入了地方政府性债务的管理范畴。当前，由于地方性的各种债务的大量存在，严重地影响了地方的稳定，带来了经济社会发展的顺周期性问题，如表 1 所示。

---

[1] 冯洁：《地方政府债务风险及其防范》，载《山东财政学院学报》2010 年第 4 期。

表 1　2017 年年底以各口径测算的政府债务率

	财政部数据	纳入地方政府隐性债务	利用偿还比率进行折算
政府债务余额(万亿元)	30.0	60.6	35.9
GDP(万亿元)	82.7	82.7	82.7
债务率(%)	36.3	73.3	43.3

资料来源:WIND,海通证券研究所整理。

在地方政府债务运行中,顺周期性是指在经济周期中地方政府债务变量围绕着实体经济某一趋势值波动的倾向或者效应,而顺周期性增强就意味着地方政府债务变量在现实中对经济社会发展带来波动的幅度会增大。这里的逆周期监管是将地方政府债务的风险性问题视为一个整体,通过对地方政府债务运行周期的各个环节、各个阶段和组成部分的分析与监测,找出影响地方政府债务运行不利因素,采取有效措施来防范和控制地方政府债务系统性风险的过程,从而达到确保整个地方政府债务运行的安全稳定,如图 11 所示。

图 11　2019 年 2 月中国地方政府债务分析

资料来源:财政部,格隆汇学堂。

关于对政府债务带来的顺周期性问题的研究，方红生、张军认为，通过研究一些国家的地方政府债务发现，不断上升的政府收入或新获得的资源使他们产生了顺周期财政政策，并且很多发展中国家的地方财政政策竟然是顺周期的。[1]贾俊雪、郭庆旺等认为，通过对中国地方政府的财政支出行为的研究表明，地方政府支出行为呈现出较明显的全国反周期和省份顺周期特征，利益冲突和协调是决定地方政府支出行为的周期性特征及其宏观经济稳定效应的关键。[2] 赵文哲、周业安认为，财政分权加剧了地方政府间财政支出竞争，导致地方政府支出规模过度膨胀，不利于价格稳定。[3] 马建堂等认为，地方政府债务存在较多担保或有债务，从而埋下债务风险的隐患。[4] 项后军等认为，地方债规模的增长在一定程度上加剧了经济波动。[5]。毛锐、刘楠楠等认为，地方政府债务扩张与系统性金融风险的触发机制有很大的关系。[6] 闫坤、刘陈杰认为，我国财政政策在经济衰退期采用的是反周期的扩张性调控，而在经济繁荣期，所采用的则是顺周期的财政政策，这容易造成宏观经济周期的不稳定，必须建立反周期的流动性监管措施。[7] 因此，学者们通过研究得出结论，在现代化经济体系下，地方政府债务和政府监管政策的

---

〔1〕 方红生、张军：《中国地方政府扩张偏向的财政行为：观察与解释》，载《经济学》（季刊）2009 年第 3 期。

〔2〕 贾俊雪、郭庆旺、赵旭杰：《地方政府支出行为的周期性特征及其制度根源》，载《管理世界》2012 年第 2 期。

〔3〕 赵文哲、周业安：《基于省际面板的财政支出与通货膨胀关系研究》，载《经济研究》2009 年第 10 期。

〔4〕 马建堂、董小君等：《中国的杠杆率与系统性金融风险防范》，载《财贸经济》2016 年第 1 期。

〔5〕 项后军、巫姣、谢杰：《地方债务影响经济波动吗》，载《中国工业经济》2017 年第 1 期。

〔6〕 毛锐、刘楠楠、刘蓉：《地方政府债务扩张与系统性金融风险的触发机制》，载《中国工业经济》2018 年第 4 期。

〔7〕 闫坤、刘陈杰：《中国财政政策顺周期行为：财政分权与预算软约束》，载《经济学动态》2015 年第 8 期。

运行往往会带来经济运行的顺周期性风险,而解决这种债务顺周期风险都必须进行逆周期监管措施。

二、地方政府债务的顺周期性风险的形成机理分析

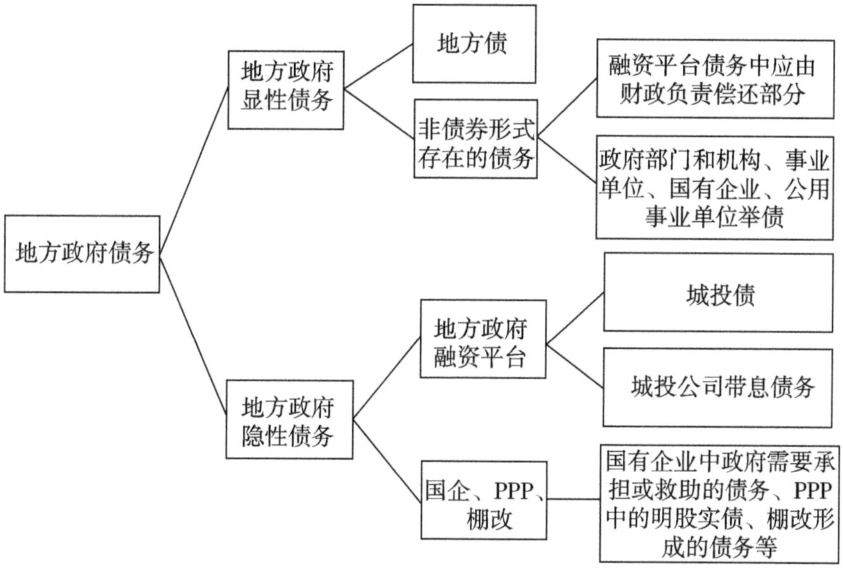

图 12　地方政府债务构成

资料来源:根据公开资料整理,中山证券研究所制作。

地方政府债务的形成有多重原因:一是政府对投入民生项目的举债。当前,我国经济的快速发展和城市化进程的推进,地方政府会为民众提供更多的公共产品和公共服务。但地方政府财政资金有限,客观上推动了地方政府的举债需求。二是各地经济竞争激烈,考核指标压力大。一些地方的干部为了快出政绩和多出政绩,急功近利,导致不按客

观规律办事,不顾现实条件,大肆举债,大拆大建,打造政绩工程。[1] 从客观来看,一些地方政府举债为经济的发展和民生的投入融得资金,在一定程度上促进了地方经济的发展,解决了地方因资金不足而急需项目的投入问题。但随着我国经济社会发展的重大转型,由高速发展到高质量的发展,过去靠国家经济高速发展和房地产业快速增长支撑的地方政府债务,在没有新的经济支撑的条件下,地方政府债务的安全性必然受到很大的影响,地方政府债务的顺周期性风险在所难免,如图 13 所示。

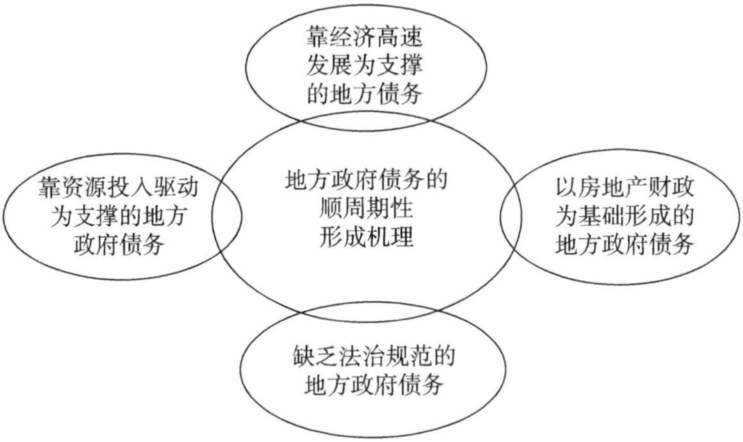

图 13　地方政府债务的顺周期性风险的形成机理分析

第一,靠经济高速发展为支撑的地方政府债务在经济社会转型中必然面临顺周期性风险。地方政府的债务是源于对地方一些民生项目、投资项目和担保项目的资金需求。当经济形势上涨时,地方财税宽余,政府借债和担保的项目资金能如期收回,政府也能通过经济高速增长的收益来改善民生、化解债务,于是政府加大举债力度,新的资金投入和收益都能为政府服务社会找到资金渠道。但这种大量的举债又为经济的

---

〔1〕 刘蓉、黄洪:《我国地方政府债务风险的度量、评估与释放》,载《经济理论与经济管理》2012 年第 1 期。

发展带来了风险隐患。当经济下行时,整个社会和企业资金偏紧,靠政府举债投资的大量项目资金难以收回,造成地方政府财税减少,投资链条必然出现断裂,带来地方政府债务加重,于是地方政府再举债投资,必然使整个金融体系由于地方政府债务的加重而出现风险效应与振荡的顺周期性。目前,在我国经济由高速发展转向高质量发展背景下,很多地方会因为经济的放缓而失去经济快速发展时的红利,地方政府财政收入普遍下降。很多地方政府由于债务过重而无力偿还拖欠的债务资金,地方政府投资链条断裂,让地方经济出现困境。广东省是我国经济发达地区,据《经济观察报》报道,在广东省省情研究中心调查涉及的 20 个乡镇中,政府欠债总额就超过 10 亿元,其中政府债务最多的镇达25,949万元,个别乡镇不吃不喝还债需要 400 年。[1] 当前,我国很多地方由于债务重,在经济放缓又没有新的生长的情况下,一是地方债务资金的积累加大。由于经济下行,地方政府各种债务资金和担保项目必然风险聚集,财税收入减少,将逐渐形成并带来地方债务的借贷风险。二是地方债务的加重将必然限制地方政府对民生项目以及公益产品的投入。三是这种地方债务的增加带来投资链条的断裂,使大批下岗人员需要生活救助而影响社会稳定。这种地方政府债务的加重不仅会影响国家金融和经济的安全,也影响了国家"内需拉动型"经济战略的实施,会使整个金融体系出现顺周期性的振荡。

第二,以房地产财政为基础形成的地方政府债务在经济社会转型中必然面临很大的顺周期性风险。中国经济的发展带来了中国房地产行业近二十年的高速发展,地方财税大量的增加,这为地方政府的举债赢得了大量的资金。这种房地产业的大发展为地方政府的各种投资与担保等债务提供了经济支撑,资金的充裕使地方政府不断寻找新的投资机

---

〔1〕 叶祝颐:《地方政府债务监管应纳入法制轨道》,载中国经济网,2016 年 11 月 16 日。

会，随着政府信誉上升，地方政府担保的项目也多。这种房地产财政的快速发展化解了很多地方政府债务和社会矛盾，带来了社会财富的积累和人们收入水平的提高。国务院发展研究中心原副主任刘世锦曾在博智宏观论坛上讲，很多地方企业在经营中出现亏损的问题，由于企业所占的地价与房价的上涨收益冲掉了坏账，很多风险都被有效化解。长期以来，我国经济的高速增长很大程度上是靠房地产的增长带来的。这种房地产业的快速发展也带来了新的经济风险隐患。因为随着财税的快速增加又拉动了地方的投资，带来资产泡沫的快速提升，使大量的社会和民间资本沉淀到房地产市场中去，带来房地产市场价值与价格的巨大背离，导致地方经济的顺周期性风险隐患的增加。特别是随着国家经济的转型和国家对房地产项目调控，居民房地产消费能力萎缩和房地产交易量下降，地方政府税收又减少，过去靠着房地产财政为支撑的地方政府债务由于没有新的资金来填补就必然会面临巨大的风险。这样，过去很多地方政府靠债务资金投向的项目、政府担保的各类投资必然面临运行的困难，地方政府债务的恶性循环将严重影响国家整个金融体系的稳定与安全，带来国家防范和化解金融风险的重任，这种多米诺骨牌效应必然敲响防范地方政府债务顺周期性风险的警钟。

第三，靠资源投入驱动为支撑的地方政府债务在经济社会转型中必然面临顺周期性风险。过去我国很多地方财政的高涨是靠资源投入带来的动力。这种资源的投入表现在以下几个方面：一方面是通过挖掘和利用本地自然资源来贷款投资；另一方面是通过本地自然资源优势来吸引外商的投入；还有一方面是国家通过对地方的发展规划在资源上的投入。在我国改革开放四十多年的发展过程中，这种资源投入驱动为我国地方经济快速发展提供了强大的动力。一些地方政府在发展中积极挖掘本地各种自然资源，同时又通过优惠政策大量地吸引外资投入，使我国一些地区经济快速发展，地方财税快速增长，人民生活水平大幅提升。

但这种资源投入带来的地方财税的增长模式是不长久的。我们必须看到，随着地方经济的快速发展，很多地方政府又大量举债，投入新建项目以及一些民生项目，甚至大量举债搞一些形象工程，欠下了很多的地方债务。随着我国劳动力价格的上涨和地方自然资源的枯竭，地方吸引外资投入的能力必然下降，很多地方靠资源投入的财政税收必然减少。由于地方财税的下降，地方政府债务加重，地方经济的发展必然放缓，这种资源投入驱动的模式就为我国很多地方政府的债务风险埋下了顺周期性隐患。目前我国正处在经济社会转型发展阶段，我国经济已由高速增长阶段转向高质量发展阶段，国家发展由投资驱动转向创新驱动，通过强化科技创新来大力培育新动能，实现质量变革、效率变革和动力转换。目前我国还有很多地方，过去是靠着资源投入推动着的经济的发展。现在由于可利用的自身资源枯竭，外商投入的减少和地方又没有培育出新的增长点，各种担保项目又面临新的债务，大量的地方政府债务使一些地方在创新驱动战略背景下举步维艰。这种资源投入推动对地方经济发展带来的顺周期性问题表现在：一是阻碍着科技创新战略对各类市场主体活力的培育和乡村振兴战略的实施；二是阻碍着地方经济发展方式的转变，让创新驱动战略不能得到有效的实施；三是阻碍着地方政府没有更多的资金来保障和改善民生，让政府失去公信力。资源投入推动的发展方式带来的这种顺周期性恶性循环必然给经济社会发展带来很大的影响和阻碍，制约着我国经济社会高质量的转型发展。

第四，缺乏法治规范的地方政府债务在经济社会转型中必然带来顺周期性风险。法治是社会全体人民的意志上升到国家的意志，靠国家制定并保证强制实施的一种规范。习近平总书记说，“治理一个国家、一个社会，关键是要立规矩、讲规矩、守规矩。法律是治国理政最大最重要的规矩”。[1] 现代政府行为需要法治规范，政府债务更需要法治保障，才能使政府举债时有法可依、违法必究。法治才能让政府债务的使用科学论证、规范投资、管理有序，才能使地方政府债务纳入国家管理合法性运行的轨道。而目前我国对地方政府债务的监管常常是行政法规、红头文件和领导讲话，而缺乏管理地方债务的专门法律，造成地方政府债务的管理常常是无章可循。比如，地方政府融资不规范、激励机制扭曲，地方政府的财会制度、投资管理、投资审批、项目担保和债务管理等方面都运行混乱，一些重大项目的投标“暗箱操作”等。在一些地方，政府债务投向缺乏科学论证和法治程序，常常由领导人的好恶决定，这种缺乏法治规范的地方政府债务必然带来运行中的投资失误与管理混乱，催生大量没有经过科学论证与评估的不合法和不合规的地方债务，造成地方政府承担的各种隐性债务不断积累，而很多政府正常开支入不敷出的困窘。但在一些地方，由于政府债务的管理缺乏法治规范，一些政府看到经济形势好，投资有利有图，于是在缺乏法治规范下对一些没有经过深入调研和科学论证的项目进行大量的投入，并且对一些没有资质的公司甚至投资风险大的项目也盲目出面担保。在经济向好的时候，政府债务资金的投入可能还能收回成本，担保的项目往往出问题少一些。但在经济下行时，这种缺乏法治规范的各种投资和担保，必然会出现和造成政府债务资金无法收回，给地方带来更多的债务隐患。在我国转型发展和全面依法治国的今天，重新来审视一些地方政府债务时就会发现，很多地方政府债务的形成都是对投资项目缺乏全面调研、缺乏科学论证、合同不规范、权责不明确、赏罚与追责和担保时间等没有规范约定等造成的。这种缺乏法治规范的投资和担保，也是造成地方政府投资失误和债

[1] 习近平：《治理一个国家，关键是要立规矩、讲规矩、守规矩》，载中国共产党新闻网，2015 年 1 月 27 日。

务居高不下的重要原因。这种缺乏法治规范的地方债务必然严重地影响当地经济社会的发展，给地方带来更多的顺周期性风险。因此，中央经济工作会提出了加强地方政府债务风险的法治监管问题。

三、地方政府债务孕育顺周期性风险的传导机制

长期以来，我国在地方投资举债务方面缺乏规范的制度约束，地方政府债务管理更是缺乏法治规范，致使地方政府债务在管理中的很多问题需要解决，如图 14 所示。

图 14　2020 年中国新增地方政府债务限额分析

数据来源：财政部，新华社发（朱禹制图）。

目前，我国地方政府债务出现的顺周期性，从传导机制来分析，可以从几个方面来揭示：

第一，地方政府债务资金投入和不规范担保等给经济社会发展带来的顺周期性风险。我国的地方政府既是一个地方行政管理机关，也是地方经济社会发展的组织者，承担着地方经济社会发展的重任。地方政府

既要根据党和国家的需要,为地方经济社会的发展提供平等竞争的法律环境,也需要结合国家的政策和本地的实际,挖掘和利用本地资源进行经济发展为当地财税增收,提高当地人民的生活水平。从一定意义上讲,地方经济发展的快慢,决定着当地人民的生活水平。国家对地方政府在经济社会发展方面的情况,每年有数量与目标的考核指标。因此,一是地方经济社会的发展需要一定的债务来推动经济发展。我国各地资源和经济发展水平差异很大,各地方政府在经济社会发展中承受着很大的发展压力。很多地方为了经济的快速发展和民生项目的投入,必然要通过举债来实现。从改革开放几十年的情况来看,我国很多地方政府在改革开放中通过举债的方式,为推动地方经济的快速发展和社会进步作出了很大的贡献。二是地方政府的举债会带来顺周期性风险。在经济向好时,很多政府对经济社会发展充满信心,认为政府的借债和投资都会有好的回报,于是在缺乏科学论证和投资评估的情况下对一些建设项目进行投资,对很多不规范的项目也出面盲目担保。有些地方政府为了搞形象工程,更是背离当地经济发展的现状而大量地举债,给地方带来沉重的债务。这些债务在国家经济上行和繁荣时,还债压力还不突出,很多投资也得到收回。于是很多地方又加大投资,这种大量的投资又孕育着债务风险的隐患。当国家经济调整和下行时,社会投资就会萎缩,财税收入减少,政府的还债压力就必然加大。由于经济的下行,有的地方不看好未来的发展,又盲目地拆资;有的公益项目由于没有资金的再投入,又带来投资的瘫痪;有的担保项目出现风险,地方政府又承担经济的连带责任。地方政府面临这些问题,为了能正常运转,政府又开始举债还贷,给当地带来新的债务压力,这必然又让政府陷入大量的债务陷阱。三是地方政府债务在投资中出现的这些顺周期性变化和恶性循环,严重地影响着我国金融体系的稳定和金融市场的安全,必然给地方的经济社会发展带来振荡和影响。地方政府债务资金投入带来的顺周期性的传导机制表现为:地方政府债务—投资担保—还本付息—加重地方政府债务—新的借债还债—更高的风险溢价—地方债务加重的顺周期性风险恶性循环传导—带来影响地方经济社会发展的顺周期性。

第二,地方政府债务中通过各种置换债券给经济社会发展传递的顺周期性风险。地方债务置换是指地方政府在利率适度的条件下,地方政府通过借新债来还旧债,将所欠的债务顺利地延后的一种方式,用来缓解地方债务的压力。2018 年是地方债务置换的收官之年,按财政部要求全部置换工作需在 8 月底前完成。目前,很多地方债务中各种置换债券都很高,据财政部统计,截至 2020 年 3 月末,政府债券 226,330 亿元,非政府债券形式存量政府债务 1889 亿元。[1] 内蒙古、云南、安徽、贵州等置换债券发行规模占比超过 80%。[2] 一是置换债券的价值。置换债券使地方政府债务负担减轻,置换后有更多的资金进行"保"地方经济的增长。同时对接稳增长需求,商业银行购买置换债,整个银行资产结构由高息短期贷款变为低息长期的债券,在利润考核压力之下,金融机构会更有意愿扩大风险资产占比。二是置换债券的推行会使地方政府债务对经济社会发展传导出顺周期性效应。短期之内,地方政府采取置换债务的发行会缓解金融市场流动性紧张的局面;但从长期来讲,在市场中由于金融机构购买置换债券必然占用企业自身大量的现金比例,将直接影响金融市场对其他社会融资主体信用的投放能力,给社会真正的市场化融资主体带来融资影响和冲击。特别是在金融市场资源有限,而地方政府每年上万亿置换债投放市场的供给占比下,必然给金融市场带来冲击和振荡,影响着经济社会的健康发展。三是地方政府债务通过置

---

〔1〕 财政部预算司:《2020 年 3 月地方政府债券发行和债务余额情况》,载中华人民共和国财政部官网,2020 年 4 月 7 日。

〔2〕 《2018 年中国各省地方债发行规模及发行高峰期一览》,载每日财经网,2018 年 7 月 19 日。

换债券的发行会带来金融市场的顺周期性效应。置换债券是地方政府在管理债务中不得已的方式，能缓解还债的一时之痛，但这样的结果也会造成地方政府置换新债抵旧债，用旧债置换新债的恶性循环的周期性风险的振荡中。地方政府债务置换债券带来的顺周期性传导机制表现为：地方政府债务—新投资担保—置换债券—债券还本付息—加重地方政府债务—新置换债券—更高的风险溢价—地方债务加重的顺周期性风险恶性循环传导—带来影响地方经济社会发展的顺周期性。地方政府把自己的各种债务通过置换债券的形式卖给了社会，从一定意义上讲就是把矛盾和风险转嫁给社会。这种通过置换债券来传递地方政府债务顺周期性风险的方式，影响着我国经济社会的转型和现代化经济体系的建立，必须引起我们高度重视。

第三，地方政府债务中通过新增债券为经济社会发展传递的顺周期性风险。由于债券是一种由政府、金融机构、工商企业等直接向社会借债筹借资金的金融契约，这种契约形式的信誉好，社会购买力强。因此，新增债券：一是能缓解地方债务的压力。在金融市场中，通过发行地方债置换原有存量债务的办法，这只能解一些地方债务过大，一时又没有新的经济来源的情况，能解“一时之痛”。为了经济的稳定发展需要，于是地方政府又会采取新增债券发行来缓解地方债务的风险压力，这样又能保持经济社会的持续发展。据财政部统计，“2020 年 1—3 月，全国发行地方政府债券 16，105 亿元。其中，发行一般债券 5065 亿元，发行专项债券 11，040 亿元；按用途划分，发行新增债券 15，424 亿元，发行再融资债券 681 亿元”。[1] 有多个省份启动了新增债券的发行工作。其中，多个省份新增债券发行规模占比超过 80% 。二是新增债券又会为地方

〔1〕 财政部预算司：《2020 年 3 月地方政府债券发行和债务余额情况》，载中华人民共和国财政部官网，2020 年 4 月 7 日。

政府的债务带来新的顺周期性隐患。由于新增债券到期也需要还本付息，很多地方原有的置换债券的债务还没有解决，新增债券到期还本付息的债务压力又大，必然给地方政府债务的借贷传递很大的顺周期性风险。经济向好的时候，地方政税大量增强，政府投资性项目和担保项目的债务还能如期还上，这时又刺激政府投向很多的项目，新增项目的投资又通过新增债券的发行来解决，这样又为地方债务的加大埋下了风险隐患；当经济下行时，地方财政税收下降，新的投资项目效益不好，债务资金难以收回，还款压力大，又会加剧地方债务的困难，于是地方政府又采取新增债券，债券到期又需要还本付息，这样又加重地方的债务。三是新增债券这一举债措施运行不好，必然为当地政府债务和经济社会发展带来顺周期性风险。地方经济发展需要新增债券，它是地方政府解决债务困境、缓解资金压力的必然之举。但这种靠经常新增债券来缓解地方政府债务的做法，必然给金融体系和地方经济社会的发展传递更多的顺周期性风险，影响着我国经济社会的发展和转型。地方政府新增债券带来的顺周期性的传导机制表现为：地方债务—新投资担保—新增债券—债券还本付息—加重地方债务—再新增债券—更高的风险溢价—地方债务加重的顺周期性恶性循环传导—带来影响地方经济社会发展的顺周期性。

第四，地方隐性债务对经济社会发展传递的顺周期性风险。政府的隐性债务是指一些地方政府在组织经济社会发展中所担保的债务、担保时出现的外债和地方金融机构的呆坏账以及社会保障资金等出现缺口的债务。比如，“名股实债的 PPP、政府购买服务、BT 项目、地方政府专项债以及平台公司的融资等”。[1] 从资产端方面看，一些国内学者通过地方融资平台的债务去估算和测算，认为我国地方政府隐性债务的余额

---

〔1〕 宋媛媛：《地方债压力来自于隐性负债》，载《法治周末》2018 年 2 月 6 日。

应该在30万亿至50万亿元;从融资端的角度看,一些资料显示,中国2018年年底的地方政府隐性债务余额约为35万亿元。一是落后地区隐性债务诉求更强。从我国隐性债务存在的实际情况来讲,隐性债务主要集中在市和县两级。区域经济实力强的地区和差的地区对隐性债务有不同的诉求。和经济发达地区相比,经济落后的一些地方由于地方经济实力差,政府债务重,债额的分配也受限,隐性债务给当地带来的风险溢价会更高,这就导致了在寻求隐性债务扩张方面的诉求更强,当地蕴含的顺周期性风险也就更大,这种错配导致的恶性循环将进一步加剧发达地区和落后地区的区域分化的顺周期性效应。二是隐性债务监管更难。严格来讲,隐性债务不属于地方政府债务,主要是它通过政府不合规操作(如担保、出具承诺函)或政府变相举债等产生的。在金融市场中,由于隐性债务的期限差异大、利率比显性债务高,国家对隐性债务监管更难,蕴含的风险溢价也就更大。三是隐性债务给经济社会发展传递着更大的顺周期性风险。根据国际清算银行(BIS)公布的数据,如果将地方政府融资平台的隐性债务计入中国政府债务杠杆,中国政府债务其实在2017年年中已经占GDP的65%左右,也就是超过了国际公认的风险警戒线。中国财政科学研究院院长刘尚希说,当前地方政府性债务就如一座冰山,水面上的是显性债务,而水面下的就是隐性债务。[1] 必须看到,隐性债务形成过程决定了债务风险的区域分化,这种隐性债务的形成是我国经济发展过程中地方政府不规范财政政策带来的恶果,它的顺周期性效应严重地影响着我国经济社会的发展和转型。经济上行时,地方财政税收好,这种隐性债务的压力在一定程度上得到缓解,一些地方政府为了扩大再投资,在缺乏法治规范下通过各种途径和不规

---

〔1〕 陈益刊:《"拆弹"地方隐性债务,中央下发这个重磅文件》,载第一财经网,2018年8月15日。

范的办法获得借贷，在获得经济收益的同时又为隐性债务的扩大埋下隐患。经济下行时，投资亏损或财税收益下降，地方还债压力加大，这时隐性债务显露出来，对地方经济传递很大的压力，造成很多地方政府又去寻求很多的隐性债务来解决地方的债务困境，这种恶性循环为地方带来更大的顺周期性风险。地方政府隐性债务带来的顺周期性风险的传导机制表现为：地方政府债务—新投资担保—隐性债务—债务还本付息—更重的地方债务—新增隐性债务—更高的风险溢价—地方债务加重的顺周期性恶性循环传导—带来影响地方经济社会发展的顺周期性。

四、地方政府债务呈现的顺周期性风险的逆周期监管

财政是国家治理的基础和重要支柱。由于我国地方债务太重，在很大程度上影响着我国经济社会的转型发展，2017 年穆迪和标普先后下调中国主权信用评级。2018 年中央金融工作会议提出地方政府债务风险"终身问责，倒查责任"。财政部部长刘昆在《求是》杂志撰文表示，虽然当前地方政府债务风险总体可控，但有的地方继续违法违规变相举债，风险隐患不容忽视。[1] 2019 年中央经济工作会议提出了要加强逆周期监管工作。为此，国家必须进一步完善监管举措，要重点规范金融机构的投融资行为，加强各种债券发行的监管，以切实防范因地方政府债务增量所带来的顺周期性风险，如图 15 所示。

---

〔1〕 刘昆：《充分发挥财政职能作用　坚决支持打好三大攻坚战》，载《求是》2018 年第 15 期。

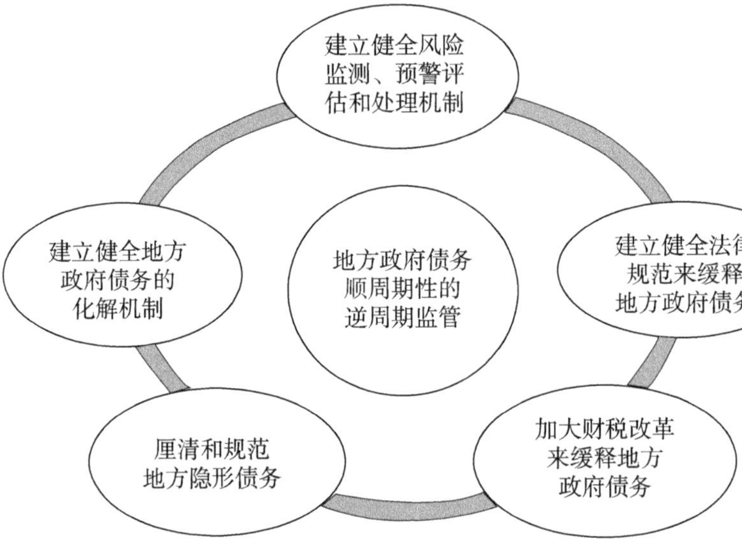

图 15　地方政府债务带来的顺周期性风险的逆周期监管

第一,建立健全风险监测、评估、预警和处理机制,缓释地方政府债务带来的顺周期性风险。地方政府债务的暴增,为经济社会的发展带来了很大的顺周期性风险。因此,必须建立健全风险监测、评估、预警和处理机制。一是要强化地方政府预算约束机制。地方政府要从本地经济社会发展出发,科学论证发展规划,强化投资项目审核,合法规范债务去向,"管控金融闸门",从源头上监管政府债务。二是建立健全地方政府风险动态监测和评估机制。对地方政府债务和中长期支出事项进行动态持续的统计监测,对各种融资平台的举借贷款、投资项目(包括隐形投资)和担保项目进行定期的监测、检查、分析、总结、通报,对出现风险信号进行及时评估。三是建立健全地方政府债务风险预警和处理机制。地方债务的存在必然对经济社会发展带来影响,对地方性债务的风险进行监测和评估的结果,根据债务对地方经济社会发展带来的风险预警的信号,给金融监管部门发出处理要求,然后进行及时和有针对性的处理,把地方债务风险控制在一定范围内。

第二,坚决厘清和规范地方政府隐性债务来缓释顺周期性风险。地方隐性债务是影响地方经济社会发展的重要毒瘤,也是催生地方债务顺周期性风险的加速器。根据国际清算银行数据估计,中国地方债务(显性债务和隐性债务)的存量很大,超过国际预警线,为中国经济带来很大的风险。用债务置换方式去进行存量债务清理的概率较低,“严控新增+化解存量”可能是本轮隐性债务风险化解的主线。2018年7月29日,中共中央国务院下发了《关于防范化解地方政府隐性债务风险的意见》指出,要制止地方政府违法违规融资的行为,把防范风险放在更加重要的位置,严格控制地方政府债务规模,规范政府举债程序。《关于防范化解地方政府隐性债务风险的意见》明确要求:各级政府必须高度重视隐性债务的清理,来缓释地方债务带来的顺周期性风险。为此,一是坚决遏制地方政府隐性债务的增量。监管部门要对地方政府的各种PPP项目、投资基金项目、担保项目和购买服务等不规范投资带来的隐性债务进行严格的审查与监控,地方政府各种违法违规的举债、投资担保和变相举债,坚决遏制缺乏科学评估和科学规划的风险性项目的再投资,坚持禁止新增隐性债务。二是建立健全清除地方隐性债务的责任制,妥善化解地方政府隐性债务的存量。在中央打好金融风险攻坚战的政策指导下,地方政府要对各种隐性债务进行全面梳理、审查和清理,要对本辖区的地方隐性债务进行统计和监测,在摸清隐性债务底数基础上,根据隐性债务的性质、数量进行评估和梳理,找出化解地方隐性债务的各种可行措施,做好地方隐性债务的偿还规划。三是强化财政约束,坚决清除地方投资中重复建设项目、取消地方投资中没有经过科学论证的建设项目和抑制地方投资中不具还款能力的建设项目,杜绝隐性债务再发生的根源。

第三,加大财税体制改革来缓释地方债务的顺周期性。财税制度改革是缓释地方政府债务顺周期性风险的重要措施。根据目前我国地方债务的实际,一是要科学划分政府的财政事权和支出责任。地方债务的大量出现,和中央与地方财政职能的划分有很大的关系。这些年来,中央与地方的财政事权含混不清、权责模糊,中央对地方的转移支付制度等也缺乏科学划分与制度安排。因此,要加大财税体制改革,在制度上科学设计中央政府与地方政府在财政收入、支出事项以及教育、医疗、生态环境等公共支出和投入的权能、责任,并建立健全相关的监管制度,才能为地方政府债务化解提供规范的措施。二是深化供给侧改革来化解地方政府债务。供给侧改革实质上就要做到需求与供给的平衡,清理不合理的地方债务投向、化解地方债务的库存,消除地方政府的不合理担保。缓释地方政府债务的顺周期性必须深化供给侧改革来实现。按照供给侧改革来化解地方债务,就要对地方政府债务的结构、品质、流向和风险作全面的评估和监管,对风险性大的政府债务和流向要严格地监控,对不合理地方政府债务要及时清理,做到地方政府债务投向的优质化、流向的科学化和使用的规范化,要按照中央对供给侧改革的要求,坚决清理地方债务中的杠杆机制。三是坚持市场配置资源原则来化解地方政府债务。市场配置资源原则是以市场作为主导决定资源的取舍,坚持法治规范和反对行政权利的干涉,通过健康的市场经济来引导社会资源的合理流向。坚持市场化原则来管理地方政府债务,就要坚持法治化的市场导向来引导地方债务的投向。对政府债务的投向、项目的选取和各种担保都要尊重市场化、规范化和法治化的要求,坚决制止违法违规的地方债务投资和担保行为,坚决查处地方债务借贷中权利干扰和权力寻租的违法犯罪行为。

第四,建立健全地方政府债务的化解机制来缓释顺周期性。在现代经济体系中,地方政府的借债行为来自地方经济社会发展和民生需求。一个负责任的政府都必须对借债和还债有计划管理,使其能做到有信誉借债、有能力还债。因此，必须建立健全地方政府债务的化解机制。一是政府要采取多种方式对地方债务进行化解。政府是国家的执法机关，应该有化解地方债务的责任担当。地方政府是债务的当事人，也是地方债务责任者。因此，地方政府要为地方债务化解找出路、想办法，要对债务人还债的时间、还债的金额、还债的方式和违约责任都要合同的规范约定，要采取多种措施来化解地方债务。比如，对一时不能按期还债的情况要采取措施为债务的化解找到出路与方向；同债权人协商同意基础上能把债务转换成股权的要有具体的协商办法和规范的合同约定；政府要和有关部门协商，采取降低债转股交易成本、加大税收优惠力度、科学地设置债转股的定价机制和风险承担机制。二是必须要对举债作科学的论证。对借债项目和民生项目的投资都要作事前调研与科学论证。对项目的选择、评估和投资决策要有科学化的程序；对地方的借债方式、还债能力、资金来源、收益保障和相关的法律规范要有广泛的听证与论证。三是对债务的投向进行规划管理。包括债务资金在投资项目的选择、风险评估和回报的论证，对投资项目经营信息的获取与掌控，对投资项目和投资对象的风险监管。对政府违法违规举债和担保，实行终身问责、倒查责任。四是地方政府要对还债作出有计划的安排。地方政府是地方公共权力的行使主体和监管主体，必须要有社会责任和公信力。因此，地方政府必须对地方的债务应该进行计划的还债安排。即便投资失误或者由于其他原因在还债上一时困难，也应该向借债方和社会及时通报信息，求得谅解，做社会诚信的楷模。财政部长刘昆则提出新的措施，即地方政府债务的化解要做到三个方面：盘活存量资金和资产；大力压减三公经费和一般项目建设支出；强化问责。[1] 这些都是我们解决地方政府债务顺周期性问题的重要办法。

---

[1] 刘昆：《充分发挥财政职能作用　坚决支持打好三大攻坚战》，载《求是》2018 年第 15 期。

第五，建立健全法律法规来缓释地方政府债务的顺周期性风险。现代化经济体系的建立需要法治保障，地方政府债务作为影响中国经济社会转型发展的金融屏障，必须加强法治规范。特别要对一些地方政府债务偿债能力弱化、个别地区风险超过警戒线、违法违规融资担保现象时有发生地方要加强监管。[1] 一是加强行政立法。中央发布《地方政府性债务风险应急处置预案》，明确我国将把地方政府性债务风险事件划分为四个等级，实行分级响应和应急处置，必要时依法实施地方政府财政重整计划。[2] 这对解决地方债务做到有法可依。但是，目前的配套的政策不够，还必须有配套的行政法规才能严格执行。二是严格的执法。要化解地方政府债务，必须加强法治监管下的管理，严格执法。特别是要加强融资平台的清理规范，坚决查处没有经过科学论证的债务投资项目，坚决制止地方政府违规担保。严格监管地方政府债务收支预算，提高资金使用效益。建立科学的地方债务与财务管理制度，完善对地方债务管理的会计法规，做到有法必依。三是建立规范的举债融资机制。全面组织开展地方政府融资担保清理整改工作，要切实加强融资平台公司融资管理，进一步健全规范地方政府举债融资机制。因此，对于我国地方政府债务的监管，必须建立规范的举债融资机制来解决。对地方政府举债的行为、举债项目的选择、项目的论证、程序的规范、还款方式和举债期限都有规范的监控。监管部门要按照审计法等法律法规要求，对地方政府举债融资实行动态化、全口径和常态化的审计监督，将地方政府举债融资纳入地方党委政府主要领导干部任期经济责任审计内容，建立健全跨部门联合惩戒机制。四是加强地方政府债务监管的法律问责。地方政府债务屡禁不止，说到底，缺乏法律问责。因此，国家必须

---

〔1〕 李丽辉：《财政部再通报问责，剑指违规举债》，载《中国经济周刊》2017 年第 16 期。

〔2〕 国务院办公厅：《地方政府性债务风险应急处置预案》，载中华人民共和国中央人民政府网，2016 年 10 月 27 日。

加强对地方政府债务严格的法律监管，严肃问责各级政府。只有这样，才能管控地方政府债务带来的顺周期性风险。

总之，地方政府债务顺周期性的逆周期监管是我国经济社会转型中的一个重大的课题，我们必须按照中央金融工作会议精神，打好防范地方政府债务风险的攻坚战，化解地方政府债务带来的顺周期性风险。2020年中央经济工作会议再次提出“化解地方政府隐性债务风险”，可见，对地方债务进行逆周期风险监管是一个长期的任务。

第七章

我国金融监管中带来的新的顺周期性与逆周期调节研究

摘要:金融市场的运行必然会有风险,金融监管的目的是防范金融风险发生,维护金融秩序稳定,但一个国家对金融市场的监管由于监管制度和监管政策的原因,在实践中往往又会带来新的顺周期性效应。因此,怎样制定科学的金融监管政策而防止新的顺周期性效应发生是金融行业监管者的重要课题。本章分析和研究了国内外金融市场在监管中的问题,揭示了金融市场监管带来的顺周期性,同时分析了金融市场监管存在顺周期性的原因,最后提出了逆周期金融监管的战略措施。

关键词:金融市场监管;制度与政策;新的顺周期性;逆周期监管

金融风险在国家战略中非常重要。金融市场的运行都有一定的规律性和周期性风险。系统性金融风险三大根源的突出问题是周期性风险〔1〕。在国家金融监管中,由于制度的设计和政策的推进也会产生顺周期性,带来金融市场和经济运行的振荡与波动,助推和强化了国家经济和社会发展的风险效应。因此,我们必须研究金融监管给金融市场带来的顺周期性来源问题,并在此基础上讨论和提出建立更加有效的逆周期监管对策。

引言:金融市场监管政策的顺周期性问题讨论

金融市场必须加强监管,这是由金融市场顺周期性效应的特点决定

〔1〕 程竹:《金融监管协调机制将进一步优化》,载《中国证券报》2018年4月17日。

的。但这种监管必须要有好的制度与方法,即必须建立一整套逆周期监管制度,否则,这种监管还会带来很大的顺周期性。一些学者研究发现,金融监管也增加了银行的顺周期性倾向。这些监管政策和市场准则都是以审慎性、透明性或者提高风险敏感性的目的引入和使用的,然而,却产生了非预期的后果,在经济的繁荣期和衰退期都加剧了金融机构的同质化行为,刺激了金融系统本来就有的顺周期倾向。金融市场运行的实践也证明,由于大部分银行都受到同样的周期性波动,金融监管对整体宏观经济所带来的影响无疑加剧了经济周期的波动,这是一种风险资本要求的顺周期性调整。研究者发现,在 20 世纪 80 年代,世界金融组织巴塞尔委员会针对各国金融运行中的周期性风险问题,于 1988 年 7 月在瑞士制定了《巴塞尔资本协议Ⅰ》,提出了各国在金融市场中要加强金融监管问题,其目的就是维持金融市场稳定,减少国际金融市场运行中的不公平竞争,从而降低金融系统的信用风险和市场风险,以实现各国金融市场运行的稳定。但事与愿违,《巴塞尔资本协议Ⅰ》执行的结果,各国反馈的情况看并没有达到监管协议制定的初衷。于是,巴塞尔委员会又在 2003 年年底通过新协议——《巴塞尔资本协议Ⅱ》,并在十国集团等金融市场较为成熟的国家全面实施,再一次从国际金融的视角提出了强化金融监管的新要求。从这些年的实践来看,巴塞尔委员会的监管措施应该说在金融市场监管中发挥了一定的作用,但并没有阻止金融市场顺周期性危机的发生。而在《巴塞尔协议》起草和坚决执行的美国,2007 年却爆发了更大的金融危机,而在协议的发起与起草的欧洲,2009 年却爆发了主权债务危机。国外很多学者在研究了一些国家的金融监管政策后都认为,金融监管政策的失误与金融制度监管的漏洞都可能带来金融市场的顺周期性。国际很多金融学者在对比研究了新旧《巴塞尔资本协议》后认为,更加强化金融监管的《巴塞尔资本协议Ⅱ》在各国推行来讲,所导致的金融市场的顺周期性更强。从我国金融市场的监管实践来讲，孙连友详细分析了银行信用风险计量的商业银行内部评级体系和评级机构外部评级体系所造成的银行业顺周期性，[1]指出了金融监管政策和评级方式给金融市场带来的顺周期性问题。李文泓在梳理了资本监管、贷款损失准备计提和公允会计准则等外部规则对金融市场带来的顺周期性，并且指出了这些外部规则强化了整个金融体系的顺周期性。[2] 罗平认为，现行资本监管制度的顺周期性不仅加速了金融动荡风险计量指标的特殊运动规律，而且金融运行中信贷资产的最低资本要求的顺周期性则更强。[3] 李超群认为，2004 年《巴塞尔资本协议Ⅱ》公布后，学者们在研究中把注意力更加集中于金融市场中外部监管所带来的银行信贷的顺周期性。[4] 杜朝运、毕柳则认为，《巴塞尔资本协议Ⅱ》源于最低资本充足率要求下的可变风险权重，加剧了经济周期乃至金融体系的波动，带来的市场顺周期性会更加强烈；[5]在这种情况下，巴塞尔委员会于 2010 年年末出台了《巴塞尔资本协议Ⅲ》，提出了逆周期宏观审慎监管的基本原则和框架[6]来解决金融监管中出现的顺周期性问题。从我国来看，这些年我们在坚持金融市场监管方面，做了大量工作，保证了我国金融市场在总体上健康运行。但是也要看到，由于我国金融市场的监管制度建立的时间还不长，在监管过程中也有很多失误与漏洞，给我国经济发展带来一些顺周期性风险问题，必须引起高度重视。

---

〔1〕 孙连友：《商业银行亲周期性与信用风险计量》，载《上海金融》2005 年第 3 期。

〔2〕 李文泓：《关于宏观审慎监管框架下的逆周期政策的探讨》，载《金融研究》2009 年第 7 期。

〔3〕 罗平：《资本监管制度的顺周期性及其补救方法》，载《国际金融研究》2009 年第 6 期。

〔4〕 李超群：《银行业顺周期性与宏观审慎监管研究综述》，载《经营与管理》2013 年第 4 期。

〔5〕 杜朝运、毕柳：《金融体系的顺周期性与逆周期监管》，载《金融教育研究》2013 年第 1 期。

〔6〕 蒋海、罗贵君：《逆周期宏观审慎银行监管研究评述》，载《产经评论》2012 年第 2 期。

一、金融市场在监管中带来的顺周期性风险问题

金融体系与金融制度本身的顺周期性是与生俱来的现象。在金融市场出现的顺周期振荡中,国家必然进行逆周期性的金融监管与调节,国家的金融监管政策能抑制金融风险的泛滥。国家在金融监管过程中,由于制度与政策的不当,也可能带来新的顺周期性风险的发生。这种由于国家金融体制内部和外部政策等对金融市场监管带来的顺周期性风险,必须引起我们的高度重视,如图 16 所示。

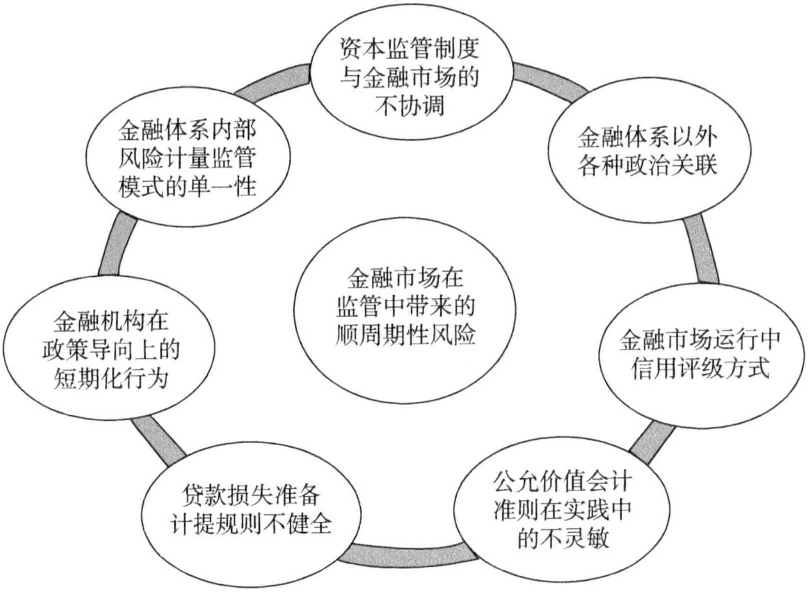

图 16　金融市场在监管中带来的顺周期性风险问题

第一,资本监管制度与金融市场的不协调带来的顺周期性。金融市场的运行需要金融监管,金融监管制度是国家根据金融市场运行的特点制定的监管制度和政策。在现代金融市场运行中,如果监管制度和市场不协调也将给市场带来顺周期性风险。因此,需要科学的监管政策才能

适应金融市场的健康发展。一是金融监管制度的设立缺乏科学规范。科学的金融监管制度必须在现代化经济体系基础上遵循规范化和法治化的原则。从金融市场的设立、经济组织进入和退出的条件、机构运行的监管、风险的预警与管控都必须按法治化规则进行。特别是在互联网背景下,各种互联网金融的规范管理怎么来做到法治化、规范化的运行。目前我国对互联网金融的法治化监管有一些条例和规范,但从总体上讲,还是不完善的,这在一定程度上推动了金融市场的顺周期性。二是金融监管制度的设立缺乏市场化导向。目前政府制定的监管制度体现的政府行为多,指导性强,缺乏以市场为导向。比如,经济发展形成着不同的波段与周期,在经济衰退时,金融机构的信贷损失高于经济上涨时的信贷损失,金融机构的放贷能力必然受到很大的影响。在经济快速发展和上涨时,金融机构必然会计量出经济运行中的信贷损失低于经济放慢和下行时的信贷损失。此时,金融机构的放贷意愿必然大大增强。同时,在这种上涨与下行的波动与周期性的振荡中,企业对资本的需求和金融机构的信贷也随时进行不断的调整。而我们的监管制度在监管中往往缺乏这种灵活性的监管方式,市场中顺周期性在所难免。三是金融监管制度的设立缺乏风险性监控。金融市场的变化来自经济的波动,这种波动必然产生市场风险。在通常情况下,经济快速发展和上涨时,金融机构在信贷中计量出的风险值就会较低。此时,信贷中的资产质量会随着经济形势的发展而不断上涨,金融监管中对信贷资本的规范与要求就会下降,这种经济运行带来的金融市场中信贷周期和经济实践中的运行周期必然呈现出相互影响与相互推动的潮流,使金融市场中信贷资产投放的顺周期性效应更强。它为我们在金融监管带来很大的困难,要求金融市场的监管必须建立风险监管原则,而目前我们在监管制度的设立中风险性监管是薄弱环节。

第二,金融体系内部风险计量监管模式的单一性带来的顺周期性。

在金融体系运行中，一是金融监管模型固定化带来金融市场的顺周期性。在金融监管中，人们常常会对现有金融运行的风险评估作出一些技术模型设计。由于人们对金融运行中认识能力的不足和金融市场信息传播的不对称性，金融监管模型中的技术模型设计很难监测到金融运行中短期波动和规律性的运行趋势。这样，人们在金融运行中的技术模型设计指标常常与现实金融运行的实践进程出现距离和偏差。特别是金融监管机构的金融监管设计将金融市场运行中经济主体作为根本对象来进行监管和评估时，瞬息万变的金融市场更是动态万千、扑朔迷离，它让相对固定的金融监管模型尴尬万分，甚至漏洞百出。这种判断的误差和监管的局限必然使金融运行中的顺周期性效应难以掌控。二是金融监管模型的单一性带来金融市场的顺周期性。由于各个国家的金融经济环境不同，各国的金融监管模型应该是有差异的。表现在金融市场中的各种风险监控制度、政策、技术都受国家的金融市场成熟水平的种种限制，各国在采用的金融风险监管计量模型和监管模式上都需要设计出不同的和灵活的监管方式。那种单一的金融监管模型形成趋同性结论在各种指标和瞬息万变的数据与参数中很难实现科学监管和精确计量，造成金融运行中各种复杂的因素和风险指标难以监控，由此带来金融实践运行中的顺周期性在所难免。

第三，金融机构在政策导向上给金融市场带来的顺周期性。为了促进企业发展，很多金融机构都会制定一些政策措施来调动员工的积极性。一是企业激励机制和政策导向带来的顺周期性。在一个金融企业内部，往往会为企业经济效益而实行激励机制与政策导向。由于企业整体利益管控，正确的激励机制会使企业活力大增，但错误的激励机制也会使企业活力锐减，并且还会导致企业在市场运行中的短期化行为，最终使企业的运行呈现顺周期性问题。二是企业管理人员在政策激励下的非理性欲望带来的顺周期性。在企业管理中，经营管理者的利益驱动对企业的发展有着很大的关系，物质欲望常常会使经营管理者非理性欲望膨胀。在经理人收益和企业业绩相挂钩的激励机制下，潜在地促使经理人过度追求短期效益，会牺牲企业长期效益。[1] 同时，在经济的波动中，一些金融企业的监管很难把控市场的走势。特别是在经济扩张阶段，在市场的需求和利益的驱动下，很多金融机构往往会加大激励政策，大量发放贷款，过度承担风险，通过各种途径创新金融产品获取更大收益。这时很多金融企业都会在政策上采取提高杠杆倍数，经营运行上规避金融监管，这种运行的结果就是给整个金融体系埋下风险隐患，必然带来企业运行的顺周期性。

第四，贷款损失准备计提规则不健全带来金融市场在监管中的顺周期性。在金融管理中，贷款损失准备计提是金融机构为抵御借贷风险而提取的准备金，它是防范金融运行信用风险的重要手段，具有补充商业银行金融资本的特性。在通常情况下，金融机构运行中都要根据国家的金融政策和金融监管要求的会计原则，根据经济发展和市场的实际合理地估计金融运行中信贷可能发生的各种损失并及时计提市场主体信贷中的损失准备。我们知道，在经济运行中，金融机构贷款损失拨备计提的多少，直接影响着市场中经营主体的经济效益和风险问题，金融监管中贷款损失拨备计提运用得不好，必然给市场带来很大的顺周期性效应问题。由于目前贷款损失准备金制度主要建立在已发生损失模型的基础上，导致准备金的计提易产生顺周期性。[2] 在金融运行中，经济高涨和上行时期，社会经营主体还款能力一般都是很强的，金融机构的不良贷款比率也很低。这时金融企业会相应地减少拨备，提高对市场放贷的

〔1〕 杜朝运、毕柳：《金融体系的顺周期性与逆周期监管》，载《金融教育研究》2013 年第 1 期。

〔2〕 李瑞红：《逆周期监管工具、机制与中国的选择》，载《北京市经济管理干部学院学报》2010 年第 1 期。

积极性。这种金融行为推动和刺激着社会经济的增长与繁荣，但这样的监管行为又会带来顺周期性隐患。而在经济萧条或者经济发展速度下行时期，社会的经营主体盈利能力就会下降，金融市场中贷款违约率必然上升，信贷的质量也必然受到影响。此时的金融监管部门为了规避市场风险，要求金融机构必然会增加更多的拨备计提，造成放贷能力减少。现行会计准则所循的基本原则是，企业只能以实际发生的交易或者事项，而不能以未发生的事项为依据进行会计确认、计量和报告，从而防止管理层采取非公开透明的方式调整资产负债表或纵利润。所以，银行只能对引致损失，即由已经发生的损失事件等客观确切的证据表明未来可能发生并能有效估计的损失计提拨备，导致拨备计提具有明显滞后性。[1] 在金融市场中，这种贷款损失拨备的波动与松紧，必然带来金融运行中的顺周期性效应。

第五，公允价值会计准则在实践中的不灵敏带来金融市场的顺周期性。在金融实践中，传统市场带来的相互分割状况正在被现代市场带来的世界一体化经济格局所打破，那种仅仅寻求以交易价格为计量基础的传统历史成本计量方式正在被更能反映资产和负债的实时市场价值的公允价值会计所替代。在金融市场中，公允价值会计准则是一种以企业在经营中资产的市场价值作价或企业信贷与经营中未来现金流量的现值作为负债的主要计量模型的会计模式。在现代化的金融市场监管模式中，公允价值的计价能够及时反映金融市场变化而产生的企业收益和损失，因此，它在市场经济中与多种金融关系都具有高度的相关性。正因如此，公允价值会计准则在现实金融市场中突显其重要价值而被广泛应用。但同时也要看到，在现代金融关系中，这种公允价值会计准则由

---

[1] 李文泓：《关于宏观审慎监管框架下逆周期政策的探讨》，载《金融研究》2009 年第 7 期。

于使用的不科学性也会造成金融市场的波动与经济振荡的顺周期性效应的产生。在运行方式上，由于公允价值会计准则是以市场中数量关系来确定物品和事项之间的价值关系，它涉及计量对象、计量属性和计量单位等多重要素。从金融市场运行的实践来看，它反映市场变化的灵敏度也表现出迟缓与呆板，这样的计算方式处理得不好就会放大市场变化风险效应，从而带来监管中的顺周期性。公允价值顺周期性产生的一个重要渠道是市场价格变化引起的资产、负债变动带来了资本水平的波动，这使公允价值与新资本协议的顺周期效应互相交织、互相强化，进一步促进了危机的深化。[1] 在金融运行中，当经济处于上升时期，金融资产的价格会不断上涨。这时，市场的公允价值就必然会高于金融资产而入账。而当经济下行时，人们的市场信心就会减弱，市场交易就会萎缩，资产的价格就会不断下降，市场的公允价值会计准则就会让金融价格低于金融资产而入账。在金融运行的波动与振荡中，公允价值会计准则与金融市场运行的不对称会加剧顺周期性效应的发生。

第六，金融市场运行中信用评级方式带来的顺周期性。现代金融市场中的各种金融产品琳琅满目，很多金融投资者都没有能力全面了解众多的金融产品。因此，社会的信用评级机构对产品提供的评级指标自然就成为投资者进行投资的主要参考因素。在我国目前的金融环境下，信用评级机构对金融市场中一些金融产品的评级也有很大的局限性。一是信用评级机构自身缺乏权威性。一些信用评级机构存在设置不科学、管理不到位、评级指标缺乏科学性和评级能力权威性不够等问题。有的评级机构和金融机构的沟通不够，信息不对称，评级的数据采集不科学，被评级对象之间综合指标缺乏横向对比等，从而影响了评级结果质量。

---

〔1〕 李文泓：《关于宏观审慎监管框架下逆周期政策的探讨》，载《金融研究》2009 年第 7 期。

二是评级市场不发达带来的局限性。我国的评级市场设立时间晚，造成评级机构少，评级服务行业规模小，评级范围狭窄，评级技术水平不够发达，评级市场服务不完善，评级的信息数据资源库的积累程度低，还没有形成评级的行业规模与行业信誉。三是评级难度加大，缺乏科学性。在金融市场中，金融机构为了追求利润在市场中过度地金融创新，导致金融产品的设置品种多而复杂，造成信用评级的难度加大。再加上我国一些评级机构的方法简单、评级技术落后，评级模型的呆板和评级信息的不对称，带来评级的科学性受到质疑。目前全球信用评级业由三大评级机构主导，它们几乎囊括了全部重要的评级服务，评级相关性非常高。特别是当评级下调的时候，必然对投资者的资产配置带来不稳定的影响，不可避免地产生了“羊群行为”和强大的周期性力量。[1] 在金融市场中，由于这种评级机构的单一性和呆板性，给很多金融次贷类产品不科学的评级，加剧了金融市场的顺周期性效应。总之，在新资本协议框架下，从信用风险的标准法到初级内部评级法和高级内部评级法，随着资本要求风险敏感性的增强，其顺周期性也相应增加。[2]

第七，金融体系以外各种政治关联给金融市场带来的顺周期性。政治关联是指企业与政府之间的一种关系，良好的政府关联是指企业和政府一种互动、紧密和融洽的特殊关系。金融体系以外的政治关联带来的顺周期性，指的是在金融运行中政府或者其他社会组织对金融监管制定的外部规则存在漏洞和失误给金融市场监管带来的顺周期性问题。这些监管政策运用得不好，它也会加大金融市场运行中的顺周期效应。一是政府在政策制定上给金融市场带来的顺周期性。包括金融监管制度

---

〔1〕 周小川：《关于改变宏观和微观顺周期性的进一步探讨》，载《中国金融》2009年第8期。

〔2〕 李文泓：《关于宏观审慎监管框架下逆周期政策的探讨》，载《金融研究》2009年第7期。

与金融市场运行不匹配,监管政策脱离市场实际等。比如,金融机构根据政府提出的最低资本充足率的要求对金融市场的监管问题,在经济上涨和经济下行时的选择是不一样的,处理得不好,就会带来经济的恶化而使金融市场出现顺周期性效应。二是政府对金融机构负责人的调整带来的顺周期性。政府根据经济的发展和政治的考虑有时会对金融企业的负责人进行调整,这种调整也可能给企业带来很多的政治资源和发展机会,但如果选派的负责人不好,出现经营能力不强、经营理念落后、经营方式呆板甚至不懂经营业务等外行管理也会给企业带来监管的失误,从而为金融市场带来顺周期性问题。三是金融体系相关的行业组织制定的规范与准则给金融机构带来的顺周期性。一些学者研究《巴塞尔资本协议Ⅱ》对金融市场监管带来的正负价值变化对比时,证实了在金融市场运行中,监管者运用的监管规则和监管方式越接近《巴塞尔资本协议Ⅱ》的规定时,金融市场中金融政策对经济运行中实体经济的冲击就越大,经济释放出来的周期波动就越大,给金融市场带来的顺周期性振荡就越强。一些欧美的学者还揭示了国际上其他国家金融业的监管情况,认为采用《巴塞尔资本协议Ⅱ》内部评级法的监管比采用《巴塞尔资本协议Ⅰ》标准法的监管具有很大的顺周期性效应,这种监管给经济带来的风险性更大。

2007~2010年的国际金融危机还表明,新资本协议、贷款损失准备计提和公允价值会计准则等适用于金融业的外部规则所具有的内在顺周期特征,在一定程度上强化了经济周期的波动性,助推了危机的发展。因此,在金融业中建立逆周期机制的同时,还应采取措施缓解监管、会计等外部规则的顺周期效应,并通过影响金融机构的激励机制和行为模式,降低金融体系的内在顺周期性。[1] 在金融市场运行中,如何根据

---

〔1〕 李文泓:《关于宏观审慎监管框架下逆周期政策的探讨》,载《金融研究》2009年第7期。

其顺周期性来推行逆周期机制，将是各国监管当局在建立宏观审慎监管框架中面临的重大挑战和需要探索的一个重点领域。

二、金融监管给金融市场带来的新的顺周期性风险的机理分析

金融市场发展需要金融的科学监管，才能保证其健康稳定运行。金融市场的变化多端为金融业的科学监管提出了新的课题。在现代市场环境中，金融监管制度与模式多种多样。包括金融监管理念与监管思维的形成、金融监管机构的设立、各种金融监管制度与政策的制定、金融措施和金融监管行为的实施等，由于受到各种不断变化经济环境的影响，常常导致金融监管与金融市场之间的不匹配而使金融市场呈现顺周期性，严重地阻碍着金融市场的健康发展。

第一，金融监管模式与政策形式单一给金融市场带来新的顺周期性问题。金融市场的发展呈现开放性、多样性和波动性，怎样建立一个符合现代金融市场要求的科学的金融监管体系非常重要。而目前很多国家的金融监管体系形式单一，监管方式简单，监管模式陈旧，监管政策滞后。很多国家在制定金融监管政策时只注意了金融监管的客观性，而忽略了金融监管的多样性与变化性；注意了金融监管的现实性，而忽略了金融监管的发展的波动性与趋势性；注意了金融监管的普遍性，而忽略了金融监管的特殊性与差异性；注意了金融监管的过程性，而忽略了金融监管的结果性。这种金融监管的模式与政策，必然加大了金融市场的振荡与波动，给金融市场带来顺周期性效应。特别是很多金融机构对金融市场的监管无法参与到对金融市场企业的资产质量、企业财务状况、企业经营业务等方面的过程监管与全面监控，使这种监管常常流于形式。因此，金融市场的变化多端为金融业的科学监管提出了新的课题。

第二，金融机构内部相关制度的设置不规范给金融监管带来新的顺周期性问题。金融运行的实践证明，金融机构内部相关制度的设置对金

融市场的监管非常重要，它有利于防范和应对金融市场的各种风险，确保金融机构在市场竞争中能稳定健康地发展。但是，目前我国一些金融机构往往注重金融业务创新和金融市场创新，而常常忽视金融机构内部制度的建设。在对一些金融机构的检查中，很多金融机构重业务部门的建设，忽略金融监管部门的设置；注重金融机构运行的业务监管制度，不注重金融机构的内部控制制度，甚至造成金融机构内部监管制度在运行中形同虚设。正是这些问题的存在，在金融市场监管中，在经济形势和金融市场的振荡与波动中，一些金融机构在监管上常常无能为力，造成因为不当的监管带来顺周期性。

第三，金融经营方式和经营品种过度创新给金融市场带来新的顺周期性问题。在现代经济活动中，新兴科技的高度发展，全球金融一体化进程和国内开放型金融体系的建成，客观上要求我们的金融运行方式和金融品种要进行不断的创新，它为金融业的快速发展和创新提供了更加崭新的市场环境和广阔的融资空间。一是在经营方式上的创新。金融机构把传统的金融柜台借贷和网络平台的交易结合起来，做到经营平台的多元化。二是在经营品种上的创新。把传统的存贷业务和理财投资、杠杆投资、衍生产品投资等新兴业务结合起来，这种经营品种的多元化，让金融的压抑得到解放。三是经营范围上的创新。由于传统金融领域和新兴金融领域、传统的金融品种和新兴金融品种的界限日渐模糊，混业经营成为金融机构的普遍形式。金融机构的混业经营主辅业并重，能分散经营中的各种风险，降低企业经营成本，成为金融机构利润的重要来源。同时，也必须看到，金融经营方式、经营品种和经营范围的不断创新，客观上又带来了金融市场运行中的脆弱性和借贷中的风险性增大，造成金融监管中难度的加大。受利益驱使的影响，很多金融机构在经营方式和经营品种上会逃避金融监管，跳出金融规范；很多金融机构注重了对主业的监管，而忽略了对辅业的监管。金融机构甚至打着金融创新的幌子通过各种金融品种把金融风险转嫁给投资人,以实现利益最大化。这种金融经营方式和经营品种上的创新潜在着巨大的风险,一旦价值链出现问题,带来的顺周期性远远超出传统金融业范围。

第四,金融机构的互联网化给金融监管中带来新的顺周期性问题。在网络社会,互联网络的发展为金融市场的创新与发展带来了新的契机。互联网络的开放性和便捷性为金融产业带来了战略机遇期,它让"互联网+金融"成为现实,为金融市场的产品创新、业务宣传、交易手段、管理模式、运行方式都带来新的路径。同时,互联网络的虚拟性和隐蔽性又为金融机构的风险掌控带来了挑战。互联网络让各种金融业务综合化发展趋势不断加强,社会金融机构和非金融机构之间的业务界限与运行方式更趋模糊,给金融监管带来了巨大的挑战。由于互联网金融运行的虚拟性和隐蔽性,并且很多金融业务是在网络平台上支付、交易和完成,造成金融市场各种资金的流动与回收更难以监控,这就为一些犯罪分子通过互联网络的手段进行各种洗钱活动和诈骗犯罪提供了机会。在正常的社会条件下,金融机构的互联网化这一创新为经济社会发展提供了巨大的金融支持。但是,互联网金融的创新和运行如果说监管不当,又会为金融市场的运行带来巨大的顺周期性,我们必须引起高度的重视。

第五,互联网金融的国际化趋势给金融监管带来新的顺周期性问题。在"开放的网络经济+经济全球化"的背景下,各个国家的经济与金融联系更加密切,这既给各国经济的发展和金融业的国际化拓展带来了机遇,同时又为互联网金融监管带来了新的挑战。互联网金融业的国际化和各国互联网金融发展的特殊性的差异与矛盾表现出来;在对互联网金融的监管中,存在国际上在金融监管方面的模式化、监管标准的固定化、监管手段的单一化和各国互联网金融市场运行的波动性、监管中的灵活性之间的矛盾;存在各个国家互联网金融发展的特殊性、多样性的监管模式与国际市场金融监管上的统一性、标准性之间的矛盾。这些都常常造成监管中给金融市场带来的顺周期性效应。这种由于各国在金融制度和互联网金融政策上带来的顺周期性,呈现在以下四个方面:一是国际金融逆周期监管模式与各国互联网金融市场特殊性带来的顺周期性问题;二是金融监管政策与互联网金融监管市场发展趋势的背离带来的顺周期性问题;三是互联网金融监管政策与互联网金融国际化趋势带来的顺周期性问题;四是互联网金融监管带来的顺周期性与互联网金融的再次逆周期监管问题。互联网金融在国际化监管中呈现的这些顺周期性问题,会加大互联网金融监管中的顺周期性问题,带来金融市场的波动与振荡。

第六,金融监管协调机制的缺失为金融市场带来新的顺周期性问题。这些年,金融在运行中跨机构、跨市场、跨行业的各种业务越来越多。我国金融监管主要经历了从分业监管到混业监管、从"一行三会"到"一行两会"的监管,这种市场化的监管过程中监管者根据市场规律和国家制定的金融法律对金融市场进行监管,但这种监管措施只是停留在金融监管的形式与表面上,无法从根本上解决金融机构分业监管和混业经营之间的矛盾。由于金融监管在体制上缺乏协调机制,必然带来金融监管的缺失,带来监管真空和监管套利的市场化顽疾,给金融市场带来压抑。这种监管的缺失,必然带来金融市场上部分金融产品存在跨市场的交叉性,跨行业的层层嵌套,造成底层资产在监管上的漏洞。银行间市场的调整将会导致市场流动性整体偏紧,利率可能高位运行甚至小幅持续上行,则较易引发重大的系统性金融风险。[1] 这种风险也带来系统交叉感染的隐患,必然影响到投资者利益,影响着金融机构经营稳健性和金融市场的稳定性,从而在一定程度上影响了金融监管的效果,

〔1〕 程竹:《金融监管协调机制将进一步优化》,载《中国证券报》2018 年 4 月 17 日。

带来了金融市场的顺周期性。

第七,金融体系的法律法规体系不健全带来新的顺周期性问题。经济利益是人类生存和发展涉及的核心利益与基础利益,它是整个人类文明的物质基础,也是创新社会发展的原始动力,巨大的经济利益会吸引着人们去为之奋斗。金融是经济的核心,巨大的金融利益会驱使人们去铤而走险。金融机构在本质上仍是以追求利润为目的的机构,怎么来规范金融机构的经营行为是金融市场健康发展的重要课题。在快速发展的金融市场中,完善的和有针对性的法律规范显得尤为重要,在我国金融立法中,有些法规制度过于原则或笼统,缺乏可操作性。[1] 目前,我国的金融运行的法律监管机制还不完善。从金融市场的监管来讲,我国这些年相继出台了规范金融市场运行的多部金融法律法规,应该看到,这些法律法规对金融机构市场准入和退出都作了很多严格的规定。但从这些年运行的实践来讲,这些法律法规对金融机构在运行中出现问题的市场退出方面规定得很少,甚至存在严重的法律缺位。在金融运行的实践中,我们知道,当国家的金融监管机构制定的法律法规对金融机构运行中的监管处于真空状态,利益的驱动必然使金融机构的各种问题与风险暴露出来。而我国目前在金融运行方面的法律保障体系很不完善,在监管中必然会带来金融运行的顺周期性问题。

三、金融监管给市场带来的新的顺周期性效应的逆周期调节

世界各国在金融监管中的问题以及带来的顺周期性已经成为金融运行中的重要问题。怎样从制度层面进行逆周期调节,以达到缓释金融监管制度带来的顺周期性,是世界各国金融监管中亟待解决的重大问

---

〔1〕 陈纯柱、王露:《我国网络立法的发展、特点与政策建议》,载《重庆邮电大学学报(社会科学版)》2014 年第 1 期。

题，如图 17 所示。

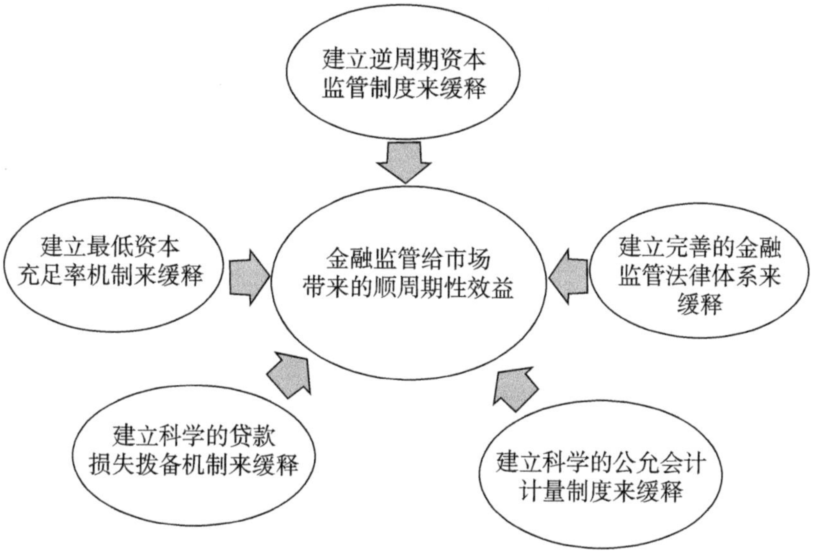

图 17　逆周期监管制度缓释金融市场存在的顺周期性

1. 建立逆周期资本监管制度来缓冲监管中带来的顺周期性

为解决金融监管制度、监管政策在执行中的失误和漏洞给金融市场带来的顺周期性问题，最根本的措施是根据市场的要求，通过建立逆周期监管制度来缓释。这种逆周期监管又区分为微观审慎监管和宏观审慎监管两种研究方式。微观审慎监管注重对金融市场中个体金融机构的监管，宏观审慎监管注重对整个金融系统的监管。从当前监管的实践来讲，一是要有针对性地设计好逆周期监管的金融监测制度。在金融监管实践中，因为受制度与政策等因素的影响，顺周期性效应的出现是难免的。要解决逆周期监管问题，首先必须建立科学的逆周期监管的监测制度，对监管中因制度与政策出现的顺周期性进行监测，及时发现问题并报告然后进行处理。二是要有针对性地设计好逆周期监管的金融预警制度。要解决监管中出现的顺周期性问题，设计好逆周期监管的金融预警制度非常重要。它对金融运行中的顺周期性效应的发生、发展和带来的各种问题进行早期预警,为金融监管部门的逆周期监管提供真实和详尽的警示材料。三是有针对性地设计好逆周期监管的金融处理制度。金融监管中带来的顺周期性在有针对性地进行监测和预警的基础上,为了防止继续蔓延,必然要及时进行处理,这就必须建立应对金融运行顺周期性效应爆发的处理机制。处理制度需要设计对监测数据的分析、推导、判断、调控的程序和措施,需要有对金融运行周期性效应的预警分析、预警指标和预警行业的历史数据,有监管中每一环节的规范要求和法律安排。只有建立了科学和完善的逆周期资本监管的缓冲制度,金融监管中的周期性问题才能得到有针对性的解决。

2. 建立最低资本充足率机制来缓释监管中的顺周期性

在金融运行中,通过提高最低资本充足率来调节监管中的顺周期性是世界各国通行的办法,它能让我们在逆周期监管中缓释金融的顺周期性。从金融市场来看,以逆周期资本、动态拨备等工具降低金融体系顺周期性,才能重点缓释流动性风险。[1] 一是逆周期监管中通过提高核心资本比率来缓释顺周期性。核心资本是金融企业在金融运行中可以永久使用和支配的自有资本(或者自有资金),也指银行资本中权益资本和公开储备。根据《巴塞尔资本协议》,银行资本分为核心资本和附属资本,从资本构成来讲,核心资本叫一级资本或者产权资本,是银行资本构成中最重要的部分。核心资本比率是指核心资本与金融运行中加权风险资产总额的比率。在对金融监管的探索进程中依据《巴塞尔资本协议Ⅲ》等相关条款规定,核心资本在金融运行中要占资本总额的50%以上。在金融实践中,提高核心资本比率,能在金融运行中缓释因为监管带来的顺周期性波动性,起到稳定资本市场的作用。二是逆周期

[1] 程竹:《金融监管协调机制将进一步优化》,载《中国证券报》2018年4月17日。

监管中通过确定最低资本充足率水平来缓释顺周期性。资本充足率是指一个金融机构在运营过程中的资本总额对其风险加权资产的比率，是保证金融机构在市场中正常运营和发展所必需的资本比率。在经济运行过程中，各国金融监管部门都会根据经济形势的变化运用自由裁量权来确定金融机构资本充足率的管制，以缓释监管中带来的顺周期性。在经济下行时监管部门会降低金融机构的最低资本充足率，在经济上行时监管机构会提高资本充足率。最低资本充足率的确定，直接影响着金融运行中的安全与周期性问题。三是逆周期监管中通过设立资本充足率的底线制度缓释顺周期性。在金融运行中，金融监管部门对资本充足率的底线制度的确立是防止顺周期性的一个重要方法。根据这一底线制度的要求，金融机构可以根据经济发展的需要，确定一定规模的资本充足率水平，这样才能抵挡住金融运行中的各种顺周期性风险。

3. 建立科学的贷款损失拨备机制来缓释监管中带来的顺周期性

金融监管的实践证明，金融监管制度的漏洞与失误必然会带来金融市场运行的振荡与波动这一顺周期性风险。怎样缓释金融监管中的顺周期性问题，从各国金融监管的实践来看，在金融运行中建立科学的贷款损失拨备机制是缓释监管中顺周期性的重要方式。在经济上行周期提高金融机构的资本金要求，建立与新增贷款超常变化相联系的动态拨备要求等，以解决金融体系的顺周期性。[1] 一是设立贷款损失拨备机制将能抑制金融机构运行的风险率。在金融运行中，金融机构能有充足的贷款损失拨备，就既能解决金融监管中顺周期性带来的预期损失，又能解决金融监管中顺周期性带来的非预期损失。科学的贷款损失拨备机制能平稳经济上涨和经济衰退时金融机构对资金的需求。二是科学

〔1〕 周小川：《金融政策对金融危机的响应——宏观审慎政策框架的形成背景、内在逻辑和主要内容》，载《金融研究》2011 年第 1 期。

的贷款损失拨备机制将减少金融运行的波动和振荡。在经济快速发展和扩张条件下,金融机构的不良贷款率低,金融监管中事后计提的准备金率小,这样就为金融运行埋下了潜在的信用隐患。金融监管机构将会采取有针对性地使用贷款损失拨备的方法,要求金融部门提高拨备水平,以抑制经营中信贷资产扩张冲动带来的顺周期性,防止金融监管中顺周期性带来的金融资产质量风险问题。在经济出现衰退或者下行期,会出现社会各类经营主体不良贷款率高的问题,金融监管部门此时就会要求金融机构在运行中降低贷款损失拨备比率,在金融运行中扩大信贷规模,缓释经济振荡与波动的顺周期性风险。三是运用贷款损失拨备机制来缓释监管中的顺周期性必须有好的方法。运行贷款损失拨备机制必须考虑金融借贷款企业涉及的行业发展前景、借贷企业在产业链条中的地位、抵押物的质量、在市场中的变现能力、借贷款的时间、条件和企业的信誉等。一些学者在研究中也非常赞赏国际上一些国家的中央银行引入的动态准备金制度,它能对潜在金融运行的信用风险做到事前反映与估计。贷款损失拨备制度能在一定程度上使金融机构对未来社会经济发展目标周期作出调整与预测,它也是金融部门在资产整合中对金融市场未来潜在风险在资金上进行提取拨备。它能很好地减少金融机构在监管中带来的顺周期性振荡,有利于从整体上提高金融市场运行的稳定性与安全性。因此,建立科学的贷款损失拨备机制是缓释监管中顺周期性的重要方法。

4. 建立科学的公允会计计量制度来缓释监管中带来的顺周期性

资产在评估中的过分夸大或者缩小,都会给整个金融体系运行带来顺周期性风险,怎样遏制金融机构在资产评估中的随意性,这是国际上很多国家在金融监管中的难题。公允会计计量原则运行不好,容易在金融实践中产生顺周期性,而通过建立科学的公允会计计量来缓释这一评估监管制度带来的顺周期性是各国通行的做法。一是建立科学的公允价值计量能减少金融监管中带来的顺周期性。公允价值计量是指金融市场中按照市场参与者公正地进行资产和负债的价格计量。由于公允价值计量能客观地反映当时市场物品的合理价值,因而它对金融监管中对金融机构资产的价值计量非常重要。采用公允价值计量能够较为真实地反映企业财务状况和经营成果,且不会引起资产和收益等账面价值的大幅波动。[1] 因此,科学公允的价值计量是缓释金融监管中顺周期性效应的重要方面。二是实行公允价值计量原则的科学方法。公允价值计量是市场经济的计量规则,必须要有科学的方法才能达到真实的效果。这就需要尊重公允价值计量它本身的客观性、真实性、公正性和市场性。在金融市场运行中,经济的好转带来资产价值上升时,我们要尊重公允价值计量的科学性和公正性。经济的下行带来资产价值的贬值和资产价值的下跌时,我们也要尊重公允会计计量的客观性和市场性。在现代市场经济背景下,经济竞争异常激烈,经济市场振荡不断,经济和金融的各种监管措施层出不穷,制度和政策带来的市场顺周期性效应不断加大。此时,各个行业在市场中的相关资产交易也非常活跃,公允会计计量制度的科学制定为金融市场的稳定性推进找到了好的途径。国际会计准则理事会(IASB)先后发布《公允价值计量》和《公允价值计量中不确定性分析的披露》的监管要求,提出当非活跃市场时,就需要采取估值技术,所选择的估值技术应尽可能使用相关的可观察输入值,尽量避免使用不可观察输入值,[2] 它能抑制市场顺周期性带来的风险。因此,科学的公允会计计量方法非常重要。三是找到科学的公允会计计量途径。即根据金融市场运行的规律建立起公允会计计量的多元化的

[1] 杜朝运、毕柳:《金融体系的顺周期性与逆周期监管》,载《金融教育研究》2013 年第 1 期。

[2] 程昔武、后青松:《公允价值层次理论及其在 CAS 中的应用》,载《会计之友》2011 年第 5 期。

定价模型和测试方法,特别是要在公允会计计量规范下科学地比较不同定价模型和测试方法的优劣,建立健全与金融工具定价有关的公司治理和内控制度,并提高信息披露的透明度,等等。[1] 在公允会计计量规范下针对金融监管给金融市场带来的顺周期性进行科学规范,这是金融市场健康发展的重要路径。

5. 建立完善的金融监管法律体系来缓释监管中带来的顺周期性

金融的监管必然带来金融运行的顺周期性,这就需要构建完善的与金融相关的法律体系来解决。在2018年“两会”上,国务院总理李克强提出了要“强化金融监管协调机制”。而金融法律体系的构建是强化金融监管协调机制的重要措施,也是减少金融监管带来顺周期性问题的重要途径。一是金融监管法律体系的完善能创造有序整改环境,从而避免市场的顺周期性波动风险。金融监管法律法规的建立,能规范各类金融的资质,打击各种不正当经营行为,取缔非法投资商,能为市场进入和退出创新一个好的投资环境。二是金融监管法律体系的完善能对资管业务和合规引流等制定出详细界定。任何行业都有业务范围,超出这一范围的经营可能带来违规处罚。如果通过金融监管法律体系的完善来对互联网金融在网络平台进行合规引流并给予明确界定,并进行规范性的运行,这有利于更好发挥互联网金融降低交易成本的功能。三是金融监管法律体系的完善能为资产管理行业的规范运行创造条件。现在国际上对资本管理的法律法规建设非常重视,我国现在要建设现代化的经济体系,提出了由管资产为主转变为管资本为主。因此,国家要结合中国资管行业发展实际,必须建立起资本管理相关的法律体系。四是金融监管法律体系的完善能减少“一刀切”的金融管理中的弊端。新兴科技的

---

[1] 罗国荣:《农村合作金融机构会计信息失真与监管对策》,载《中国农村金融》2009年第7期。

发展为金融业的创新带来了契机,互联网金融的推行让金融行业的“压抑”得到解放,它是传统金融运行的重要补充与创新,为普惠金融方面的发展提供了重要价值。国家在发展上对传统金融和互联网金融的政策必须把握原则,既反对过分灵活,也反对“一刀切”,要在创新中做到实事求是。五是希望国家尽快完善金融监管的各类法律与法规。要抓紧修改、整理和完善《中国人民银行法》、《商业银行法》以及《保险法》、《担保法》和《证券法》等金融法规;尽早出台银行、证券和保险的监管法规和金融机构市场准入和退出等法规,从而为制度化、规范化的金融监管提供法律基础和法律服务。只有这样,才能为金融监管中出现的顺周期性提供逆周期监管的科学的法律体系。

总之,在人类社会发展过程中,任何制度和监管政策都有漏洞与不足。这种制度和监管政策的漏洞与不足在金融制度的设立与监管中,也会产生新的顺周期性问题。人们对顺周期性的监管始终是在监管中又产生新的顺周期性中进行监管的,这种监管实际上只是根据金融实践的要求不断找到弱化金融监管中制度不足带来的顺周期性或是对监管中出现问题的缓解办法。所以,金融的运行始终在“监管—顺周期性效应—逆周期监管—新的顺周期性效应—新的逆周期监管”中进行的。从世界各国金融运行与监管的实践来看,人们的监管只能做到尽量减少金融运行的顺周期性,而始终无法从根本上消除金融运行中的顺周期性。这就是自然和社会运行的辩证法。

第八章

我国金融市场逆周期监管目标体系的设计研究

摘要：加强金融市场的逆周期监管是金融市场健康运行的必然要求。但是，任何监管都必须建立目标体系，金融监管的目标体系怎么建立，这是加强金融市场的逆周期监管得以实施的重要课题。而加强金融市场目标体系的设计必须对金融市场逆周期监管的特征与价值评价进行分析，研究建构科学的金融市场逆周期监管目标体系的原则与方法，构建起我国金融市场逆周期监管目标体系的框架。

关键词：金融市场监管；目标体系；构建原则与方法

源于2007年美国的金融危机、欧洲2009年的主权债务危机，一场席卷全球各国的金融危机给世界经济带来了巨大的损失。这场世界范围的金融危机引起各国金融监管部门的高度重视，针对金融监管制度失灵，欧美国家纷纷推出各自的金融监管改革方案，成立系统性风险管理机构，提出建立新的金融监管框架，[1]很多国家在传统的微观审慎监管不灵的基础上提出了逆周期监管的措施。在2010年11月召开的首尔峰会上，20国集团在金融监管准则《巴塞尔资本协议Ⅰ》和《巴塞尔资本协议Ⅱ》基础上，正式批准了《巴塞尔资本协议Ⅲ》的金融监管准则。各国金融学者都认为，金融的逆周期监管应该是各国降低金融市场顺周期性风险的重要手段与措施。

---

〔1〕 周华、刘灿辉、曾繁华：《我国宏观审慎监管体系初探》，载《经济问题探索》2012年第4期。

一、金融市场逆周期监管的方法与价值评价

对于金融运行中的顺周期性监管问题，在金融业长期的发展过程中一直被管理者忽视，直到2007年美国金融危机引发全球金融危机之后，才引起国际社会的广泛重视。特别是大家看到了经济发展出现的波动性引发的金融的顺周期性，世界各国的金融监管者才开始重视逆周期的金融监管并制定管理规则。

（一）金融市场逆周期监管的方法

在我国，对金融运行的顺周期性风险效应实现逆周期监管，就是要加强财政、货币、信贷和产业等政策工具的协调运用，探索一种科学的监管手段与方法。

第一，充分认识实行逆周期资本监管的新理念。巴塞尔委员会确立了逆周期资本监管的整体框架，金融市场运行的实践证明，《巴塞尔资本协议》很多决议和指导原则，对于一个国家的金融市场风险监管具有非常重要的意义。党的十九大报告指出，我国是世界上第二大经济体，防范化解重大风险是我国三大攻坚战略之首。2018年12月召开的中央经济工作会议提出了“要防范金融市场异常波动和共振，稳妥处理地方政府债务风险问题”，会议明确指出了“国家宏观政策要强化逆周期调节”。在2020年的经济工作会议上，国家再次提出了对宏观经济和金融运行进行逆周期调节。

第二，继续实施积极的财政政策和稳健的货币政策。实施积极的财政政策和稳健的货币政策是我国稳定推进经济发展的一贯金融政策，也是新时代推进金融市场逆周期监管的重要措施。对金融市场的逆周期监管，国家必须通过产业、科技、土地、贸易、劳动用工等政策协调配合来实现调节。即在经济扩张和繁荣时，国家要防止投融资过热带来的经济

过热风险效应;经济收缩和下行时,国家要扩大投融资总量,防范增加财政投资和鼓励产业投资带来的顺周期性风险效应。同时,在逆周期调节中,稳健的货币政策要更加灵活适度,要把握好政策出台的力度、节奏和重点,处理好稳增长、保就业、调结构、防风险、控通胀的关系,保持社会融资规模增速与 GDP 增速基本匹配,以适度的货币增长支持经济高质量发展,以保证金融市场的稳定和繁荣。

第三,要根据《巴塞尔资本协议》的监管要求加大逆周期资本监管力度。《巴塞尔资本协议》包括相互联系的多个模块:缓解最低资本要求的周期性波动、建立前瞻性的贷款损失准备金、建立高于最低资本要求的资本留存超额资本、建立与信贷超常增长挂钩的超额资本要求等。我国要实现逆周期监管的目标,就必须根据经济周期的变化动态调整资本风险监管手段,建立逆周期的信贷调节机制,发挥资本、宏观政策与市场机制对信贷增长的约束作用,平抑信贷的顺周期性效应,以保证新时代我国经济与金融市场的持续、健康和可协调的发展。

第四,监管措施上把宏观审慎监管和微观审慎监管结合起来。监管措施是现代经济与金融业监管的重要手段。把宏观审慎监管和微观审慎监管结合起来是各个国家金融监管的重要措施。逆周期金融监管能运用国家的宏观金融政策、法律法规和市场经济相关的其他手段对经济与金融运行中的风险进行调节,注重宏观审慎监管和微观审慎监管结合起来,纠正金融运行失衡的逐步积累和顺周期性风险的发生,清除金融体系中的风险性因素,增强金融体系运行的稳健性。

第五,要根据金融市场实际来创新逆周期监管工具。每一个国家都有自己的国情和居民消费方式,金融市场的消费也一样,必须寻找适合我国国情的金融运行模式和监管手段。在中国特色社会主义市场经济背景下,必须根据国情,在金融市场中注重新工具的开发和使用,建立动态的和前瞻性的金融监管机制,把经济周期与新增贷款的拨备计提要求相联系，注重经济周期变化与杠杆率和流动性资本要求的设计，实现投融资总量调节和防范系统性金融风险的有机结合，解决不同金融政策工具之间的冲突，推动实体经济和金融周期在政策工具的传导渠道和风险监管的畅通，保证逆周期监管手段的科学性。

（二）金融市场逆周期监管的特征

每一种监管方式都有自己的特征，正确认识金融市场逆周期监管的特征非常重要，它是我们制定逆周期监管目标体系的基础与前提。在金融运行中，顺周期性效应在金融体系与实体经济方面会形成动态的正反馈机制，会使金融运行轨道和金融资产变量呈现异常的波动与激烈振荡，带来金融体系的不稳定性，并且直接会推动金融运行偏离线性趋势和出现非线性轨迹。逆周期监管是将金融体系视为一个整体进行研究，通过对金融运行各个环节、阶段和组成部分的分析与监测，找出影响金融体系健康运行不利因素，采取有效措施来防范和控制金融运行系统性风险的过程，从而达到确保整个金融体系运行的安全稳定。逆周期监管的主要特征如下：

第一，监管步骤上，能对金融运行的过程进行关注。对过程进行监管，是现代经济与金融监管的重要措施。逆周期金融监管也非常注重过程的监管，以防范金融运行的系统性风险的积累。这个监管过程，包括对金融运行中监测、预警、防范和控制，即金融运行中的风险监测、风险预警、风险防范和风险应对。只有这样，才能发现金融运行中风险的矛头以及危害，保证金融的健康运行。

第二，监管对象上，对所有金融主体以及相关领域都要进行监管。一是逆周期监管对象不仅是银行类金融机构，还包括其他类型金融机构，包括对整个金融体系参与主体进行监控；二是监管范围涉及整个金融体系以及整个相关的经济运行体系进行监控，以防范由经济与金融相互影响带来的金融市场内生性风险或者系统性风险的发生。这样才能为金融体系运行提供健康主体力量的保障，以维护金融运行体系的整体稳定。

第三，监管内容上，对所有金融业务及相关的经济业务进行监管。对金融运行的内容进行监管，是逆周期监管的重要措施。逆周期监管着眼于金融运行业务的种类、条件、资格、投资行为、投资重点、组织构架和对投资者相互影响等内容进行监控，以防范因经营业务的问题带来金融运行的顺周期性风险效应发生，使金融行业在金融业务上能保证金融资本的健康运行。

第四，监管目的上，防范金融市场顺周期性风险的发生。《巴塞尔资本协议》新协议提出逆周期监管，就是消除金融运行的顺周期性风险效应。因此，逆周期监管的目的就是要对经济与金融运行的联运振荡效应、经济与金融业的相互影响和金融机构的相互传染等顺周期风险效应进行监控，防范金融体系与经济社会发展等其他风险性因素的积累和影响，以达到金融市场和金融体系健康运行的目的。

（三）金融市场逆周期监管的价值评价

从一些国家按照新《巴塞尔资本协议》对金融体系进行逆周期监管的实践来看，在金融市场中，进行逆周期监管具有重要的战略意义，我们必须给予科学的价值评价。

第一，逆周期金融监管非常注重监管手段的设计，为缓释金融体系的顺周期性找到提供了科学的工具。在金融运行中，每一种监管手段都有特别的针对性与实效性。而实行逆周期监管，由于在监管手段上采取了金融监管的法律法规制度、金融监管的政策制度等多种措施，它使金融监管的程序、步骤、内容、领域和金融监管的手段方式等呈现多样性、全面性和战略性，它为金融监管体系提供了科学的监管手段。

第二,逆周期金融监管非常注重重点领域的监管,使金融监管做到有的放矢。任何管理都有重点,这样才能抓住"龙头"解决问题。而逆周期监管也非常注重重点领域的监管来缓释金融体系的顺周期性。逆周期监管非常关注那些对金融运行系统稳定具有重要影响的机构和市场的监管,非常注重国家在金融市场的宏观战略、金融政策的推行和金融监管的法律法规制定与监控等方面的投入与倾斜。把重点金融机构的监管和对重点金融市场的监控结合起来,做到监管的视野从金融机构向金融市场以及整个国民经济的稳定和健康发展方面的创新与拓展。

第三,逆周期金融监管非常注重行业的监管,这就为缓释系统性风险找到了"隔离墙"。在金融运行中,单个金融机构的金融防范有着很多好的方法与措施,而金融市场中由单个机构组成的整体市场运行的风险往往很难监控。这种金融市场整体的运行系统带来的顺周期性风险,表现在金融机构会在经济上涨时扩张信贷和加大投资,经济下行时紧缩信贷和减少投资。这种经济波动带来的投融资行为和市场取向,必然对经济的发展和金融的运行起到推波助澜的效应,带来金融运行的系统性风险。而逆周期监管非常注重在金融行业内部强调自律性,注重金融行业内主体资格的确立条件、运行规则、监管模式以及信用体系的构建等,这就为缓释系统性风险找到了"隔离墙"。

第四,逆周期金融监管从金融体系拓展到与金融体系相关领域范围的监控,做到了监管视野的创新。在现代化经济体系运行中,很多国家在监管方式上都不断地创新,注重逆周期金融监管的视野不断拓展。这种监管方式除了注重金融体系内部的监管,还要拓展到国家和整个世界的宏观经济环境的考察。特别是在诸如美国 1974 年《贸易保护法》第 301 条款影响下,整个世界的贸易战争此起彼伏,不断地从政治转向经济、从经济转向金融,这种不稳定的宏观经济环境必然给金融运行带来很多的不确定性因素与风险,带来金融体系的振荡和顺周期性风险。因而,逆周期监管的政策就必须拓宽视野,注重整个国际经济政治的变化情况而制定,才能减少经济与金融运行的顺周期性。

第五,逆周期金融监管更加注重对互联网金融等新的业态进行监管,做到监管方式的与时俱进。互联网的发展为金融的创新带来新的革命,它让金融业态发生着新的"蝶变"。互联网金融创新着传统的金融市场,带来金融交易方式和金融品种的创新,让传统的金融压抑得到了新的解放,释放出新的金融活力。互联网金融在资金融通方面的便捷渠道和品种的创新为金融的监管内容提出了新的挑战。它要求逆周期监管不仅要注重传统金融市场的监管,更要注重与防范金融体系中新的业态和新的运行方式的监管。

第六,逆周期金融监管注重对金融体系进行纵向与横向的监管,做到全方位的监管。金融是资金的融通,金融是现代经济的核心,是整个国家与社会运行和发展的血脉。逆周期金融监管从横向来讲,既要注重金融市场的监管,也要注重其他经济市场的监管。在注重内生性金融风险防范的同时,也要注重对相关行业的监控。从纵向监管来讲,逆周期监管既要注重金融体系内部单个金融机构的行为与运行状况的监控,更要注重对整个金融体系运行的监控。

逆周期监管的这些特性,是现代经济发展和金融体系运行的必然要求。正是因为逆周期监管具有了这些特性,它才能在金融体系顺周期性风险的振荡中担当大任,做到化风险于安全运行中,做到科学监管。

二、建构科学的金融市场逆周期监管的目标体系

在现代国家的规划管理中,任何经济发展都有目标体系。逆周期金融监管也一样,它的目标体系的要求,是保证金融市场健康运行和有计划地完成金融监管工作任务的重要方案。

(一)我国金融市场逆周期监管目标体系设立的原则

逆周期金融监管目标体系的设立必须坚持科学的原则,才能保证逆周期金融监管目标的实现。从我国金融运行的实际出发,构建我国金融市场逆周期监管目标体系在设立方面必须遵循科学的基本原则。

第一,必须坚持全面性与客观性原则。金融市场的运行有自身的规律性,逆周期监管目标体系的设立必须遵循市场经济规律和金融运行规律。在设立目标体系中要采用符合金融市场运行实际的科学方法和手段,确立的指标必须是能够反映金融市场运行实际的并且经过金融市场观察、测试、评议等方式验证和筛选的数据与方案,这种目标体系是根据金融市场健康发展的指向,在定量和定性调查研究基础上的价值选择,能够较为全面、客观和真实地反映金融市场运行与健康发展的规律。

第二,必须坚持系统性与综合性原则。金融市场是一个国家经济与政治、经济与金融、经济与社会等多种因素构成的综合体,它也是一个涉及领域交叉和结构复杂的、具有系统性与综合性强的运行载体。逆周期监管的目标体系要系统地、综合地反映金融与相关经济环境系统中的各行业、各要素、各种业态相互作用的方式和顺周期性效应。因此,逆周期监管目标体系的确立要求金融监管部门要充分考虑国家政策、市场反映后进行统筹兼顾的设计,通过经济体系中的多种指标参数、多种金融运行标准、多种价值尺度分析,来监测、计算、采样和实证剖析,并且从金融市场运行的整体考量,提出可操作性的逆周期监管目标体系,供金融监管部门进行价值选择。

第三,必须坚持横向思维与纵向精准的战略原则。金融市场是国家发展中的一个涉及经济多行业、金融多层次、领域多业态的资金融通战略平台,它是现代国家和现代社会运行的核心。不同的经济领域、不同的金融监管制度、不同的金融政策以及不同的国际环境都可能带来金融市场运行的风险。逆周期监管目标体系的设立必须考虑这种多因素、多行业和多领域的综合影响与价值因素。逆周期监管目标体系和评价体系的确立应具有横向的战略视野与纵向的精准设计，要从不同方面、不同层次、不同领域进行横向的跨行业性追踪和纵向的深度与精准监控，避免经济系统性风险和金融体系运行的顺周期性振荡。

第四，必须坚持动态性与灵活性的原则。金融市场与金融体系的运行都是一个复杂多变与动态发展的过程，涉及经济与金融因素和资源的多种变量。一是复杂的国际经济环境会冲击国内的金融体系和金融市场的稳定；二是国内各经济领域、各行业经济的走向会影响金融市场的稳定；三是各种经济、金融政策会影响金融市场的稳定。因此，我国金融市场逆周期监管目标体系的设立必须考虑这些综合因素，坚持市场监控的动态性与监控政策的灵活性原则，突出监管目标的动态性和监管手段的多样性特点，做到随机应变地适时监管。

（二）我国金融市场逆周期监管目标体系的构架

按照《巴塞尔资本协议》对金融体系进行逆周期监管的要求，世界上很多国家在金融市场运行方面都构建了自己的监管目标，实现了对整个金融体系顺周期性的逆周期监管，保证了国家经济与金融的健康稳定发展。由于国情的不同，各国经济和金融发展建构的目标模式与监管体系有很大的差异。从我国来讲，改革开放以来，我们在学习发达国家金融发展与改革成功经验，并在由计划经济转向市场经济基础上，逐渐建立起了具有中国特色的金融监管模式。这个模式在我国经济发展中有很多成功的经验，但也存在很多问题。今天，我国的改革开放进入了新时代，国家正处在转型发展中，如何来建立一个适应现代化经济体系的金融监管模式，这是我国金融创新与发展的重要课题。

第一，建立科学的金融监管体系。金融是对资金的融通，在金融运行过程中，金融监管体系的设置非常重要，它是金融市场健康运行的重要载体。金融监管有多种方式，根据我国改革开放和金融市场的实际，防范金融风险进行逆周期金融监管是金融监管的重要职责。它涉及金融市场运行中的逆周期监测分析与预警、逆周期监管中政策工具的使用和逆周期监管中制度设计与法律安排等多种举措。必须看到，逆周期监管体系设置的科学与否是涉及金融体系和金融市场运行的重要保障平台。在国际上，20世纪70年代，国际清算银行（BIS）就认识到仅仅加强单个金融机构的微观审慎监管不足以维护整体金融稳定。美国在金融实践中把金融监管部门改为金融稳定监督委员会，作为金融机构和金融市场活动的预警机制，保证金融系统监管的统一性和协调不同机构之间的监管标准，并授权金融稳定监督委员会界定系统性重要的非银行金融机构，使这些机构归于联邦储备局的监管。[1] 随着美国次贷危机和欧洲主权债务危机的爆发，欧美金融监管改革法案相继出台，开启了全球金融监管制度的新时代。过去，我国金融监管长期以来都是中国人民银行、银监会、证监会和保监会来进行，称为“一行三会”监管。这种监管有很多好的经验，也存在很多问题。比如，一是存在职责不清、监管重叠、监管漏洞、监管套利、监管成本高和监管效率不高的问题；[2] 二是对金融控股公司的监管职责不清和监管不到位问题。我国的金融监管存在中央银行与其他金融监管部门职责与权力不对称的问题，中央银行负有防范和化解金融风险、维护金融稳定的职责，但银行、证券和保险业的监管权分别赋予了银监会、证监会和保监会。党的十九大之后，我国银监会和保监会合并，改为银保监会。这样，我国的金融监管机构变成“一行两会”，这种改革适应了我国转型时期金融发展的客观要求，使金

[1] 周华、刘灿辉、曾繁华：《我国宏观审慎监管体系初探》，载《经济问题探索》2012年第4期。

[2] 曹凤岐：《我国金融监管体系的改革与完善》，载《中国市场》2010年第33期。

融业逐渐从分业监管变为部分混业监管，为金融体系的健康发展带来了活力。同时，我们必须看到，这种“一行两会”的监管体系只是一种宏观调控的监管设置。在具体的金融机构的运行中，还必须有地方、行业和金融监管机构内部的监管体系的设置来与之配套。因此，建议：一是在推行“一行两会”监管中要健全分行、中心支行和支行的监管体系，实行中央统一领导、分级监管、部门落实、责任到人的监管体系；二是建立以金融监管职能部门为主、其他职能部门为辅的职责明确、部门联动的合力监管工作体系，[1]才能把控金融体系的顺周期性，保证金融市场的健康运行。总之，金融监管体系的科学设置是逆周期监管重要的目标体系建设。

第二，设计科学的逆周期监管制度。金融市场的健康运行，科学的金融监管制度的设置非常重要。比如，在金融运行过程中，怎样界定金融机构与非金融系统又在从事金融业服务的金融机构；怎样授权并对这些金融机构带来的顺周期性风险进行监管；怎样对金融运行中的顺周期性风险进行预警和识别；怎样确定这些运行方式是金融业的系统性风险，并运用什么样的金融监管工具来调节；“一行两会”怎样通过金融监管制度和国家的宏观调控政策来防止金融体系运行中顺周期性风险的发生。这些都必须通过建立科学的逆周期监管制度来实现。当前，一是建立金融市场的监测分析与预警制度。即对金融业运行中存在的各种因素与风险进行分析、检测和评估，发现金融系统风险来源，发出风险预警，为采取逆周期监管政策提供依据。[2] 包括建立国家宏观金融监测分析与预警系统、建立区域金融监测分析与预警系统和建立地区金融监测分析与预警系统。二是建立金融市场系统性风险的评估与处理制度。

---

〔1〕 周华、刘灿辉、曾繁华：《我国宏观审慎监管体系初探》，载《经济问题探索》2012 年第 4 期。

〔2〕 朱晔：《保险业逆周期研究和监管对策》，载《上海保险》2013 年第 4 期。

对各种风险进行监测分析与预警，并最终要进行评估与处理。评估的办法就是对各种风险信息进行去粗取精、去伪存真、由此及彼和由表及里进行筛选、分析、对比、测量和甄别，根据风险的发展程度最后得出处理意见。三是建立金融机构内控监管制度。金融机构内控监管制度的设立也是逆周期监管的重要方式。它包括合理设置内控监管机构、与本系统业务发展相适应的内部审计部门或稽核部门、建立内控系统网络和相对集中的数据处理中心、内控监测制度、备案制度、内控制度、责任追究制度和金融任职资格与监管考核通报制度等。四是建立金融监管行业自律制度。金融市场的健康运行，需要行业保护、行业协调与行业监管。很多国家和地区都有行业自律监管组织，如银行协会、银行公会以及证券业协会、保险业协会等。[1] 因此，为了搞好金融市场的逆周期监管，我国金融行业也要在自发、自愿的基础上建立金融业同业公会，包括全国性和地区性的同业公会，来加强对行业的监管，这是今后一个时期我国金融监管部门的重要任务。

第三，运用科学的逆周期监管政策工具。逆周期金融监管，在设立科学的监管机构和监管制度之后，还必须有科学监管的政策工具。在金融体系中，逆周期监管的政策工具有多种多样。一是监管部门通过资本的运用作为政策工具来调节。在金融市场运行中，金融体系与实体经济的相互影响与振荡经常会出现相互影响，这种相互振荡与传染带来的金融系统性风险在所难免。金融监管部门为了解决这一顺周期性风险效应，可以通过前瞻性拨备、杠杆率控制、贷款损失准备计提、最低资本充足率以及资本缓释等方式对金融市场进行监管与调节。二是监管部门通过宏观审慎监管与微观审慎监管相结合的办法对金融市场进行监管。宏观审慎监管的目标是防范金融运行的系统性风险，维护金融体系的整

〔1〕 曹凤岐：《我国金融监管体系的改革与完善》，载《中国市场》2010年第33期。

体稳定，以实现整个金融运行的目标；而微观审慎监管的目标在于控制金融体系中个体金融机构或行业的局部风险，保护金融参与者的利益。三是监管部门对金融市场进行时空维度的调节。即对金融市场进行时间维度监管和空间维度的监管。在时间维度方面，逆周期监管部门重点关注金融系统中随着时间推移带来的顺周期性风险；在空间维度方面，逆周期监管部门重点关注金融体系与金融运行相关的行业带来的顺周期性风险效应。监管部门会根据不同的时空维度探索不同的监管方法与监管手段，达到宏观与微观监管方式的结合。四是监管部门通过行政手段作为其他监管工具对金融市场进行调节。在金融运行中，对于一些突发性的风险、具有系统性的风险，必须采用特别的措施，包括行政措施，来改进交易对手风险计量，保护金融投资者的利益，进行调节与监管。比如，我国2016年年初推行的证券熔断机制，当在证券市场推行中出现风险时，监管部门为控制风险果断采取暂停交易措施，来维护证券市场的平稳运行。五是监管部门采取其他科技手段作为监管工具对金融市场进行调节。在互联网经济时代，网络平台的运行带来了多元的金融信息引流和劳动供给方式。[1] 金融监管部门要加强监管信息网络化建设，通过新兴科技平台动态观察、监测与分析金融市场的合规性和顺周期性风险效应。

第四，制定科学合理的跨国联合监管机制。经济的全球化推进了金融的全球化，同时，金融的全球化运行又带来系统性风险的扩张与传播，影响着各国的金融市场。因此，今天逆周期金融监管目标体系的设置，必须要研究和重视国际金融市场运行的政策走向与风险案例。一是加大我国金融市场开放力度。当今世界，经济全球化势头不可阻挡，没有哪个国家可以离开世界经济的发展而闭门而行。我国几十年改革开放

---

〔1〕 陈纯柱、刘娟：《网络主播监管中的问题与制度构建》，载《探索》2017年第6期。

为中国经济的发展打下了基础,我国金融市场的健康发展,只有在全方位开放中才能学习到发达国家金融管理的先进经验和政策措施。二是积极开展广泛的金融监管国际合作。今天的中国已经是全球第二大经济体,我国金融体系已经是全球金融体系一体化发展中的重要组成部分。因此,我们应通过加强在金融监管方面的合作,与其他国家签订金融监管双边谅解备忘录,举办各种形式的监管联席会议,实现监管经验与金融信息资源的共享与协调。[1] 三是建立金融监管的跨国机制。随着经济全球化和金融国际化的进行,特别是亚洲基础设施银行的设立和我国"一带一路"倡议的推进,我国的很多金融机构在海外纷纷设立分支机构,建立金融监管的跨国机制已经成为现实的要求。我们必须立足中国的经济与金融现有的基础,通过协商与评判和世界上其他国家、其他金融监管组织建立金融监管跨国合作机制。在平等互利的基础上进行金融法规和金融监管方式方面交流合作,通过制定共同的跨国监管规则与标准,实现金融监管目标的互信与监管理念的互补,最终实现对金融市场与金融体系的共同协调监管。

第五,完善科学的金融法律监管体系来保障。在我国金融立法中,有些法规制度过于原则或笼统,缺乏可操作性。[2] 金融市场的监管目标体系的设立,从根本上来讲,还必须建立和完善金融法律监管体系来保障。一是尽快完善传统法律法规。包括尽快完善《中国人民银行法》《商业银行法》《证券法》等传统的法律与法规,界定金融参与主体的权利与义务。二是尽快完善互联网金融的监管立法。随着互联网金融的发展,给互联网金融立法提出了新的要求。网购、支付宝、微信、PTP 等新的金融模式不断出现,给金融监管提出了新的要求。我们要根据新兴

[1] 曹凤岐:《我国金融监管体系的改革与完善》,载《中国市场》2010 年第 33 期。
[2] 陈纯柱、王露:《我国网络立法的发展、特点与政策建议》,载《重庆邮电大学学报(社会科学版)》2014 年第 1 期。

科技的发展制定出信息法、互联网金融法等相关的法律法规。三是尽快制定金融监管法律的实施细则。金融法制定后,更需要一套相关配套的实施细则,才能保证金融法律法规的有效推进。四是尽快建立独立的金融执法监管机制。我们应该看到,在金融市场运行中存在大量的违法违规行为,必须建立起独立的金融执法机制,才能保证金融司法秩序的正常运行。

党的十九大和2020年中央经济工作会议都把加强资本市场基础制度建设,有效化解金融风险作为重大的战略工程。党的十九届四中全会作出的《坚持和完善中国特色社会主义制度,推进国家治理体系和治理能力现代化若干重大问题的决定》指出:我国要加强资本市场基础制度建设,有效防范化解金融风险。从我国金融运行的实践来看,怎样建立一个科学的又能适应现代化市场经济体系要求的逆周期金融监管基础制度和目标体系,从而有效防范化解金融风险、保证金融市场健康运行,是新时代赋予我们金融监管机构的重要课题。

参 考 文 献

1. 巴曙松、王璟怡、杜婧:《从微观审慎到宏观审慎:危机下的银行监管启示》,载《国际金融研究》2010 年第 5 期。

2. 李文泓:《宏观审慎监管框架下的逆周期政策研究》,中国金融出版社 2011 年版。

3. 周晖、刘灿辉、黄溪、袁闯:《我国逆周期金融监管机制研究》,经济科学出版社 2012 年版。

4. 李文泓:《关于宏观审慎监管框架下逆周期政策的探讨》,载《金融研究》2009 年第 7 期。

5. 白川方明、何乐:《宏观审慎监管与金融稳定》,载《中国金融》2010 年第 4 期。

6. 陈守东、马辉、穆春舟:《中国金融风险预警的 MS - VAR 模型与区制状态研究》,载《吉林大学社会科学学报》2009 年第 1 期。

7. 陈永杰等:《应对市场流行病,设计"金融 WHO":宏观审慎的全球治理方法》,载《公共行政评论》2009 年第 2 期。

8. 李文泓、罗猛:《关于我国商业银行资本充足率顺周期性的实证研究》,载《金融研究》2010 年第 2 期。

9. 刘斌:《资本充足率对我国贷款和经济影响的实证研究》,载《金融研究》2005 年第 11 期。

10. 李瑞红:《逆周期监管工具、机制与中国的选择》,载《北京市经济管理干部学院学报》2010 年第 1 期。

11. 赵一林:《宏观审慎监管与银行风险研究》,对外经济贸易大学 2018 年博士学位论文。

12. 王培辉、康书生:《中国金融压力周期特征及实时监测——基于混频 Markov 动态因素模型的研究》,载《经济学家》2017 年第 10 期。

13. 彭建刚、左峥:《商业银行逆周期缓冲资本释放时机研究》,载《金融监管研究》2014 年第 6 期。

14. 曹麟、彭建刚:《基于宏观压力测试方法的逆周期资本监管框架研究》,载《国际金融研究》2014 年第 7 期。

15. 李树生、王文峰:《商业银行逆周期缓冲资本监管:实证分析及可行性研究》,载《经济与管理研究》2014 年第 8 期。

16. 杜朝运、毕柳:《金融体系的顺周期性与逆周期监管》,载《金融教育研究》2013 年第 1 期。

17. 高国华:《逆周期资本监管框架下的宏观系统性风险度量与风险识别研究》,载《国际金融研究》2013 年第 3 期。

18. 邓翔、祝梓翔、瞿小松:《金融逆周期宏观审慎监管的理论及实践》,载《天府新论》2013 年第 2 期。

19. 黄溪、周琼、周华:《逆周期监管理论的最新进展与启示》,载《证券市场导报》2012 年第 3 期。

20. 包勇恩:《金融业逆周期宏观审慎监管制度研究综述》,载《现代经济探讨》2012 年第 3 期。

21. 乐玉贵:《关于建立"三位一体"银行业宏观审慎监管目标的思考》,载《国际金融研究》2014 年第 2 期。

22. 裴欣:《法律规制视野下的逆周期金融宏观审慎监管研究》,载《经济法学评论》(第 13 卷),中国法制出版社 2013 年版。

23. 周晖:《逆周期监管体制与金融体系的稳健性》,载《光明日报》

2011 年 11 月 18 日。

24. 陈华、刘宁:《银行业顺周期形成机理与逆周期监管工具研究》,载《金融教学与研究》2011 年第 1 期。

25. 中国银行研究院中国经济金融研究课题组:《加码逆周期调节应对经济下行压力——中国银行中国经济金融展望报告(2019 年第四季度)》,载《国际金融》2019 年第 10 期。

26. 刘丽娟:《宏观审慎监管对货币政策的影响》,载《荆楚理工学院学报》2019 年第 3 期。

27. 王硕:《逆周期资本监管政策对我国商业银行盈利能力影响研究》,载《山西农经》2019 年第 6 期。

28. 张肖飞、史璐寒:《商业银行信贷顺周期性及其逆周期监管的文献综述》,载《财会月刊》2019 年第 6 期。

29. 毛昊翔、方意、左传长:《系统性风险预警与逆周期宏观审慎监管》,载《宏观经济研究》2019 年第 2 期。

30. 陈伟平、张娜:《资本监管、流动性约束对商业银行贷款行为的影响》,载《金融论坛》2018 年第 12 期。

31. 胡利琴、王安东、常月:《影子银行、宏观审慎政策和金融监管》,载《金融经济学研究》2018 年第 6 期。

32. 蒋海、张小林、陈创练:《利率市场化进程中商业银行的资本缓冲行为》,载《中国工业经济》2018 年第 11 期。

33. 周鹤峰:《宏观经济波动、银行异质性与商业银行信贷行为——来自中国银行业微观数据的证据》,载《金融发展评论》2018 年第 10 期。

34. 贾君怡:《国际证券融资交易宏观审慎监管改革与启示》,载《证券市场导报》2018 年第 9 期。

35. 朱太辉、边卫红:《如何从根源上改进金融系统性风险监管? ——基于实体经济债务视角的研究》,载《金融评论》2018 年第 5 期。

36. 蒋海、张小林、陈创练:《利率市场化进程中商业银行的资本缓冲行为》,载《中国工业经济》2018 年第 11 期。

37. 黄雯:《逆周期宏观审慎监管框架下货币政策与银行经营稳健性关系研究》,载《华北金融》2016 年第 12 期。

38. 昌忠泽、曹沁:《金融顺周期性对中国金融宏观调控的影响及对策研究》,载《经济学家》2017 年第 1 期。

39. 任碧云、连东青:《关于我国商业银行逆周期资本管理规则的探讨》,载《经济问题》2017 年第 2 期。

40. 崔光华:《巴塞尔协议Ⅲ逆周期资本缓冲机制在我国的适用性》,载《财经问题研究》2017 年第 3 期。

41. 徐聃、高硕、安娜、赵炎、张扬、郎澄、蔡洁、蔡峥、谢君来:《巴塞尔协议Ⅲ的全球实施进展与启示》,载《华北金融》2017 年第 3 期。

42. 宋端雅:《宏观审慎监管与系统性风险》,载《市场周刊(理论研究)》2017 年第 6 期。

43. 马勇、姚驰:《监管压力、经济周期与宏观审慎政策效果》,载《经济理论与经济管理》2017 年第 10 期。

44. 李伟:《逆周期监管、沃尔克法则、宏观审慎监管与我国金融监管体系构建》,载《金融发展评论》2017 年第 4 期。

45. 财政部预算司:《2019 年 10 月地方政府债券发行和债务余额情况》,载中华人民共和国财政部官网,2019 年 11 月 27 日。

46. 巴曙松、刘晓依、朱元倩等:《巴塞尔Ⅲ:金融监管的十年重构》,中国金融出版社 2019 年版。

47. 吴晓求等:《中国金融监管改革:现实动因与理论逻辑》,中国金融出版社 2018 年版。

48. [美]H. 大卫·科茨:《金融监管与合规》,邹亚生等译,中国金融出版社 2018 年版。

49. 阎庆民、谢翀达、骆絮飞:《银行业金融机构信息科技风险监管研究》,中国金融出版社 2013 年版。

50. D. P. Forbes & D. A. Kirsch, "The study of emerging industries: recognizing and responding to some central problems", *Journal of Business Venturing*, 2011, pp. 589 - 602.

后　　记

经济与金融市场的健康运行,设置科学的金融监管制度非常重要。任何经济与金融市场的运行都具有顺周期性效应,怎样加强逆周期监管是我国金融学界的一个重要课题。

根据《巴塞尔资本协议Ⅲ》的监管框架,经济和金融运行中出现的顺周期性效应,必须对其进行逆周期监管,这是世界各国金融市场风险监管的根本要求。在我国的经济与金融运行中,顺周期性效应往往在金融体系与实体经济方面会形成动态的正反馈机制,它会给经济与金融运行轨道以及金融资产变量带来异常的波动与激烈振荡,冲击金融体系健康运行,常常使我国金融运行偏离线性趋势和出现非线性轨迹。在我国金融实践中,这种顺周期性造成银行业的存贷差、资产价格、银行内部风险评级以及诸如贷款损失准备对预期损失的会计测量都会呈现顺周期性,这些行为会与实体经济相互作用,放大经济波动来影响我国的经济与金融市场。[1]加强经济与金融市场的逆周期监管,就是要在经济与金融运行中通过政府信贷调节机制以及其他法律手段来缓释经济与金融市场运行的风险。

《我国金融市场的逆周期监管研究》一书,是我主持的国家社会科

〔1〕 许均平:《金融体系顺周期性与金融危机的发展演变关系研究》,载《南方金融》2009年第12期。

学基金项目《逆周期视野下我国的金融监管研究》的最终成果。在研究课题的过程中，研究成果相继有14篇学术文章发表在《经济体制改革》《探索》《现代经济探讨》等CSSCI核心期刊和全国中文核心期刊上。

我于2011年7月本科毕业于南京大学商学院，获得金融与保险学学士学位。后到澳大利亚国立大学经济与商学院攻读硕士学位，于2013年12月毕业，获得金融学硕士和会计学硕士，即"双硕士"。毕业后进入西南证券总部工作，在西南证券工作期间受聘于重庆邮电大学网络社会发展问题研究中心，成为基地的研究员。2015年到浙江大学管理学院攻读工商管理博士期间，也受聘为该基地的研究员。国家社会科学基金课题《逆周期视野下我国的金融监管研究》也是在这一时期以重庆邮电大学网络社会发展问题研究中心名义申报的，课题作为重庆邮电大学研究成果，在研究过程中得到了重庆邮电大学网络社会发展问题研究中心的大力支持，得到了网络空间安全与信息法学院的大力支持。在课题研究过程中，我借鉴和综述了国内外很多经济学、金融学等专家的研究成果与观点，在此表示感谢。全书的出版，得到了重庆邮电大学社会科学处和重庆市人文社会科学重点研究基地——网络社会问题研究中心的资金资助，得到了法律出版社李群老师的精心编排和指正，在此表示感谢。

陈放于2020年12月15日

图书在版编目(CIP)数据

我国金融市场的逆周期监管研究 / 陈放著. -- 北京:
法律出版社, 2020
ISBN 978 - 7 - 5197 - 5152 - 4

Ⅰ. ①我… Ⅱ. ①陈… Ⅲ. ①金融市场-研究-中国
②金融监管-研究-中国 Ⅳ. ①F832.5②F832.1

中国版本图书馆 CIP 数据核字(2020)第 229466 号

我国金融市场的逆周期监管研究
WOGUO JINRONG SHICHANG DE NIZHOUQI JIANGUAN YANJIU

陈 放 著

责任编辑 李 群 翁潇潇
装帧设计 鲍龙卉

编辑统筹 法规出版分社
出版 法律出版社
开本 710 毫米×1000 毫米 1/16
总发行 中国法律图书有限公司
印张 17.75
经销 新华书店
字数 218 千
印刷 北京虎彩文化传播有限公司
版本 2020 年 12 月第 1 版
责任印制 张建伟
印次 2020 年 12 月第 1 次印刷

法律出版社/北京市丰台区莲花池西里 7 号(100073)
网址/www.lawpress.com.cn
投稿邮箱/info@lawpress.com.cn
销售热线/400-660-8393
举报维权邮箱/jbwq@lawpress.com.cn
咨询电话/010-63939796

中国法律图书有限公司/北京市丰台区莲花池西里 7 号(100073)
全国各地中法图分、子公司销售电话:
统一销售客服/400-660-8393/6393
第一法律书店/010-83938432/8433 西安分公司/029-85330678 重庆分公司/023-67453036
上海分公司/021-62071639/1636 深圳分公司/0755-83072995

书号:ISBN 978-7-5197-5152-4
定价:48.00 元
(如有缺页或倒装,中国法律图书有限公司负责退换)